国家出版基金项目
NATIONAL PUBLICATION FOUNDATION

**欧亚历史文化文库**

总策划 张余胜

兰州大学出版社

# 辽代女真族群与社会研究

丛书主编 余太山

孙昊 著

**图书在版编目（ＣＩＰ）数据**

辽代女真族群与社会研究 / 孙昊著. -- 兰州 ：兰
州大学出版社，2014.12
（欧亚历史文化文库 / 余太山主编）
ISBN 978-7-311-04659-0

Ⅰ．①辽… Ⅱ．①孙… Ⅲ．①女真－民族历史－研究
－中国－辽代 Ⅳ．①K289

中国版本图书馆CIP数据核字(2014)第299684号

策划编辑　施援平
责任编辑　马继萌　施援平
装帧设计　张友乾

书　　名 **辽代女真族群与社会研究**
主　　编　余太山
作　　者　孙昊 著
出版发行　**兰州大学出版社** （地址:兰州市天水南路222号　730000）
电　　话　0931-8912613(总编办公室)　0931-8617156(营销中心)
　　　　　0931-8914298(读者服务部)
网　　址　http://www.onbook.com.cn
电子信箱　press@lzu.edu.cn
网上销售　http://lzup.taobao.com
印　　刷　天水新华印刷厂
开　　本　700 mm×1000 mm　1/16
印　　张　16(插页2)
字　　数　211千
版　　次　2014年12月第1版
印　　次　2014年12月第1次印刷
书　　号　ISBN 978-7-311-04659-0
定　　价　48.00元

（图书若有破损、缺页、掉页可随时与本社联系）

# 出 版 说 明

　　随着20世纪以来联系地、整体地看待世界和事物的系统科学理念的深入人心，人文社会学科也出现了整合的趋势，熔东北亚、北亚、中亚和中、东欧历史文化研究于一炉的内陆欧亚学于是应运而生。时至今日，内陆欧亚学研究取得的成果已成为人类不可多得的宝贵财富。

　　当下，日益高涨的全球化和区域化呼声，既要求世界范围内的广泛合作，也强调区域内的协调发展。我国作为内陆欧亚的大国之一，加之20世纪末欧亚大陆桥再度开通，深入开展内陆欧亚历史文化的研究已是责无旁贷；而为改革开放的深入和中国特色社会主义建设创造有利周边环境的需要，亦使得内陆欧亚历史文化研究的现实意义更为突出和迫切。因此，将针对古代活动于内陆欧亚这一广泛区域的诸民族的历史文化研究成果呈现给广大的读者，不仅是实现当今该地区各国共赢的历史基础，也是这一地区各族人民共同进步与发展的需求。

　　甘肃作为古代西北丝绸之路的必经之地与重要组

成部分,历史上曾经是草原文明与农耕文明交汇的锋面,是多民族历史文化交融的历史舞台,世界几大文明(希腊—罗马文明、阿拉伯—波斯文明、印度文明和中华文明)在此交汇、碰撞,域内多民族文化在此融合。同时,甘肃也是现代欧亚大陆桥的必经之地与重要组成部分,是现代内陆欧亚商贸流通、文化交流的主要通道。

基于上述考虑,甘肃省新闻出版局将这套《欧亚历史文化文库》确定为2009—2012年重点出版项目,依此展开甘版图书的品牌建设,确实是既有眼光,亦有气魄的。

丛书主编余太山先生出于对自己耕耘了大半辈子的学科的热爱与执著,联络、组织这个领域国内外的知名专家和学者,把他们的研究成果呈现给了各位读者,其兢兢业业、如临如履的工作态度,令人感动。谨在此表示我们的谢意。

出版《欧亚历史文化文库》这样一套书,对于我们这样一个立足学术与教育出版的出版社来说,既是机遇,也是挑战。我们本着重点图书重点做的原则,严格于每一个环节和过程,力争不负作者、对得起读者。

我们更希望通过这套丛书的出版,使我们的学术出版在这个领域里与学界的发展相偕相伴,这是我们的理想,是我们的不懈追求。当然,我们最根本的目的,是向读者提交一份出色的答卷。

我们期待着读者的回声。

# 总 序

　　本文库所称"欧亚"(Eurasia)是指内陆欧亚,这是一个地理概念。其范围大致东起黑龙江、松花江流域,西抵多瑙河、伏尔加河流域,具体而言除中欧和东欧外,主要包括我国东三省、内蒙古自治区、新疆维吾尔自治区,以及蒙古高原、西伯利亚、哈萨克斯坦、乌兹别克斯坦、吉尔吉斯斯坦、土库曼斯坦、塔吉克斯坦、阿富汗斯坦、巴基斯坦和西北印度。其核心地带即所谓欧亚草原(Eurasian Steppes)。

　　内陆欧亚历史文化研究的对象主要是历史上活动于欧亚草原及其周邻地区(我国甘肃、宁夏、青海、西藏,以及小亚、伊朗、阿拉伯、印度、日本、朝鲜乃至西欧、北非等地)的诸民族本身,及其与世界其他地区在经济、政治、文化各方面的交流和交涉。由于内陆欧亚自然地理环境的特殊性,其历史文化呈现出鲜明的特色。

　　内陆欧亚历史文化研究是世界历史文化研究中不可或缺的组成部分,东亚、西亚、南亚以及欧洲、美洲历史文化上的许多疑难问题,都必须通过加强内陆欧亚历史文化的研究,特别是将内陆欧亚历史文化视做一个整体加以研究,才能获得确解。

中国作为内陆欧亚的大国,其历史进程从一开始就和内陆欧亚有千丝万缕的联系。我们只要注意到历代王朝的创建者中有一半以上有内陆欧亚渊源就不难理解这一点了。可以说,今后中国史研究要有大的突破,在很大程度上有待于内陆欧亚史研究的进展。

古代内陆欧亚对于古代中外关系史的发展具有不同寻常的意义。古代中国与位于它东北、西北和北方,乃至西北次大陆的国家和地区的关系,无疑是古代中外关系史最主要的篇章,而只有通过研究内陆欧亚史,才能真正把握之。

内陆欧亚历史文化研究既饶有学术趣味,也是加深睦邻关系,为改革开放和建设有中国特色的社会主义创造有利周边环境的需要,因而亦具有重要的现实政治意义。由此可见,我国深入开展内陆欧亚历史文化的研究责无旁贷。

为了联合全国内陆欧亚学的研究力量,更好地建设和发展内陆欧亚学这一新学科,繁荣社会主义文化,适应打造学术精品的战略要求,在深思熟虑和广泛征求意见后,我们决定编辑出版这套《欧亚历史文化文库》。

本文库所收大别为三类:一,研究专著;二,译著;三,知识性丛书。其中,研究专著旨在收辑有关诸课题的各种研究成果;译著旨在介绍国外学术界高质量的研究专著;知识性丛书收辑有关的通俗读物。不言而喻,这三类著作对于一个学科的发展都是不可或缺的。

构建和发展中国的内陆欧亚学,任重道远。衷心希望全国各族学者共同努力,一起推进内陆欧亚研究的发展。愿本文库有蓬勃的生命力,拥有越来越多的作者和读者。

最后,甘肃省新闻出版局支持这一文库编辑出版,确实需要眼光和魄力,特此致敬、致谢。

余太山

2010 年 6 月 30 日

# 序

早在 20 世纪,治东北史的学者就已经注意到东北古族的骤兴骤亡问题,并做了适当讨论,但见仁见智,迄无定论。进入 21 世纪之后,随着学术界的风气趋向于微观研究,更喜欢在越来越小的领域内理解得越来越多,这个问题也就不再有人问津了。区域史研究的重点本来就是特定区域历史发展的特殊性,对这一东北古族甚至几乎是所有北族共同具有的历史发展的特殊性没有给予足够的重视,这不能不说是令人感觉遗憾的事情。

在我看来,北族骤亡往往与政府财政的崩溃有关,此为另一个问题,姑不论。北族骤兴往往与其本族王朝的构建同步,这种历史现象表明,北族的骤兴很可能与其前国家形态下社会组织的演进特点有关。换言之,北族的骤兴,是其社会发展到一定阶段的产物,是此前量变积累到了临界点而爆发出来的质变。若此猜测不错,则北族骤兴的原因实不存在于其骤兴的过程之中,而应向此前其漫长的似乎静止的历史中去寻找。因此,研究北族建立政权之前的社会历史发展状况就具有了特殊

1

的意义。想法虽如此，不过始终停留在大胆假设的阶段，并未付诸研究、小心求证。

孙昊随我做博士时，即对此方面的问题感兴趣，不仅穷搜旧史、网罗遗闻，还对西方有关国家起源的诸种理论精研深思、辨析批评，试图以西方的新理论排比中国古史资料，以中国独有的史料验证西方的理论，以期在此基础上，修正西方相关理论的偏颇，对中国北族国家起源的过程做出全新的理解。中国北族建立的政权，虽然从国家起源的角度讲，皆为次生形态的国家，没有原生形态的国家，但是，即使就世界范围而言，所有原生形态的国家，关于其国家的形成演进阶段，也皆没有相关传世文献可资研究，因此，在中国北族向国家演进的过程中，中原史家对其的相关记载，就成为研究国家起源问题的弥足珍贵的罕见传世文献。可以说，从实证的角度研究国家起源问题的话，中国史籍中有关中国北族的这部分记载，是具有不可替代性的资料，遗憾的是，尚未引起国外学者足够的重视。因此，孙昊的此种研究思路，不仅是非常新颖的，也是非常正确的，更是推进北族社会史研究的必由之路。

在进入中国社会科学院历史研究所之后，孙昊对此领域的学术兴趣得到了丰富资料、贤师益友的支撑，益发而不可收。在其所做的研究工作中，最重要的一环就是有关辽代女真族群与社会的研究，要以女真人的前国家社会为个案，探讨中国北族国家起源的规律，为下一步剖析有关国家起源的诸种理论，建立自己的理论体系提供坚实的例证。这部书既是对辽代女真人族群与社会的精细研究，也是更为广阔的研究思路的组成部分。

在东北少数民族三大族系中，肃慎系民族起步较晚，其兴起落后于秽貊、东胡二系，但却后来居上，其所达到的高度是超过秽貊、东胡二系的。在肃慎族系的发展过程中，建立金王朝的女真人起着承上启下的作用，既代表着此前肃慎系古族发展的最高阶段，也为建立中国最后一个封建王朝清朝的满族的发展奠定了基础。因此，研究女真族建立金朝之前的社会历史演进过程，无疑非常具有代表性。以此典型个案为突破口，体现出孙昊的学术敏感度，而我更为期盼的是此个案研究之后的宏大理论体系的成熟。

　　孙昊因曾在我这里做博士，此次出书请我作序，我责无旁贷，聊识所思，算作序吧。

**杨　军**
2014 年 10 月 29 日于闲置斋

# 目 录

# 1 导言

10世纪以来,中国历史进入多国并存的第二期南北朝时期,较前一历史时期相比,最为重要的时代特征之一就是东北民族成为中国历史进程的主要推手。契丹、女真等族先后崛起,形成辽金王朝与两宋的对峙状态。东北民族发展史是思考辽金王朝史的逻辑起点,只有对契丹、女真民族内的族群关系、社会状况有清晰认识,才能对辽金王朝的一些重要政治与社会现象给予合理解释。契丹、女真分别是中国东北历史上东胡和肃慎两大族系的典型个案,前者代表了大兴安岭地区以西游牧民族的发展状态,后者则是东北森林地带渔猎—采集人群发展的集中体现。目前学界对契丹史的研究日趋活跃,而对于女真史的研究正处于相对沉寂的状态。本书选取辽代女真族群与社会作为议题,不仅是考虑到相关问题尚待进一步研究与发掘,更重要的是通过该议题的讨论能够揭示古代民族发展史中的一些重要现象。

## 1.1 辽代女真研究史概述

辽金史学界对辽代女真的研究较多,主要涉及基本史实、社会组织、民族流变等几个方面。但因材料稀缺,以致文章多,专著少,大部分是就某一个或几个问题发表见解。不同学者的研究内容、观点多有交叉重叠之处。所以这里不打算全面梳理,仅选择有代表性的研究进行介绍。较全面的相关研究状况,可参阅书后参考文献。

### 1.1.1 辽代女真史事研究

最早运用现代实证史学方法研究辽代女真及其相关问题的是日本学者。20世纪初,津田左右吉、松井等等人,将女真置于"满鲜历史地理"的视阈下,进行史地考证与梳理。他们的代表作是白鸟库吉监修的《满洲历史地理》(全2卷),其中辽金部分由松井等执笔[1] 他综合清人研究成果,对辽金东北的地名、部族居地进行了初步梳理。此后,津田左右吉陆续发表《朝鲜历史地理》[2]、《辽的辽东经略》[3]、《金代北边考》[4]等论著,对辽金时期东北地区、朝鲜半岛北部的女真地名与部族进行考辨。

对辽金之交东北女真进行系统研究是从池内宏开始的。他的《辽圣宗的女直征伐》一文梳理了辽代经略女真的史实,其间涉及对女真问题的初步探讨[5] 池内宏随后又发表《铁利考》[6],在对按出虎水完颜部兴起之前东北民族史实进行考辨的基础上,梳理了辽代东北各民族迁徙与分化的情况,概括出辽代东北政治与社会形势的演变情况。《高丽朝东女真的海寇》则是对朝鲜半岛东北部女真的考察[7]这几篇文章侧重东北民族的名物、地理,使得后学能够对该地区的史实与地理有较为清晰的认识。

此后,池内宏转入对按出虎水完颜部的研究。他通过《完颜氏的曷懒甸经略与尹瓘的九城之役》[8]一文,理清了按出虎水完颜部与朝鲜半岛北部曷懒甸女真的互动关系,同时亦涉及对康宗乌雅束经略图们江流域、曷懒甸地区时的史地考述。《金史世纪研究》[9]一文批判了

〔1〕参见〔日〕松井等:《満洲に於ける金の彊域》,载《満洲歴史地理》第二卷,南満洲鐵道株式会社1913年版。

〔2〕〔日〕津田左右吉:《朝鮮歴史地理》第二卷,南満洲鐵道株式會社1913年版。

〔3〕〔日〕津田左右吉:《遼の遼東經略》,载《満鮮地理歴史研究報告》第叁,東京帝國大學文科大學1916年版。

〔4〕〔日〕津田左右吉:《金代北邊考》,载《満鮮地理歴史研究報告》第四,東京帝國大學文科大學1918年版。

〔5〕〔日〕池内宏:《遼の聖宗の女直征伐》,载《満鮮史研究》(中世第一册),吉川弘文館1979年版(原刊《史学雑誌》,第二六編、第六號,1915)。

〔6〕〔日〕池内宏:《鐵利考》,载《満鮮地理歴史研究報告》第叁,東京帝國大學文科大學1916年版。

〔7〕〔日〕池内宏:《朝鮮高麗朝に於ける東女眞の海寇》,载《満鮮地理歴史研究報告》第八,東京帝國大學文學部1921年版。

〔8〕〔日〕池内宏:《完顏氏の曷懶甸經略と尹瓘の九城の役——附蒲盧毛朵部に就いて》,载《満鮮地理歴史研究報告》第九,東京帝國大學文學部1922年版。

〔9〕〔日〕池内宏:《金史世紀の研究》,载《満鮮地理歴史研究報告》第十一,東京帝國大學文學部1926年版。

《金史·世纪》记载的内容,认为景祖以前皇室完颜诸祖的事迹是虚构的。在论述过程中,池内宏对《金史·世纪》提及的族群分布及其他相关问题都提出了自己的看法。与《金史世纪研究》作为同一系统的文章,还有《金建国前完颜氏君长称号的研究——〈金史世纪研究〉补正》[1],分析了女真的太师、国相、勃极烈、节度使等称号的意义与功能。

三上次男关注的时段直接与池内宏相衔接。他以辽末至金朝的女真政治与社会为研究方向,取得了丰硕的成果,将女真史研究推到一个高峰。与本课题相关的成果包括《金代女真研究》[2]、《辽末金室完颜家的通婚形态》[3]、《论金室完颜家的始祖传说》[4]。其中《辽末金室完颜家的通婚形态》较为完整地考察了与按出虎水完颜部发生关系的各部族居地、分布状况,阐发了作者对辽末女真诸部关系的理解。

19 世纪末的中国学者在一些著述中已涉及部分女真名物的考述。清人曹廷杰的《东三省舆地图说》[5]、屠寄的《黑龙江舆地图说》[6]、景方昶的《东北舆地释略》[7]等书对辽金东北各地域的历史地理考证有开创性的贡献。清末民初的方志,如《吉林通志》[8]、《呼兰府志》[9]、

〔1〕〔日〕池内宏:《金の建國以前に於ける完顔氏の君長の稱號について—〈金史世紀の研究〉補正—》,《満鮮史研究》(中世第一冊)(原刊《東洋学報》二十卷一号,1932 年)。

〔2〕〔日〕三上次男:《金史研究》一《金代女眞社会の研究》,中央公論美術出版 1972 年版(原刊《金代女眞の研究》,日満文化協会 1937 年版)。此书以女真的猛安谋克为主要研究对象,涉及整个金朝历史,其中对于女真建国前猛安谋克的相关研究具有重要参考价值,初版于 1937 年,有金启孮译本:《金代女真研究》,黑龙江人民出版社 1984 年版。1972 年《金史研究》为修订本,有部分内容上的调整。

〔3〕〔日〕三上次男:《遼末における金室完顔家の通婚形態》,载《東洋学報》第 27 卷 4 号,1940 年。

〔4〕〔日〕三上次男:《金室完顔家の始祖説話について》,载《金史研究》三《金代政治·社会の研究》,中央公論美術出版 1973 年版(原刊《史學雑誌》第五二篇一一号,1941 年)。

〔5〕〔清〕曹廷杰:《东三省舆地图说》,辽沈书社 1985 年影印辽海丛书本。

〔6〕〔清〕屠寄:《黑龙江舆地图说》,辽沈书社 1985 年影印辽海丛书本。

〔7〕〔清〕景方昶:《东北舆地释略》,辽沈书社 1985 年影印辽海丛书本。

〔8〕〔清〕长顺修,李桂林纂:《吉林通志》,吉林文史出版社 1986 年影印民国十九年(1930)本。

〔9〕黄维翰编:《宣统呼兰府志》,载《中国地方志集成·黑龙江府县志辑》(第一册),凤凰出版社 2006 年影印本。

《黑龙江志稿》[1]等书,多有考析辽代女真地名、部名的文字。20世纪40年代,金毓黻的《东北通史》[2]亦涉及辽金东北历史地名的考证。20世纪80年代以来,涌现出一批东北史地的专门之作。《〈中国历史地图集〉释文汇编》(东北卷)[3]较具代表性,该书综合国内外学界的已有观点,对多个问题提出了新的见解。此外,贾敬颜的《东北古代民族古代地理丛考》[4]亦探讨了女真的某些史地问题。综观之,这些论著多是就某段或某个具体问题进行讨论,尚乏专门之论。20世纪80年代以后,中国的女真史研究逐渐发展起来。张博泉的《金史论稿》[5],孙进己的《女真史》[6]、《东北民族史研究》[7]、《女真民族史》[8],干志耿、孙秀仁的《黑龙江古代民族史纲》[9],何俊哲等的《金朝史》[10]等著作中多设有专门章节介绍辽代女真的情况,将各方文献的记载进行汇集、编纂,借以阐释女真发展的规律性认识。此外,亦有中国民族通史性的著作论及辽代女真问题,如陈佳华、蔡家艺等的《宋辽金时期民族史》[11]等。

韩国学者金李东馥《金代女真社会构成》[12]一书系统地梳理与分析了女真由崛起到金王朝时期的社会经济发展史。其他的韩国学者则主要关注女真与朝鲜半岛关系的研究。金渭显在这方面成果颇丰。

――――――――――

〔1〕万福麟监修,张伯英总纂,崔重庆等整理:《黑龙江志稿》,黑水丛书本,黑龙江人民出版社1992年版。

〔2〕金毓黻:《东北通史》上编6卷,影印民国三十年(1941)研究室丛书本,乐天出版社1971年版。

〔3〕谭其骧主编,张锡彤等编:《〈中国历史地图集〉释文汇编》(东北卷),中央民族学院出版社1988年版。

〔4〕贾敬颜:《东北古代民族古代地理丛考》,中国社会科学出版社、新西兰霍兰德出版有限公司1994年版。

〔5〕张博泉:《金史论稿》第1卷,吉林文史出版社1986年版。

〔6〕孙进己等著:《女真史》,吉林文史出版社1987年版。

〔7〕孙进己:《东北民族史研究》,中州古籍出版社1994年版。

〔8〕孙进己:《女真民族史》,广西师范大学出版社2010年版。

〔9〕干志耿、孙秀仁:《黑龙江古代民族史纲》,黑龙江人民出版社1986年版。

〔10〕何俊哲等著:《金朝史》,中国社会科学出版社1992年版。

〔11〕陈佳华、蔡家艺著:《宋辽金时期民族史》,四川人民出版社1996年版。

〔12〕〔韩〕李東馥:《東北亞細亞史研究――金代女眞社會의構成》,一潮閣,1986年。

《契丹的东北政策——契丹与高丽女真关系之研究》[1]一书,是由硕士学位论文修订而成,主要讨论辽代对女真、高丽的关系。他认为,契丹对高丽和女真政策是对宋关系的一环,目的在于相互牵制,而不是吞并领土。《女真的马匹贸易考——10世纪—11世纪为中心》[2]一文,讨论辽末女真社会的马匹贸易。《契丹、高丽间的女真问题》[3]则探讨922年(高丽天授五年、契丹天赞元年)至1125年(高丽仁宗三年、契丹保大五年),高丽的北进政策与契丹的东进政策冲突之时,两国对女真施行的政策。这一领域还有学者从多角度考察高丽与女真的关系。徐炳国[4]考察高丽时代女真的生存活动。李世铉[5]探讨女真人向高丽的来朝、来投时间及其原因,认为双方交往的多寡与高丽对女真的认识变化和女真完颜部势力的逐渐强盛有关。

崔圭成、秋明烨、金光洙、李孝珩等人则考察高丽对女真的政策及动机。崔圭成[6]将高丽惠宗至显宗时期分为两个阶段,考察各个阶段对女真政策的内容,以及对女真政策的结果对高丽北方政策的影响。秋明烨[7]则探讨高丽显宗至睿宗时期,对女真问题的处理及政局主导势力的变化。金光洙[8]主要研究高丽与女真交往的动机,认为高丽前

〔1〕〔韩〕金渭顯:《契丹的東北政策——契丹與高麗女眞關係之研究》,華世出版社1981年版。

〔2〕〔韩〕金渭顯:《女眞의 馬貿易考:10世紀—11世紀를中心으로》,載《明大論文集》13,1982年。

〔3〕〔韩〕金渭顯:《契丹·高麗間의女眞問題》,載《明知史論》9,1998年。

〔4〕〔韩〕徐炳國:《高麗時代 女眞交涉史研究》,載《關大論文集》6,1978年。

〔5〕〔韩〕이세현:《고려 전기의 려·진(麗·眞)관계에 대하여:여진의 내조(來朝)와 내투(來投)를 중심으로》,載《論文集》4,1971年。

〔6〕〔韩〕최규성:《高麗初期의 女眞關係와 北方政策》,載《동국사학》15、16合輯,1981年。

〔7〕〔韩〕秋明燁:《11世紀後半~12世紀初女眞征伐問題와 政局動向》,載《韓國史論》45,2001年。

〔8〕〔韩〕金光洙:《高麗前期 對女眞交涉과北方開拓問題》,載《東洋學學術會議講演》,1976.〔韩〕金光洙:《고려 건국기의 패서호족(浿西豪族)과 대여진관계(對女眞關係)》,載《史叢》21、22合輯,1977年。

期对女真交涉的动机在于农耕地的开拓。李孝珩[1]则从高丽对北方民族认识的角度出发,认为高丽对渤海具有同族意识,对契丹和女真则具有异类意识,不过,较之女真,高丽对契丹的态度更具敌意。

## 1.1.2 辽代女真各支族群的专题研究

文献记述中还散见很多女真的分支名称,关树东有文章专论辽代熟女真。[2] 对于其他名目的女真,如三十部女真、鸭绿江女真、曷苏馆女真、南女真、北女真等,学界专论不多,而且尚有观点分歧。

### 1.1.2.1 三十部女真

三十部女真是国内外学界关注较多的问题。津田左右吉《尹瓘征略地域考》一文最先对其进行考察,提出三十部女真的居地在朝鲜半岛咸镜南道北青附近。[3] 池内宏则结合对咸兴及其附近古城址的实地调查,认为《高丽史》中提及的三十部女真居地都应在咸兴平原[4],进而寻找文献依据将三十部女真敲定在咸兴。[5] 小川裕人的《论三十部女真》一文,认为辽代女真是由北方的黑水靺鞨南迁至朝鲜半岛,再由朝鲜半岛发展到今阿什河流域的,其依据之一就是《高丽史》中的女真三十姓与《金史》所载姓氏审音勘同。[6] 小川裕人一改津田左右吉、池内宏的女真土著说,将女真的勃兴看成是迁徙的结果,该文发表不久即遭到三上次男从文献角度的批驳。[7] 王民信的《高丽史女真三十姓部落考》在陈述的《金史拾补五种》的基础上,对《高丽史》中女真三十姓的发音进行研究,发现小川裕人对《高丽史》与《金史》中姓氏审音

---

〔1〕〔韩〕李孝珩:《高麗前期의 北方認識:발해·거란·여진 인식 비교》,载《지역과역사》19,2006 年。

〔2〕关树东:《辽代熟女真刍议》,载《宋辽金元史研究》第 13 号,2008 年。

〔3〕〔日〕津田左右吉:《尹瓘征略地域考》,载《朝鲜歷史地理》第二卷,南满洲鐵道株式會社 1913 年版,第 110－112 页。

〔4〕参见〔日〕池内宏:《大正八年度古蹟調查報告》第一册《咸鏡南道咸興郡に於ける高麗時代の古城址》,朝鮮總督府 1922 年版,第 23－32 页。

〔5〕〔日〕池内宏:《朝鮮高麗朝に於ける東女眞の海寇》,载《满鮮地理歷史研究報告》第八,東京帝國大學文學部 1921 年版,第 264－281 页。

〔6〕〔日〕小川裕人:《三十部女眞に就いて》,载《東洋學報》第二十四卷第四號,1937 年。

〔7〕〔日〕三上次男:《新羅東北境外における黑水·鉄勒·達姑等の諸族について》,载《高句麗と渤海》,吉川弘文館 1990 年版。

勘同的认识有些地方过于牵强,并指出当时三十姓中没有"完颜"一姓。[1] 三上次男则认为长白山三十部女真是渤海武王末年移置于南京南海府附近的黑水部人、铁利部和达鲁古部的后裔[2],并指出三十部女真是地区政治集团,后来发展到延边地区。[3] 从诸说对三十部女真地域比定思路来看,津田左右吉、池内宏都将三十部女真视为一个部落组织,中国学者董万崙等人与其观点相同。[4] 小川裕人则将其视为更大的区域型集团,李东馥[5]、孙进己[6]持相同观点,并将朝鲜半岛东北的女真各部皆视为三十部女真。社会组织的基本性质是上述学者考辨三十部女真居地范围的立论前提,但遗憾的是,对这一问题,上述学者没有提出有力的证据,多是出于臆测,那么建基于其上的实证研究就不是很牢固了。

### 1.1.2.2 鸭绿江女真与五节度女真

学界对鸭绿江女真具体所指有不同看法。张博泉认为其居地在宽甸、集安、临江地区,又称"五节度女真"。[7] 董万崙的《东北史纲要》认为,鸭绿江流域及其以东至清川江一带地区居住的女真,被《辽史》叫作鸭绿江女真,且较为简略地叙述了辽与高丽争夺鸭绿江女真地区的过程。[8] 孙进己《东北民族史研究》认为五节度女真,即渌州鸭渌军、保州宣义军、开州镇国军、苏州安复军、复州怀德军五节度,前三者属于鸭绿江女真。"鸭绿江女直国大王府"设置于辽初,圣宗太平十年(1030)平大延琳之乱后,始改设渌州鸭渌军节度。鸭绿江女真分布在丹东、凤城等地。[9] 可见,关于鸭绿江女真的居地范围,多数学者仅

〔1〕王民信:《高麗史女眞三十姓部落考》,载《邊政研究所年報》第16期,1985年。
〔2〕〔日〕三上次男:《新羅東北境外における黑水・鉄勒・達姑等の諸族について》,第97页。
〔3〕〔日〕三上次男:《遼末における金室完顏家の通婚形態》。
〔4〕董万崙:《关于辽代长白山女真几个问题的探讨》,载《民族研究》1989年第1期。
〔5〕〔韩〕李東馥:《東北亞細亞史研究——金代女眞社會의 構成》,23-114等。
〔6〕孙进己:《东北民族史研究》,第435页。
〔7〕张博泉:《东北历代疆域史》,吉林人民出版社1981年版,第140页。
〔8〕董万崙:《东北史纲要》,黑龙江人民出版社1987年版,第203-204页。
〔9〕孙进己:《东北民族史研究》,第428页。

据对"鸭绿江"地域范围的理解,猜测鸭绿江女真的位置,这一问题亦需深入考虑。当然五节度女真是否为上述五军州之节度,有待深入考察。

### 1.1.2.3　曷苏馆女真、南女真、北女真

津田左右吉认为曷苏馆和鸭绿江一带女真(包括南北女真)可能从唐代就住在本地,属于曾受渤海羁縻的部族。[1] 金毓黻则认为曷苏馆女真是渤海遗族,在辽灭渤海后迁徙过来。[2] 李学智沿袭此说,认为曷苏馆即忽汗,其原居地在三姓一带。[3] 刘炳愉、陈福林认为曷苏馆是在 983 至 1012 年间,辽圣宗对鸭绿江下游女真的战争后征伐迁徙的女真人[4],都兴智也持此说[5]。王绵厚认为曷苏馆女真是指专门从事铁冶的部族,包括女真、渤海和高丽的遗民。[6] 关于南北女真居地,学术界无大的观点差异,但对于南女真行政建制有两说。张博泉认为南北女真大王府的兵事属南北女真汤河司,两者同时存在。[7] 孙进己《东北民族史研究》认为辽前期设置的是南女真国大王府,后期辽兴宗时设置的是"南女直汤河司",由契丹人任详稳。[8] 总的来看,目前学界对辽东半岛的曷苏馆女真、南北女真的族群变化,以及辽朝的经略问题尚无清晰认识,有待于进一步探讨。

### 1.1.3　辽代女真社会研究

在前人进行微观史实研究的基础上,中国学者多采用恩格斯的部落—氏族—家庭公社的演进模式对女真社会组织进行分析。关于家

---

〔1〕〔日〕津田左右吉:《遼の遼東經略》,第 208 页。

〔2〕金毓黻:《东北通史》(影印本),第 495 页。

〔3〕李学智:《辽代之兀惹及曷苏馆考》,载《大陆杂志》20 卷 8 - 9 期,1960 年。

〔4〕刘炳愉、陈福林:《曷苏馆熟女真探源》,载《北方文物》1985 年第 2 期。

〔5〕都兴智:《曷苏馆女真考略》,载《辽宁师范大学学报》1986 年第 1 期。

〔6〕王绵厚:《辽代"衍州"与"鹤野"探考——兼论东京曷术馆女真部》,载陈述主编《辽金史论集》第三辑,书目文献出版社 1987 年版。

〔7〕张博泉:《东北历代疆域史》,第 139 页。

〔8〕孙进己:《东北民族史研究》,第 439 页。

庭公社的专门研究,有赵东辉的《女真族的家长制家庭公社》[1]和刘肃勇的《辽代女真完颜部的氏族生活》。[2]

韩世明的《金完颜始祖史事探赜》[3]、《辽金时期女真氏族制度新论》[4]两篇文章,借鉴了文化人类学的概念,梳理了辽代女真的社会组织结构,认为女真的社会组织主要由核心家庭、家庭公社、世系群、氏族、联族和半偶族构成。其中半偶族指《金史·百官志》中的白黑号之姓;联族指《金史·宗室表》中所提到的完颜部十二,其中同姓完颜与异姓完颜属于联族组织;氏族组织就是指按出虎水完颜部;世系群是由家庭公社增殖、分裂而成的一种亲族组织,文献中的"家"指核心家庭。三十部女真或七水部女真集团是原生的血缘集团离散后,经过迁徙分化出来的各个继嗣集团,以婚姻为纽带、以地缘为基础组成的新的血缘集团。

孙进己认为女真的基本组织结构是由若干存在血缘联系的小家庭组成一个父系家庭公社,再由若干父系家庭公社组成氏族。完颜十二,乌古论十四,即为氏族之数。同时,家庭公社开始转变为地域性的农村公社,即猛安谋克组织。地域性的农村公社出现,标志着向阶级社会的过渡。猛安谋克既是军事组织,又是行政组织、经济组织,属于地域公社。每个谋克是一个农村公社,包括300户小家庭。其中有起源于同一祖先的,也有相当数量的异姓人及奴隶加入其中。[5]

关于部落之间的通婚情况,以日本学者三上次男为代表。[6]他系统地考辨《金史·世纪》中所涉及的各部族居地、分布状况,并从中梳理与皇室完颜部通婚部族的地域范围及其相关情况,进而认定金皇室的按出虎水完颜部人首先不与其他完颜部通婚,与之通婚的异姓部有

〔1〕赵东辉:《女真族的家长制家庭公社》,载《黑龙江文物丛刊》1983年第1期。这里的家长制家庭公社是指孙进己文中的"家长制家族公社"。
〔2〕刘肃勇:《辽代女真完颜部的氏族生活》,载《北方文物》1982年第2期。
〔3〕韩世明:《金完颜始祖史事探赜》,载《吉林大学社会科学学报》1993年第3期。
〔4〕韩世明:《辽金时期女真氏族制度新论》,载《东北亚论坛》1994年第2期。
〔5〕孙进己:《东北亚民族史论研究》,中州古籍出版社1994年版。
〔6〕〔日〕三上次男:《遼末における金室完顔家の通婚形態》。

唐括、徒单、蒲察、乌古论、裴满、纥石烈、乌林荅、仆散、挈懒、乌延等10部。其中,建国前已经有通婚关系的首先是唐括、徒单、蒲察、乌古论4部,其次是纥石烈氏,裴满、仆散二氏与之通婚较晚。乌林荅氏是世祖劾里钵时期迁到按出虎水完颜部附近之后才开始通婚的。与按出虎水完颜部通婚的是在地域上相近,有密切政治、经济关系的氏族,但是,在建国前要是因某种原因处于敌对关系的话,此后便会断绝通婚关系。这表示辽末女真人之间因地缘政治关系才存在通婚,其内部不过是遵守古老的通婚集团制度而已。此后延续三上次男思路的研究者,有桑秀云[1]和增井宽也[2]。

张博泉则是从宏观角度,对女真的家、族、部诸层面的结构进行综合性研究。[3] 他认为辽代女真的社会发展经历了由氏族部落到部族,由部族发展到民族的过程。而辽代女真则处于部族阶段。部族是指没有形成统一民族之前的部落混合共同体,它是由若干部落融合而成的,并非部落间的简单联合。这种由各个部落领土而融合成的部族,发展程度高于部落,低于古代民族。部族的组织主要包括家族、宗族、氏族、部落以及各部的联合。家族是指由父系氏族中分化出来的大家族,大家族又分化成小家族,小家族演变而结成大家族。在这一过程中,新生成的大家族之间又形成血缘集团,且保持统一的经济或社会整体,这样的组织称为宗族。属于统一族帐或宗族的家庭聚集在一起构成一个村落。这些过程都发生在原始公社制处于逐渐解体的阶段,各氏族或宗族由于地域流动性的不断加大,血缘关系遭到排斥,地缘关系的成分在增加。部族内部有官署与其他成员的存在,其中有孛堇、孛极烈、国相等官称。部族的村寨是因各个家族、宗族互相调动迁徙乃至杂居而形成的村寨组织,村寨后来因猛安谋克的地方行政化,发展成猛安谋克下的村寨系统。

---

[1]桑秀云:《金室完颜氏婚姻之试释》,载《历史语言研究所集刊》第39本上册,1969年。

[2][日]增井宽也:《初期完颜氏政権とその基礎の構造》,载《立命館文學》418-421号,1980年。

[3]张博泉:《金史论稿》第1卷。

王可宾对家族公社的论述与张博泉不同,他认为大家族包括许多具有血缘关系的个体家庭,史书中的族帐即为大家族,几个大家族共同组成的公社即为谋克。[1] 而张博泉将大家族的分裂与聚合考虑到一起,认为分裂后形成的新的大家族是宗族,与最初的大家族不同。史书中的族帐即为宗族。

### 1.1.4 总结与反思

国内外学者对辽代女真的研究主要集中于微观史实与中观的民族发展两个层次展开。微观史实研究,理清了该问题的一些事件、史地名物,使我们能够对辽代东北女真有一定的了解。但是,已有研究尚未考虑到对辽、宋、高丽、金朝四方传世文献相关记述进行系统整合、断代。宋人诸书将女真分为四类:熟女真、回跋女真、生女真、东海女真。《高丽史》则分为西女真、东女真。见于《辽史》的有曷苏馆女真、南女真、北女真、鸭绿江女真、长白山女真、黄龙府女真、生女真。《金史》中所列更为庞杂繁多。这些关于辽代女真的划分,都是当时观察者站在不同立场对女真进行的分类式叙述。目前的微观研究尚未注意到四方文献记述的知识背景与立场之间的差异与联系,也就无从谈起动态地审视辽代女真族群及其社会的变动、发展情况。

辽代女真研究的另一特点是理论与史实结合的中观层面研究较多,笔者亦将这种研究模式作为自己学习、努力的方向。但当下学界受到理论视角与文献研究水平的限制,尚未出现成熟的操作方法将史实与理论有机地结合起来,得出令人信服的观点。现有研究将女真社会默认为血缘氏族、部落社会,将各方文献中的女真社会名词按照部族、部落联盟、部落、氏族的概念对号入座,脱离历史语境与地域背景对女真社会进行孤岛式的理解。这势必忽略女真自身社会认知体系的阐释与研究,以至于在一些结论上缺乏科学依据,女真社会研究趋向单一化、简单化,其社会内部的族群问题也自然被遮蔽了。

---

〔1〕王可宾:《女真国俗》,吉林大学出版社1988年版。

## 1.2　民族研究路径与辽代女真研究

本书探讨辽代女真及其分支群体的发展与整合过程。传世文献中存在女真分支群体的名称,如鸭绿江女真、三十部女真、北女真、南女真、曷苏馆女真等,同时,还有诸如雅挞懒水完颜部这样的部名。女真史学者每论及此处都运用一定的民族学概念进行分析与定性。常见的术语主要涉及"民族"与"族群"两大核心词汇,这两个词汇既有紧密联系,又在某些方面反映了解释框架的差异。

"民族"在汉语语境中,内涵十分丰富,具有不同层面的意义。首先,民族是指具有共同历史命运与文化传统,以地缘关系为纽带结成的人们共同体,多数情况下依托于政治实体而存在,一般与英文词汇Nation相对应。[1] 恩格斯曾论及 Nation 的形成问题。他在《家庭、私有制和国家的起源》中说:"住得日益稠密的居民,对内和对外都不得不更紧密地团结起来。亲属部落的联盟,到处都成为必要的了;不久,各亲属部落的融合,从而分开的各个部落领土融合为一个民族( Volk )的整个领土,也成为必要的了。"[2] 他还说:"在联合为民族的德意志各部落中,也曾发展出像英雄时代的希腊人和所谓王政时代的罗马人那样的制度,即人民大会、氏族酋长议事会和已在图谋获得真正王权的军事首长。这是氏族制度下一般所能达到的最发达的制度,这是野蛮时代高级阶段的典型制度。"[3] 恩格斯将民族视作由亲属部落融合为一的共同体,并存在超越部落与氏族法的民族法,拥有统一的政治制度,是处于氏族社会与国家社会的过渡阶段,其发展程度高于部落联盟,低于国家。那么按照恩格斯的理论,可以梳理出原始社会组织的氏族—胞族—部落—民族( Nation)四个阶段。

---

〔1〕关于汉语"民族"的内涵的分析,可参见谌华玉:《关于族群、民族、国籍等概念的翻译与思考》,载《读书》2005 年第 11 期,第 148 – 153 页。

〔2〕〔德〕恩格斯:《家庭、私有制和国家的起源》,人民出版社 1999 年版,第 170 页。

〔3〕〔德〕恩格斯:《家庭、私有制和国家的起源》,第 151 页。

中国学者在探讨辽代女真的社会发展时,多引用恩格斯的民族形成理论对史实进行演绎。张博泉在《金史论稿》第 1 卷中认为女真建国前的曷苏馆女真、鸭绿江女真等名称,都是部族名。部族属于氏族社会的范畴,产生、发展于氏族社会晚期,保留了以前的氏族、胞族、部落组织。女真统一民族则建立在部族合并统一之上,其形成标志是金王朝的建立。[1] 他认为"部族"与"民族"的区别在于血缘与地缘之间的差异,并借用苏联学者柯斯文关于父系氏族社会的论述,构建起"部族(亲属部落的联合)—部落—氏族—父系大家族—宗族—家族"这样一个辽代女真的部族结构。[2] 孙进己也有类似看法,他指出民族是在原始社会瓦解,阶级社会确立过程中由部落联盟发展而成。辽代女真正处于由若干亲属部落联合成部落联盟和部落联盟结合成部族的过程中,还未进入统一民族形成的过程。所以,他将辽代女真的分支群体分别视作部族或者部落联盟。[3]

近年范恩实专著《靺鞨兴嬗史研究——以族群发展、演化为中心》[4],借鉴族裔—象征主义(Ethno-symbolism)代表人物安东尼·史密斯的"族类"(Ethnic category)—"族团"(Ethnic community,相当于古代民族共同体)分析模式,重新审视靺鞨的流变与分化。该书第五章专论五代、辽初靺鞨演变为女真的过程,认为原居渤海的靺鞨部族分化出铁利、女真等部族,南下的黑水靺鞨发展出鸭绿江流域、长白山地区的兀惹、女真、五国部等部族,这部分女真占据整个族类的主体地位。族裔—象征主义研究路径发端于约翰·阿姆斯特朗(John Armstrong),并经由安东尼·史密斯等人发展。他们多认为民族是通过神话传说、历史记忆、礼制仪式等符号象征文化因素而建构与展现的共同体,其

〔1〕张博泉:《金史论稿》第 1 卷,第 200 - 203 页。
〔2〕参见张博泉:《金史论稿》第 1 卷,第 92 页。书中并没有注明该序列结构源于柯斯文之说,显然将其作为一般常识使用。柯斯文之论参见氏著:《原始文化史纲》第七章《社会发展》,张锡彤译,人民出版社 1956 年版。
〔3〕孙进己:《东北民族史研究》,第 421 - 422 页。
〔4〕范恩实:《靺鞨兴嬗史研究——以族群发展、演化为中心》,黑龙江教育出版社 2014 年版。

内部成员通过这些文化因素的诠释而产生共同体的归属感。族裔—象征主义者研究的逻辑预设是承认现代民族（Nation）起源于古代社会，而非建构于现代民族国家世界。[1] 在他们的研究中，重视探讨具备共同地域与凝聚意识的古代民族共同体，及其向现代民族转变的过程。[2] 安东尼·史密斯则采用法语"ethnie"指涉其分析对象——民族共同体（Ethnic community），以示与人类学意义上的族群研究路径相区别。他提出古代社会存在依托社会阶层固化而出现的横向民族，以及因共同体成员历史经历与归属感而形成的大众型民族。[3] 共同的文化认同、历史经历、宗教信仰等因素在民族共同体发展过程中的作用是持久的、基础性的，这与强调族群性是随着社会语境差异而产生变化的族群边界论有着本质的区别。由此可见，族裔—象征主义者的研究对象与前述恩格斯等人探讨的民族（Nation）是一致的，都是依托古代政治体（部酋邦或国家）而产生的。因此，本书将安东尼·史密斯的研究对象"Ethnie"译作民族。在史学研究的具体操作过程中，确认靺鞨、女真民族共同体"Ethnic community"的基本标志仍然是寻找集权性国家或酋邦的出现。[4] 依照这样的思路，范恩实在《论女真族群的形成与演变》[5]一文中，实际上是在探讨女真国家组织的形成与演变，这与上述老一辈学者的研究路径有相似之处。

将族称与部落、国家等社会组织或政治体进行对等挂钩的阐释也见于其他研究领域。20 世纪 40—50 年代的田野调查者将非洲土著居民视作部落、氏族，注重阐释分支—合并世系群等社会组织在部落、氏

---

〔1〕John A. Armstrong, *Nations before Nationalism*, University of North Carolina Press, 1982, pp. 3 – 13；pp. 283 – 299.

〔2〕Anthony D. Smith, *The Ethnic Origins of Nations*, Basil Blackwell, 1986, pp. 30 – 32.

〔3〕Anthony D. Smith, *The Ethnic Origins of Nations*, p. 76.

〔4〕此处的"集权型"（centralize）是指拥有统一的社会或政治中心能够协调或管理共同体的各项事务，是与缺乏统一协调行动的分散性部落相对应的概念。故此概念同政治学中与民主体制相对的集权体制并不一致。

〔5〕范恩实：《论女真族群的形成与演变》，载《黑龙江社会科学》2013 年第 3 期。

族的协调作用,而弱化了研究对象次级群体自身的文化识别与区分。[1] 在内亚游牧社会研究领域,林德纳曾指出历史上的游牧部落都是根据拟制亲属关系构成的政治体,其存在目的是为了争夺有限的资源与利益。[2] 罗新在此基础上进一步推论,指出"进入历史学研究范畴的北方民族,都是一个又一个的政治集团,而不是通常理解的一个又一个在'种族'意义上彼此区别的'族群'"[3]。这些学说在阐释文献资料时,都论证部落组织及其政治形式对民族形成与发展的重要意义,使得我们对研究对象的社会结构发展有了深入认识。但将一切见于文献资料的族称都视作部落联盟或者政治体,也混淆了族群识别与政治组织两个范畴的差别。

在女真史研究者中,孙进己较早超越政治实体的语境,来讨论辽代女真。他引述摩尔根对雅利安人的论断"具有共同语言和共同民族性的种族",将女真视作人种范畴的最小分支。[4] 这句话提到的"民族"是指具有同一客观文化特征,且缺乏政治共同体形式的群体,但没有更为恰当的词汇对这种群体进行定性,引用摩尔根《古代社会》汉译本关于"种族"的论述进行界定。孙进己引述的摩尔根论断在英文版中为"They were one people in language and nationality"[5],这里与《古代社会》汉译本"种族"对应的词汇是"people",意指一般性的人群或民族,并非带有"种族"(Race)的意义。此外,"种族"被认为是在外表和体质形态上具有某些共同遗传特征的人类群体,19世纪的西方学者将非西方文明的人群都视作种族(Race),是带有殖民主义歧视性色彩的。二战以后,社会科学界已经认识到种族概念在民族研究中并无实

〔1〕A. Southall, "Nuer and Dinka are people: ecology, ethnicity and logical possibility", in *Man* Vol. 11, No. 4(1976), pp. 463 – 491; Ronald Cohen, "Ethnicity: Problem and Focus in Anthropology", in *Annual Review of Anthropology*, Vol. 7 (1978), pp. 382 – 384.

〔2〕Rudi Paul Lindner, "What was a Nomadic Tribe", in *Comparative Studies in Society and History*, Vol. 24, No. 4 (1982), pp. 689 – 711.

〔3〕罗新:《中古北族名号研究》,中华书局 2009 年版,第 2 – 3 页。

〔4〕参见孙进己:《女真民族史》,广西师范大学出版社 2010 年版,第 101 页。

〔5〕Lewis H. Morgan, *Ancient Society*, Henry Holt and Company, 1907, p. 31.

际意义,逐渐抛弃该词的使用。[1]

其实,孙进己提到的女真"民族性"属于一个文化群体的范畴,即"Ethnicity"(可译作族属、族群性、族群)。"Ethnicity"是英语形容词"Ethnic"的名词形式,语源是希腊语"Ethnos"。史禄国最早关注到"Ethnos"的学术意义,并将其引入民族学研究,他这样做的目的是要与其之前盛行的 Nation 研究进行区分。他认为"民族"(Ethnos)是说相同语言、承认共同起源、拥有习俗和社会复合体系的人群,他们有意识地将这种体系作为传统维持与传承,能够与其他群体进行区分。这就是所有民族志、语言、(体质)人类学现象变化过程得以进行的"民族单位"(Ethnic unit)。同书中,他最后的概括是:"民族一方面是所有人类文化和体质变化进程能够发生作用的单位,另一方面也是以起源、习俗、语言和技术文化的统一而团结起来的人们的群体单位。"[2]照此,"Ethnos"的基本内涵可以概括为指具有相似体质、语言、文化、生活习惯等客观文化特征的人们所形成的群体(Group),并能通过某些突出的特征为外界所识别和区分。这也是汉语词"民族"所对应的另一重要概念,就这一层面的意义而言,"民族"可以泛指资本主义之前各个发展阶段的,符合界定条件的人群。在史禄国之前的学者中多使用"people"指称,具有较大随意性,而此后则逐渐发展出专门的族群研究领域。

中国汉文典籍记录四夷一般都是以源流、风俗习惯作为关注重点,兼顾政治形式的介绍。风俗、物产、语言等文化特征是传世文献界定古代民族的重要标准之一,很多族名都是根据文化特征来进行识别的。女真在辽中前期"分居部落,未有定主"[3],"散居山谷间,依旧界

---

〔1〕对种族与民族的区分,种族学说的批判参见林耀华:《关于民族、少数民族和种族主义的问题》,载《民族学研究》第 8 辑,1986 年。Michael Banton, *Racial Theories*, Cambridge University Press, 1987。看似根据客观体质特征对人群进行的辨识,实则是观察者的主观判断,并不具有科学性。

〔2〕两段引文分别见于 S. M. Shirokogoroff, *Ethnical Unit and Milieu*, Edward Evans and Sons, LTD., 1924, p.5, p.27。

〔3〕〔朝鲜〕郑麟趾:《高丽史》卷15《仁宗世家》,"仁宗六年六月丁卯"条,国书刊行会1908版,第230页。

外野处。自推雄豪为酋长,小者千户,大者数千户"[1]。很显然,此时的女真尚未形成统一的政治集团,"女真"这一族称并非某个单一共同体的名称,而是一个大范畴的群体通称。此外,辽宋之人则以内属程度作为标准,将女真分作熟女真与生女真两大范畴,这种认识是将政治归属形式作为判定文化优劣的标准,但并不代表女真自身的社会类别观念。所以,进入历史学研究范畴的北方民族,因历史互动主客体的立场的差异,其族称所代表的群体,有的是政治集团;有的是被中原观察者所记录,带有独特文化特征的民族群体;还有涵盖政治共同体与文化群体两重性质的民族。目前从文献记述来看,10—11 世纪的辽代女真是并无共同体的凝聚意识,但带有特定文化特征的民族(Ethnos),在其内部仍存在能够被外界划分或识别的次级群体,按照目前学界的习惯,此处拟采用"族群"来标识。若要讨论辽代女真族群的分异与变迁,需要综合前述的政治体分析与族群分析两种方法。

## 1.3　族群识别的范畴与层次

族群的分类与识别是当代族群研究关注的重点问题之一,目前学界普遍认为该问题是由多重范畴(如体质、文化、政治、经济、主观认同等不同范畴)的标准来界定的,根据识别标准所属范畴不同,会出现各异的族群界定或认同形式,识别标准的选取又是政治、社会等多方面综合影响的结果。人类学界对族群多重划分标准的认识存在一个发展的过程。

史禄国曾经讨论过通古斯民族及其次级群体"民族单位"的结构划分。在他的表述中,民族(Ethnos)是一个结构性的概念,具有相对稳定的群体特质;然而民族内的一些群体会为适应多样的自然—人文环境,致使其文化要素发生变化。从逻辑上讲,由原始民族单位可以演化出多个民族单位。在讨论北方通古斯的社会组织时,他认为"通古斯"

<hr />

[1] [宋]徐梦莘编:《三朝北盟会编》卷 3,政宣上帙三,上海古籍出版社 2008 年影印本,第 16 页。

17

欧·亚·历·史·文·化·文·库·

只能被认为是一个包括了一组民族单位的原始名称,这些民族单位的祖先在某个非常久远的时代曾经是生活在一起的。后来有些通古斯已经改换了原有的语言、原有的民族志复合要素,也有的非通古斯集团采用了通古斯语和通古斯民族志要素,因此被认定为通古斯人。通古斯人即是通过文化形式来确认的民族,其各分支人群的生物体质特征是不相同的,不是生物特质同一的种族范畴。在民族范畴下,民族单位形成各异的"民族志复合"群体。如通古斯内的民族单位,有的按照经济形态划分为游牧通古斯、驯鹿通古斯;也有的按照地域划分为北方通古斯和南方通古斯。[1] 在通古斯人分支群体的社会变迁、群体分化与重组的复杂过程中,因对自然与人文社会环境的适应而形成了不同的文化形式。地域分布、生产方式、社会风俗、语言差异、心理认同,皆可称为区分通古斯分支群体的标准。在他看来,通古斯是最大范畴的识别单位民族(Ethnos),其识别标准是相似的语言,而其下的不同"民族单位"的划分可以按照不同范畴的标准进行划分。

总的来看,史禄国的民族(Ethnos)学说是建基于"民族志复合"之上的,他通过辨别民族及其民族单位对外体现出的体质(生物性)、生活方式、精神状态等客观性的特征,对他们进行类别区分。同时,他也认识到自然与社会环境导致民族单位总处于一个动态的适应性变化之中,这样就产生不同的"民族志复合",构成民族大范畴之内的次级群体差异。史禄国的学说更多的是借由外在观察者的社会经验与标准对通古斯人及其民族单位进行划分,其划分标准是否具备科学性当需另文讨论。但是他提出的民族范畴下的"民族志复合"分异与变化的命题,已经初步发现民族次级群体分类的多重范畴现象,这在很大程度上都与西方族群理论的基本理念相契合。[2]

在西方英语学界,并没引入"Ethnos"专名,只利用其形容词的名词

---

〔1〕〔俄〕史禄国著,吴有刚、赵复兴、孟克译:《北方通古斯的社会组织》,内蒙古人民出版社1985年版,第7页。

〔2〕参见郝时远:《前苏联—俄罗斯民族学理论中的"民族"》,载《西北民族研究》2004年第1期。

形式"Ethnicity",以及"Ethnic group"作为基本的分析概念。"Ethnicity"主要用于指代某群体所展现出的独特文化特质,这与史禄国的"民族志复合"的概念相对应,多译作族群性或者族属。"Ethnic group"更强调族群的社会组织特征,有时用于指称民族大范畴之下的次级群体。[1] "Ethnicity"与"Ethnic group"的内涵各有侧重,体现了族群的不同侧面。

二战以后,利奇等人在缅甸高地克钦人的田野调查中发现,克钦人的群体分支并不是通过传统的民族志文化标准来划分的,而是属于社会性的单位,克钦人和掸族这样的区分是在争夺权力与资源过程中才日益明晰、发生作用的。[2] 这一发现促使西方民族研究的关注点由客观民族志要素转向社会互动语境下的主观认同。巴斯遵循这一新的研究路径,提出了族群边界学说,这与史禄国等人的传统研究路径有很大差异。他认为族群是行动者在族际互动过程中,通过族群性识别与认同而形成的社会组织,该组织的主要功能是区分自身与他者。族群内外成员会在不同社会场合有意识地突出或忽略某些客观文化标准以建立归属范畴。这样,参与族群界定的主客体所处社会互动环境不同,族群的内涵与范围也会有所不同。[3]

巴斯族群学说的提出标志着研究方法论的转换。在此之前的传统路径将研究对象视为孤立存在的文化实体,研究的主要内容是关注部分与整体的联系,以及他们与自然、社会文化环境的适应问题。所以,民族起源与分支族群的变异、流变成为研究的主要内容。族群学说则强调族群生成与变迁是由族际互动的社会—人文环境所决定,族群范畴的界定是随着人们的社会需要而变化的,这一过程中的历史文化语境又对族性认同的生成至关重要。其研究视角从族群的中心转移

〔1〕王明珂:《华夏边缘——历史记忆与族群认同》(增订本),浙江人民出版社 2013 年版,第6页。

〔2〕Edmund Leach, *Political systems of highland Burma: a study of Kachin social structure*, The London school of Economics and Political Science, 1954, pp. 279 - 292.

〔3〕Fredrik Barth, "*Introduction*", *Ethnic Groups and Boundaries: the Social Organization of Culture Difference*, Little, Brown and Company, 1969, p. 10.

到族际互动的焦点——族群边界之上。

　　既然族群性是在族际互动中,由族群内外的主客体共同体现的,那么客观性的原生文化特征在族群识别时,并不是发挥了相等的作用。群体选择归属标准的复杂程度是随着群体范围的增大而逐次递减的。也就是说某一族群范畴越大,涵盖的次级群体越多,其认定标准也就越简单;反之,某一族群范畴越小,族群成员间的共同体意识越强,其认定标准也就越复杂,最大限度地将他人排除在外。依此思路理解,族群的边界是多重的、变动的。柯恩将族群的这种多重范畴特征概括为"一系列包容与排他的二分性嵌套",进而认为决定成员归属标准的扩展和收缩,是与吸纳和排除的范围成反比。[1] 所以,巴斯学说中关注的"族群边界"实际上是相对的、流动的,但他又倾向于将流动的"边界"具化为界定实体组织的边界,其间就存在着逻辑矛盾。[2]

　　族群识别又是多层次的,各个层级的族群社会构成是不同的,其中具有实体组织意味的"Ethnic group"仅是其中的一种形式。汉得尔曼认为族群的本质就是成员资格的类属范畴,族群成员利用形式各异的"种属特征集合"确认不同层面的族群类别(Ethnic category)。这种类别属于人们的群体归类观念,并不等于存在与之相应的、具有明确边界与组织形式的共同体。但是,在社会互动的具体语境下,人们凭借族群范畴为纽带,可以形成三种团结程度各异的社会群体。第一,人们在社会互动过程中,会将共同的族群性特征视为社交活动中增进感情的纽带,而结成社会关系的网络(Ethnic network)。第二,一旦人们认为共同的族群性代表着共同利益,开始以联合的行动去完成共同目标,即构成族群团体(Ethnic association)。第三,族群团体的成员凭借共同生存空间而维系共同的政治与经济利益,即发展为族群共同体(Ethnic community)。[3] 其中"族群共同体"的形式即与前述女真研究

---

　　〔1〕Ronald Cohen, "Ethnicity: Problem and Focus in Anthropology", p.387.

　　〔2〕Ronald Cohen, "Ethnicity: Problem and Focus in Anthropology", p.386; Rogers Brubaker, "Ethnicity, Race, and Nationalism", in *Annual Review of Sociology*, Vol.35 (2009), p.30.

　　〔3〕Don Handelman, "The organization of ethnicity", in *Ethnic Groups*, Vol.1(1977), pp.187 – 200.

者以及族裔—象征主义者的分析对象——民族基本等同。

此外,孔斯塔德特尔(Kunstadter)也指出族群(Ethnicity)涉及三组概念。首先,族群(Ethnic group)是指一组具有相似观念和共同利益的人群,他们拥有共享意识与共同的价值观念,甚至因维护共同利益能够组织起来。其次,族群识别(Ethnic identification)指认定个人在某一族群或族类中归属资格的过程,其中包括利益共同体边界的识别,判定一系列合乎族群或族类成员身份的行为标准。最后,族群类别(Ethnic category)是基于真实或假设的文化特征而形成的人群类别概念,这种类别划分都会系统运用一些在其他已知人群中存在的规律进行判别。[1]

综合学界的理论研究成果可知,在社会、政治环境的综合影响之下,族群识别标准的多重范畴决定了族群存在认定形式与层次上的差异。识别标准的复杂性与族群成员凝聚程度呈正比,与吸纳成员的范围呈反比,这导致族群呈现多层次结构,其中根据成员团结、凝聚程度不同。多数学者族群看成是由"族群类别"到"族群共同体"的演化过程。其中,族群类别属于主客体互动语境下识别族群时的类属概念,是由主客观文化因素综合作用的结果。没有与特定社会经济利益挂钩的类属标准往往较为简单,能够涵盖较大范围的人群。与之对应的另一端,则是已经形成固定的生存地域、历史社会认同意识,并具备能够因共同的政治或经济利益构成稳定的共同体形式,这就与前述的古代民族(Nation)研究具有相似的特征。

## 1.4　研究思路与基本内容

照此思路理解,中国古代文献选取石箭作为识别东北肃慎人群的标志,属于利用生产工具作为识别标准,代表了族群识别的最大类属

---

〔1〕P. Kunstadter, "Ethnic group, category and identity: Karen in northwestern Thailand", in *Ethnic Adaptation and Identity: the Karen on the Thai Frontier with Burma*, by C. F. Keyes., ISHI, 1978. pp. 119 – 120.

范畴,才将此后出现于东北地区的靺鞨等族视作肃慎之后裔。女真见于契丹记述,也绝对不仅仅是对"肃慎""靺鞨"族称的简单替换,而是9世纪以来东北族群重新分化与整合后,在外族认识中作为新的类属范畴而出现的。在东北区域内外各族频繁的政治与社会互动背景下,辽代女真内部形成了性质各异的次级族群,他们在外界看来都是女真,各自因不同的主客观识别标准,而彼此相互区别。这些过程的片段不仅被辽、宋、高丽这些曾与女真发生过联系的国家所记录,而且金朝的《祖宗实录》也从女真自身的立场保留了部分内容。这些认知系统的标准与内容在时空上并不完全重合,展现了10—11世纪女真族群与社会的多个侧面,也揭示其分异变迁的历时性过程。笔者计划综合分析这些多元认知系统,整合各异的族群识别范畴与标准,力争梳理出多层次的族群变迁史,而不是孤岛式的民族发展史。

族群识别乃至分异从来都是在社会互动语境下才具有意义的,具体到本书研究的时空范围,其语境就是辽王朝与其东北边地社会的政治互动。因此,中心—边陲互动视角是理解女真族群分化与变迁的关键。具体而言,主要有两方面:

第一,因身处辽朝东北边陲,女真的多重识别范畴主要受辽朝国家政治经略所影响,其族群分异与整合过程应置于辽朝国家与东北地方女真社会的政治互动的视野下去审视。10—11世纪契丹建立的辽朝逐渐成为中国北方,乃至东部内陆欧亚的政治中心,后向东灭亡渤海,实现对东北各族的统治。在此背景下,女真之名首见于契丹记述,而其社会亦发轫于11世纪辽代东北地区。女真各支族群的演化与整合,完全是在辽代对东北经略的政治环境下发生的。例如,生、熟女真的区分,是辽人根据政治附属程度为标准进行的归类。同时,辽人亦根据地理方位对女真族群进行识别,才会出现鸭绿江女真、北女真和南女真这样的概念。这些族群识别方式主要采用政治与居地两个不同范畴作为认定标准,与被观察者自身的认知观念存在差异。在特殊的政治环境下,原有的女真族群格局会因行政强制而发生分裂与迁徙,形成新的界限。最为典型的事例就是熟女真与生女真之间的划分界限,随着辽人向东经略活动,熟女真的涵盖范围自然向东扩展。行政建制也会造成新的族群区隔并被外界所关注,其中五节度女真即是其一。

第二,女真自身的社会整合与政治体的发育决定了女真族群演化的最终方向。女真先世是由森林渔猎采集群体发展而来的,经过漫长的历史时期逐渐走出森林,向西发展,进入中原史家的视野。女真社会具有典型的复杂渔猎—采集社会特征。[1] 其一,在经济形态方面,存在以商品交换为目的的渔猎—采集生产活动,女真地区特有的奢侈品与军需品成为大宗出口产品。女真在东北亚地区与高丽存在频繁的互动,并通过海上航路将活动范围延伸到日本,向南则与宋王朝存在经常性的朝贡贸易活动。这都表明,女真的社会经济活动已远远超出自给自足的原始渔猎—采集经济状态,参与到10—11世纪东亚游牧、农耕、海洋几大文化区域的经济互动进程,成为当时东亚经济文化圈森林渔猎产品的提供者。另一方面,受寒冷气候与当时农业技术的限制,农耕产品产量低下,并不足以供养全部人口。小规模钟摆式的渔猎活动仍然十分普遍,定居农业的生产与组织形式尚未成熟。其二,在社会关系方面,各部落之间存在频繁的兼并战争,已经出现明显的财产集中与社会分层,形成按照地缘关系结成的"部",其成员围绕核心家族形成独立活动的地域共同体,即前述所指"散居山谷间,依旧界外野处。自推雄豪为酋长,小者千户,大者数千户"的组织状态。[2] 张博泉认为辽代女真社会正处于部族发展阶段。[3] 据艾骛德考证,汉语词汇"部族"最初由唐末五代时期的突厥系的沙陀人创造出来,义指围绕世为部长的核心氏族形成的部落集团,其中的"部"是指依附于核心氏族的附属人口。[4] 该词在辽金时期被广泛使用,金初完颜勖《祖宗实录》

---

[1]关于复杂渔猎—采集社会的界定参见 Jeanne E. Arnold, "The Archaeology of Complex Hunter-Gatherers", in *Journal of Archaeological Method and Theory*, Vol. 3 - 1(1996), pp.78 - 79.

[2]关于女真"部"内的结构与成员关系详见拙文:《女真建国前社会组织》,吉林大学2011年博士毕业论文。

[3]参见张博泉:《金史论稿》第1卷,第53页。

[4]Christopher P. Atwood, "The Notion of Tribe in Medieval China: Ouyang Xiu and the Shatuo Dynastic Myth", in *Miscellanea Asiatica*, edited by Roberte Hamayon, Denise Aigle, Isabelle Charleux and Vincent Goossaert, Sankt Augustin-Nettetal: Institut Monumenta Serica, 2010, pp.611 - 613.

·欧·亚·历·史·文·化·文·库·

的记录原则为"凡部族,既曰某部,复曰某水之某,又曰某乡某村,以别识之"[1],女真人常见之"雅挞懒水完颜部"这样的单位当属于"部族"范畴。部族内至少存在孛堇、部人、奴隶三个社会阶层,据笔者研究,孛堇家族处于主导地位,部人、奴隶都与孛堇存在一定的人身依附关系。[2]

渔猎—采集经济形态决定了女真人多聚居于河谷狭长地带,形成了根据河流地域为中心的地理识别范畴。如除以河流地理识别部族外,还有"七水之民""胡里改人"这样的提法。此外,辽代女真也存在利用部姓结成相对稳定的归属范畴。如三十部女真,在对宋、高丽交流时,都自称"三十东部落",或"三十姓部落",同时,朝鲜半岛的女真各部也都视"三十姓部落"与他们有别。此后随着部族兼并战争加剧,11世纪生女真地区的流域集团通过政治整合开始凝聚为政治集团,地域认同与政治认同结合起来,形成相对稳定的政治共同体,原有的族群分异观念都被统一到政治共同体的民族认同之内。

文献、史料极度匮乏是辽代女真研究的最大障碍,很多问题无法从正面攻破,使得系统梳理式的研究较为困难。本书并不打算对辽金女真族群问题进行全面梳理,拟集中对四个专题进行考辨与分析,以论证上述思考的合理性。这种设计的弊端在于部分内容过于繁琐,以至于有时偏离主题,所以,每章之后都设有小结部分,以保证能够使读者了解作者的意图。四个专题的基本内容如下:

第一,梳理肃慎—挹娄—勿吉—靺鞨—女真历史叙事的形成过程,分析中原王朝的肃慎史观的形成,及其对后世东北森林族群叙事的历史影响。结合考古学研究成果探讨中原王朝的族群类属观念的变化,厘清女真先世历史叙事中族群类别认知与分支族群的差异,指出中原文献记述东北族群状况较为翔实的时期是从隋唐时期的靺鞨开始。7—9世纪靺鞨逐渐分化为黑水靺鞨与渤海国两大系统,从考古

---

[1]《金史》卷66《完颜勖传》,中华书局1975年版,第1558页。
[2]参见拙文:《女真建国前社会组织研究》。

学研究来看,两区域内族群文化呈现南北分途的趋势。本书试图论证女真是由渤海国境内基层靺鞨族群发展而来的。

第二,辽代熟女真的形成与分异过程。辽东至朝鲜半岛西北部是辽初女真的聚居区,契丹(辽人)在东向进击渤海时,已经深入辽东地区,开始控制该地区的女真人,以自身为中心将这里的女真人分作北、南女真,这部分女真后被称作"熟女真"。此后,辽东半岛以东的鸭绿江女真在辽人与高丽联合打击之下,经历了族群分化的过程。由此可以探讨辽代州镇体制对熟女真地区族群变迁的影响。

第三,探讨辽代生女真地区的区域分化与整合过程。首先梳理辽代生女真产生的过程,进而梳理生女真地区的拉林河以东的松花江流域、牡丹江流域、图们江流域各部族的政治互动与整合。其间围绕辽朝属部体制的影响,以及生女真自身区域整合的社会动力两条线索,探讨生女真统一政治体的生成及其性质。

第四,重新梳理与考析三十部女真的文献与史实,论证该族群并非源于黑水靺鞨,更可能是由朝鲜半岛西北迁徙而来。辨析女真族群意识与社会组织的区别与联系,通过部落离散法则解释三十部女真消失的原因。最后将其与生女真的区域认同观念进行对比,探讨其族群意识最终被区域认同意识所取代的原因。

总而言之,本书主张从当代社会科学的立场来看待和分析古史文献,并在必要时会结合社会人类学与历史社会学的某些学说对古人的观点进行讨论,但无意对这些学科的学说或方法论进行回应。希望在上述工作完成后,能够为内陆欧亚社会多族互动与交融的历史进程再添一佐证,并引起辽金史学界重新审视旧议题的学术兴趣,也就不枉忝列"欧亚历史文化文库"了。

# 2 女真先世的叙述与历史

在辽以前,中原史家对东北地区并不了解,历代正史、政书四裔传中仅记录部分族名、部名,因东北部族首领来中原朝贡而记录的道里风俗。至于诸如肃慎、挹娄、勿吉等族称的具体联系与东北地区的族群结构变化则语焉不详。但是,历代史家将肃慎、挹娄、勿吉、靺鞨、女真等族视作一脉相承的民族,构成了历代文献叠加追述的现象。如《后汉书·挹娄传》:"挹娄,古肃慎之国也。"[1]《魏书》载:"勿吉国,在高句丽北,旧肃慎国也。"[2]《北史》称:"勿吉国在高句丽北,一曰靺鞨。"[3]《通典·边防一·东夷序略》:"古之肃慎,宜即魏时挹娄,自周初贡楛矢、石砮。至魏常道乡公末、东晋元帝初及石季龙时始皆献之。后魏以后曰勿吉国,今则曰靺鞨焉。"[4]由此,清代《满洲源流考》因袭肃慎—挹娄—勿吉—靺鞨—女真一脉相承发展的传统,建构起东北满族先世的历史承续式的发展轨迹。近人金毓黻据此构建了东北肃慎族系的阐释体系[5],成为中国东北古史学界对女真史叙述的主流话语。

这种女真民族单线发展观的预设有二:其一,民族是以种族血脉延续为基础的自然存在,且不受外界干扰独自演化的群体。其二,名称出现的地区接近,使用楛矢、穴居的文化特征相近,成为辨识各族承袭关系的主要依据。这两点预设成立的历史条件是肃慎一族及其后人一直与其他地区和民族隔绝,没有发生大的群体变动与重组。然而,满

---

[1]《后汉书》卷85《挹娄传》,中华书局1965年版,第2812页。

[2]《魏书》卷100《勿吉传》,中华书局1974年版,第2219页。

[3]《北史》卷94《勿吉传》,中华书局1974年版,第3123页。

[4]〔唐〕杜佑:《通典》卷185,中华书局1988年版,第8985页。

[5]金毓黻:《东北通史》卷1,影印研究室丛书本,乐天出版社1971年版,第56页。

足这几点预设的充要条件是不存在的。从民族发展的一般规律而言，民族都是在与其他群体相互交融过程中发展变化的。现代民族学研究已经证明，在多民族互动的环境下，民族发展是文化性、社会性现象，与种族血脉的延续无涉。见于文献记述的东北古代森林人群一直与周边民族和国家进行频繁的政治、军事互动，长时期发生着人群迁徙、变动，无法在近千年内维持稳定的族系传承意识。[1] 同一民族或族群的识别标准往往因主体不同、界定标准不一，其涵盖范围也不尽相同。[2] 所以，历史各个时期人群（以族群、部落、国家等形式存在的社会群体）名称的新出、复现，都与当时的历史客观条件，以及群体性质的变动紧密相连，绝不是单一群体名称的简单承续。

## 2.1 肃慎到靺鞨的叙述与历史

文献记述中东北民族系统往往代表了中原人士的民族史观，与当代民族学认知存在差异，是杂糅了中原人士对东北地区森林人群的片断认知与价值判断的产物。具体而言，肃慎、挹娄、勿吉、靺鞨、女真等名称出现的语境各异，其内涵自然不会完全一致。"肃慎"之名源于先秦文献记述，其情况不详，能传于后世的主要特征就是"楛矢石砮"，居地在中原的东北方。但在商周之际东北考古学文化或族群集团使用石镞几乎是普遍的现象，并且当时中原地区对东北的认知不会达到黑龙江地区，故"肃慎"详情已不可考。[3] "肃慎"及其石箭在后世的历

〔1〕王明珂曾系统介绍了族群结构性失忆的问题，参见王明珂著：《华夏边缘——历史记忆与族群认同》（增订本），浙江人民出版社2013年版，第18-31页。增井宽也曾指出女真—满族的历史记忆一般不会超过八代，在穆昆发生分化之后，就会产生世系的断裂（〔日〕增井宽也：《满族入关前のムクンについて——〈八旗满洲氏族通谱〉を中心に》，载《立命館文學》[528]，1993年，第791-812页）。姚大力认为后金的创建者存在历史失忆的问题，是从汉人史书中吸取资源构建与金朝的传承的（姚大力：《满洲如何演变为民族》，载《北方民族史十论》，广西师范大学出版社2007年版，第28-35页）。

〔2〕Ronald Cohen, "Ethnicity: Problem and Focus in Anthropology", in *Annual Review of Anthropology*, Vol. 7 (1978), p. 383.

〔3〕乔梁：《关于靺鞨族源的考古学观察与思考》，载《吉林大学社会科学学报》2014年第2期，第137页。

史书写中更多是一种托古的政治性象征。孔子即曾指出中原政治权赋予肃慎氏楛矢石砮的意义:"昔武王克商……肃慎氏贡楛矢石砮,其长尺有咫。先王欲昭其令德之致远也,以示后人,使永监焉,故铭其栝曰:'肃慎氏贡矢,以分大姬,配虞胡公而封诸陈。'……分异姓以远方之职贡,使无忘服也。故分陈以肃慎氏之贡。"[1] 所以有的学者认为在三国两晋南北朝时期,史书皆将进贡楛矢石砮的东北民族称为肃慎,用托古之法宣示中原政权的政治合法性,形成肃慎观。[2] 这一观念又自然地转化为识别东北民族的一个基本出发点。

魏晋时期中原王朝军事势力深入东北地区,获知当地民族的生活状况,一些族名才为史书所记录。"挹娄"正是在魏正始六年(245)玄菟太守王颀征讨高句丽,过沃沮境时获知的,其信息体现在《三国志·魏书·挹娄传》中。从传文内容看,是以扶余、沃沮为参照点,对挹娄有别于周边民族的文化特征进行描述。其中亦称"其弓长四尺,力如弩,矢用楛,长尺八寸,青石为镞,古之肃慎氏之国也"[3]。从行文语义看,作者是因楛矢石镞判定挹娄为古代的肃慎氏的。同书《毌丘俭传》则称"过沃沮千有余里,至肃慎氏南界"[4],鱼豢《魏略》亦称"夫余东接挹娄,即肃慎国者也"[5]。这反映了魏晋南北朝时期,将新发现的族群纳入肃慎叙事之中,两晋时期成书的《肃慎国记》则杂取《魏略》等文献,将挹娄事迹融入自商周以来的肃慎人发展史之中。[6] 肃慎史观构成隋唐以前中原政权理解东北民族的重要指导思想。

随着中原王朝对东北民族了解的深入,像挹娄、勿吉、靺鞨这样的

---

〔1〕徐元诰撰,王树民、沈长云点校:《国语集解》,中华书局 2002 年版,第 204 页。

〔2〕参见〔日〕池内宏:《肃慎考》,载《满鲜史研究》(上世编),祖国社 1951 年版,第 389 – 437 页;〔日〕吉本道雅:《肃慎考》,载《满语研究》2006 年第 2 期,第 95 – 100 页。

〔3〕《三国志》卷 30《魏书·挹娄传》,中华书局 1959 年版,第 848 页。

〔4〕《三国志》卷 28《毌丘俭传》,第 762 页。

〔5〕〔唐〕张楚金撰:《翰苑》,"夫余"条引《魏略》,《影印旧抄本》第 1 集,京都帝国大学文学部 1922 年版。校订文字参见金毓黻覆校:《翰苑》,辽海丛书本,辽海书社 1985 年版,第 2516 页。

〔6〕关于魏晋南北朝时期肃慎、挹娄族称的使用与互换现象的分析参见程妮娜:《汉至唐时期肃慎、挹娄、勿吉、靺鞨及其朝贡活动研究》,载《中国边疆史地研究》2014 年第 2 期,第 19 – 22 页。

族称出现于中原视野之中,他们所代表的群体依然不能以前后相续的单一族群视之,应当视为不同语境、不同层面的族群范畴,具体情况分别论之。

曹魏时期新见挹娄人居地据文献记述的地理方位可以推知,在今三江平原及其以北的区域,因中原人士并未深入腹地,故对族群格局语焉不详。就目前的考古学研究成果看,两汉时期,在该区域存在两种文化类型。其一是分布于张广才岭以东,鸡西、林口以北,桦川、友谊以南的丘陵低山地带的滚兔岭文化;其二是黑龙江中游的波尔采—蜿蜒河文化。从地形地貌、风俗特征等因素看,滚兔岭文化都与曹魏军队在沃沮境内听闻的挹娄人相合。[1] 波尔采—蜿蜒河文化则与隋唐时期的靺鞨文化具有密切关系,一般被视作勿吉—靺鞨文化的源头。但是,这两种考古学文化在基本的陶器组合形制上存在差异,并不是直系发展演进的关系。曹魏军队所见挹娄群体与其东北的靺鞨先世群体在文化形式上并不相同。[2]

两汉至魏晋时期,三江平原至黑龙江中游的森林人群尚未形成统一的政治体,"无大君长,邑落各有大人"[3],在一些地区形成很多小规模的邑落政治体,邑落大人"父子世为君长"[4]。黑龙江三江平原七星河流域汉魏遗址群防御、行政中心、祭祀、居住功能分化明显,并具有四级聚落等级体系,这表明七星河流域的汉魏居民已经进入早期国家社会。[5] 该遗址群居民的防御重心在北部,反映了该遗址居民曾与其北方政治势力存在战争对抗关系。从考古学文化形式看,被魏晋视作挹娄人的文化类型各异,并存在相互交融的现象。魏晋时期七星河凤林

〔1〕贾伟明、魏国忠:《论挹娄的考古学文化》,载《北方文物》1989 年第 3 期;乔梁:《关于靺鞨族源的考古学观察与思考》,载《吉林大学社会科学学报》2014 年第 2 期,第 135 - 136 页。

〔2〕王乐文:《挹娄、勿吉、靺鞨三族关系的考古学考察》,载《民族研究》2009 年第 4 期,第 74 页;王乐文:《试论滚兔岭文化的两个问题》,载《北方文物》2011 年第 1 期,第 28 - 31 页;乔梁:《关于靺鞨族源的考古学观察与思考》,第 135 - 136 页。

〔3〕《三国志》卷 30《魏书·挹娄传》,第 874 页。

〔4〕〔唐〕张楚金:《翰苑》,"肃慎"条引鱼豢《魏略》。

〔5〕许永杰、赵永军:《七星河流域汉魏遗址群聚落考古的理论与实践》,载《庆祝张忠培七十岁论文集》,科学出版社 2004 年版,第 516 页。

·欧·亚·历·史·文·化·文·库·

文化是在继承滚兔岭文化基础上,向南、向北分别吸收周边地区的文化类型,并发生明显改进与嬗变而形成的。[1] 所以,这些信息都能够反映两汉至魏晋时期,所谓"挹娄"人地区族群政治互动与迁徙的复杂态势。然而中原政权对该地区了解有限,无法获知其中详情。在他们眼中,"挹娄"人仅是居于沃沮之北,与东夷扶余语言相异,不用俎、豆的人群。至于更北之处的情况则因"其北不知所及"而无从知晓,波尔采—蜿蜒河文化的主人尚未被中原王朝获知、命名。所以,以时人观念视之,"挹娄"具有特指范畴,不能与黑龙江中游的考古学文化简单挂钩。范恩实引用族类的概念解释挹娄族称的使用。[2] 程妮娜认为中原文献以某种特定物产或风俗作为该地区族群的标志,属于停留在族群地域文化的认识层面。[3] 这两说都已认识到"挹娄"概念的宽泛性,与严格的族群群体界定并不相合。中原政权从他者角度进行的简单人群归类,反而在历史叙述上遮蔽了多个族群动态变化的复杂实况。

直至 6 世纪以后黑龙江中下游的森林人群大规模南迁,成为隋唐时期东北的主要居民时,中原文献才对东北森林族群的层次结构有了较为清晰的了解。

公元 5 世纪以后,"勿吉"出现在北魏史书之中,其与隋唐时期的"靺羯"音近,属于同音异字,乌拉熙春认为是通古斯—满语"窝集",森林居民的意思。[4] 勿吉与靺羯的区分当属北朝史书音译用字不同,靺羯这一族称在隋唐时期被普遍使用,后一般写作"靺鞨"。勿吉—靺羯在近 500 年时间内发展为东北地区的主要居民。其起源与发展已得到考古学与历史学研究的双重印证。在公元 5 至 6 世纪发源于波尔采—蜿蜒河文化的一种陶罐器型向西南松花江流域、南部的牡丹江流域扩

---

〔1〕参见赵永军:《黑龙江东部地区汉魏时期文化遗存研究》,载《边疆考古研究》第 3 辑,科学出版社 2005 年版,第 171 页。

〔2〕范恩实:《靺鞨兴嬗史研究——以族群发展、演化为中心》,黑龙江教育出版社 2014 年版,第 79 - 92 页。

〔3〕程妮娜:《汉至唐时期肃慎、挹娄、勿吉、靺鞨及其朝贡活动研究》,第 37 页。

〔4〕〔日〕愛新覺羅·烏拉熙春:《金代女真語より見た中古東北アジア地區の民族接觸》,载《立命館文學》(569),2001 年,第 1269 页。

张,并发展为靺鞨标志性考古学文化因素,又被学界称为"靺鞨罐"。"靺鞨罐"在不同地区的传播与分布,正与历史文献中记述的勿吉——靺鞨人的南迁趋势相合。尤其是在榆树老河深存在靺鞨文化遗存叠压在扶余遗存之上的现象,更直接印证了文献记述的勿吉人驱逐扶余的史事。[1] 为外界所熟知的族称,以"靺鞨罐"为代表的考古学文化形式,构成了隋唐时期的大靺鞨民族范畴。靺鞨分布范围已远超出所谓的石镞产区,涵盖了不同的自然文化区域,靺鞨自然不能是文化形式单一的群体,其内部还存在多种层级的族群划分。

隋唐时期中原与靺鞨人的接触日渐增多,较之前代更为详细地了解靺鞨社会内部的群体差异,《隋书·靺鞨传》称"邑落俱有酋长,不相总一。凡有七种",其"七种"名称分别为粟末部、伯咄部、安车骨部、拂涅部、号室部、黑水部、白山部。[2] 七种之号当是在隋初粟末靺鞨厥稽部渠长突地稽率部内附之后获知的信息,代表了靺鞨人自身的群体区分观念。[3] 七种又分别以地域名命名,如粟末靺鞨中心居地在速末水(西流松花江),安车骨部中心地在今黑龙江阿什河流域,黑水部则是仍居于其起源地黑龙江中游的一支。此外,多数考古学者认为在靺鞨考古学文化向外扩张时,逐渐与迁徙地的文化融合,在保持共有特征的基础上,形成各地区新的考古学文化特征。松花江流域与牡丹江流域各地文化在渤海建国之后趋同,形成了与起源地不同的文化形式。黑龙江中游地区的文化形式则保持了相对稳定的态势。考古学遗存中的陶器形态、装饰风格能够体现使用者的审美、爱好等精神因素,陶器形态的异同在一定程度上反映了原有使用人群文化形式的异同,可

〔1〕以上考古学研究参见魏存成:《靺鞨族起源发展的考古学观察》,载《史学集刊》2007年第4期;乔梁:《靺鞨陶器的分区、分期及相关问题研究》,载《边疆考古研究》第9辑,科学出版社2010年版;乔梁:《关于靺鞨族源的考古学观察与思考》,载《吉林大学社会科学学报》2014年第2期。

〔2〕《隋书》卷81《靺鞨传》,中华书局1973年版,第1821页。

〔3〕《隋书》对靺鞨七部记载,得自粟末靺鞨。故《隋书·靺鞨传》记述靺鞨七部时,对粟末部记为"号粟末部",而其他六部都记为"曰"某某部。"粟末"之号,源自自称,其他六部称号,则来自粟末靺鞨转述,是否也是其自称,不得而知(杨军:《靺鞨诸部与渤海建国集团》,载《民族研究》2006年第2期,第88页)。

以作为区分人群的客观文化标准之一。所以,根据靺鞨罐区域间的形态差异,可以将勿吉—靺鞨群体划分为不同的亚文化区,这些亚文化区揭示了勿吉—靺鞨群体之下存在若干具有外在文化形式差异的群体。如果按照学界通识,根据时间相合、地域一致的原则,将西流松花江靺鞨文化认定为粟末靺鞨人,而黑龙江中游地区保持相对稳定延续的文化形式,则视作黑水靺鞨。那么隋唐时期在靺鞨南下后形成的"七种",各自具备了构成族群的基本要素,即具备共同的客观文化特征,以居地为依托,构成自我认知与归属意识,并受到族群外群体的承认。

另一方面,靺鞨民族内部在 5 至 7 世纪已形成众多政治体,参与到周边政权的战争之中。靺鞨"凡为数十部,各有酋帅,或附于高丽,或臣于突厥",其酋帅"父子相承,世为君长"。[1] 如初见之"勿吉"即为靺鞨中的一个部族政治势力。北魏延兴中"遣使乙力支朝献",乙力支所在之勿吉俨然是一个有着固定居地、独立对外的政治体。"自云其国先破高句丽十落,密共百济谋从水道并力取高句丽,遣乙力支奉使大国,请其可否。"[2] 此时的勿吉已参与到与百济、高句丽的战争之中,表明其政治、军事实力已不可小觑。综合诸家之说,根据《魏书·勿吉传》记述乙力支的来贡路线,大体可以认定乙力支所在之勿吉居地在东流松花江及其以东之地。此外,文献中还记述了另一政治体的地望与路线。"国有大水,阔三百里余,名速末水",并称国南有徒太山(今长白山脉)。此勿吉则在今吉林境内的西流松花江境内。程妮娜认为这是在 6 世纪以后勿吉灭亡扶余,占据其地后的地望。这支勿吉发展为后来的突地稽所代表的政治势力。该部在被高句丽击败后,率领八部之众数千内附隋朝。包括八部在内的突地稽部众即为一个拥有酋帅的政治体"部"。因当时靺鞨各部之间并没有形成统一的政治体,相互攻杀,所以政治体兴衰不定,较之族群这一相对稳定的范畴,更为

---

〔1〕《旧唐书》卷 199《靺鞨传》,中华书局 1975 年版,第 5358 页。

〔2〕《魏书》卷 100《勿吉传》,第 2220 页。下文"国有大水"之引文并见于此页。

易变。

7世纪以后,因受唐与高句丽战事的影响,靺鞨"七种"发生明显分化。隋开皇十八年(598),突地稽率八部粟末靺鞨在高句丽的压力下内附隋朝,其众胜兵数千人[1],又称"率其属千余内附"[2]。其数正与《隋书》卷81《靺鞨传》中对粟末靺鞨整体的统计"胜兵数千"相合,杨军据此认为粟末靺鞨的主体部分在隋代已经内迁降隋,并最后融入中原汉族之中;余部与伯咄、安车骨靺鞨被高句丽所控制。唐灭高句丽后,将高句丽人,以及原附属于高句丽的靺鞨人内徙中原,其中营州地区安置的"粟末靺鞨附高丽"者数量并不多[3]。其余族群则在高句丽灭亡后湮没无闻。如《旧唐书·靺鞨传》所称:"白山部,素附高丽,因收平壤之后,部众多入中国。汨咄、安居骨、号室等部,亦因高丽破后奔散微弱,后无闻焉,纵有遗人,并为渤海编户。"[4]因频繁的战乱,粟末靺鞨、白山靺鞨大部被徙往中原地区,伯咄(汨咄)、安车骨、号室靺鞨族群离散,其人口并入渤海,被泛称为靺鞨。另一方面,黑龙江中下游各部仍被唐称为黑水靺鞨,此外,又出现思慕部、郡利、窟说部、莫曳皆部、拂涅、虞娄、越喜、铁利各部的名称[5]。

至此,可对女真之前族群的历史叙述与发展情况的关系略做小结。中原王朝对东北森林人群的认知是随着接触、互动程度的深入而逐渐清晰的。隋唐以前,中原社会获取东北森林族群信息的主要途径是传说和第三方"重译来贡",此外还有中原政权从事军事活动时偶得见闻。通过这样的渠道获得的信息往往是个体性的片断,对其背后的整体状况则语焉不详。故越早的历史叙述,提到的族称指代范围越模糊,多泛指带有某一特定文化特征的人群,遮蔽了其内部族群的类别与演变情况。至于隋唐时期与东北地区的互动增多,对靺鞨这一大民

〔1〕〔宋〕乐史撰,王文楚点校:《太平寰宇记》卷71《河北道·燕州》引《北蕃风俗记》,中华书局2007年版,第1437页。

〔2〕《新唐书》卷110《李谨行传》,中华书局1975年版,第4122页。

〔3〕杨军:《靺鞨诸部与渤海建国集团》,载《民族研究》2006年第2期,第87-96页。

〔4〕《旧唐书》卷199《靺鞨传》,第5359页。

〔5〕《新唐书》卷144《黑水靺鞨传》,第6178-6179页。

族类型有了直接了解,其间的族群分化,政体族称都有了详细认识,较前人认识有了飞跃发展,能够直接地观察靺鞨系族群的发展、分裂与整合的一般性过程。此时文献中的族称既有大类的名称,亦有分支与部落的名称,层次较为清晰。所以,肃慎、挹娄、勿吉—靺鞨三个族名指称范畴大体上代表了两汉、魏晋南北朝、隋唐时期三个时代的认知概念,三种概念的群体认定标准不一,自然无法定义为前后相续的单一群体。但是,隋唐以前的历代史家将肃慎贡楛矢作为论证政权正统性的证据,习惯于将不在同一范畴的挹娄、勿吉—靺鞨记作肃慎的延续,建构出圣人在世、远夷来贡的景象。

从上述隋唐以前东北人群变迁情况看,存在着黑龙江中下游地区人群向西、向南发展、迁徙的趋势。迁徙与发展过程中,逐渐占据了扶余、沃沮地区,在隋唐时期成为东北地区的主要居民。这一人群具有近似的文化特征,内部族群分化与变动情况复杂,在南徙过程中,逐渐吸纳其他地区人群,形成新的族群分布格局。频繁的战争与迁徙,导致这些族群内部出现政治体的衍生与消亡的现象,加速了社会集中化程度,最终在特定的历史环境下,形成渤海与黑龙江中下游地区的黑水靺鞨两大集团并立的局面。

本书的研究对象女真是在辽灭渤海前后出现于史书,与 8 至 10 世纪东北地区族群变动有着紧密关系。目前因文献稀缺,自宋以来,对渤海中后期东北地区族群变动情况尚不清楚,造成一定时间内族群变迁的记述空白。宋人在无法获知渤海国内族群构成的情况下,将女真与渤海、黑水靺鞨联系起来,产生了不同的说法。北宋时期多称女真为"渤海之别种"[1],是看到了女真与渤海在地理上前后相续的联系。此说至北宋末仍十分流行,晁基(说之)《靖康上书》亦称"但闻渤海者,高丽之别种也。女真者,渤海之别种也"[2]。在两宋之际,宋人看法逐渐

---

〔1〕〔宋〕曾公亮:《武经总要》前集卷 22《女真》,见《中国兵书集成》影印明万历金陵书林唐富春刻本,解放军出版社、辽沈书社联合出版 1988 年版,第 1127 页;〔清〕徐松辑:《宋会要辑稿》蕃夷三之一,中华书局 1957 年版,第 7711 页。

〔2〕〔宋〕晁说之(晁基):《嵩山文集》卷 2《靖康元年应诏对事》,四部丛刊续编本,上海商务印书馆民国二十三年(1934)版,第 12 页 a 面。

发生变化,开始将女真置于肃慎史观中追溯族源。《裔夷谋夏录》:"肃慎氏之遗种,而渤海之别族也,或曰三韩辰韩之后,姓挐,于夷狄中且微最贱者。"[1]《松漠记闻》:"女真即古肃(真)[慎]国也,东汉谓之挹娄,元魏谓之勿吉,隋唐谓之靺鞨。其属分六部,有黑水部,即今之女真。"[2]从《裔夷谋夏录》起,女真被视作肃慎一系,至《松漠记闻》处,又被视作黑水靺鞨,一改北宋通行观点,形成肃慎—挹娄—勿吉—靺鞨—女真的发展序列。

对此,徐梦莘接受女真为"古肃慎之国"的观点,但对女真的族源仍然存疑,故罗列时人四种不同说法:"本高丽朱蒙之遗种,或以为黑水靺鞨之种,而渤海之别族,三韩之辰韩"[3],并做出"其实皆东夷小国"的判断,言外之意,女真起于东夷诸国,毋庸辨别其出自哪个"小国"。此后的李心传则否认女真为肃慎族,认为金国"盖古肃慎氏之地",属于前后的地域相续,但承认"南北之间称勿吉,隋唐称靺鞨,至五代始称女真"[4]。至元人编纂《金史》,完全采信《松漠记闻》之说,认为女真即肃慎、挹娄、勿吉、黑水靺鞨。当代史家也将此说视作信史,认定辽人强制迁徙渤海,导致黑水靺鞨南迁而转称女真。此说的预设也是将民族视作血脉相续、自然存在的群体,其起源是迁徙与延续的过程。但学界目前对靺鞨、渤海到辽代女真的族群发展史的研究并不清晰,无法从学理上证明女真是由黑水靺鞨发展而来,反而追随古人的民族史观,进入传统民族史史料的陷阱[5],在没有坚实证据的情况下使用迁徙叙事,阐释特定历史时空内出现的族称。所以,无论是渤海

---

[1]署名[宋]刘忠恕撰:《裔夷谋夏录》,静嘉堂文库本,第1页a面。

[2][宋]洪皓:《松漠记闻》卷上,辽海丛书本,辽沈书社1985年版,第203页。

[3][宋]徐梦莘:《三朝北盟会编》卷3,政宣上帙三,"重和二年正月十日"条,上海古籍出版社2008年影印本,第16页。

[4][宋]李心传编撰,胡坤点校:《建炎以来系年要录》卷1,"靖康元年正月庚辰"条,中华书局2013年版,第2页。

[5]罗新近期提出传统民族史史料陷阱有二:第一,以统治家族的起源代替事实上来源丰富且成分复杂的民族集团。第二,以统治集团的"迁徙"掩盖和取代整个民族集团丰富多样的传统和历史(参见罗新:《民族起源的想象与再想象——以嘎仙洞的两次发现为中心》,载《文史》,2013年第2辑,第8-9页)。

别种说,还是黑水靺鞨说,都存在种种问题,欲理清女真出现的原委,需首先理清 8 至 10 世纪东北靺鞨族群构成与演变的情况。

## 2.2　渤海国的族群构成与变化

渤海国是在契丹营州之乱后,由东奔的粟末靺鞨人大祚荣,联合伯咄、安车骨、拂涅、白山靺鞨、高句丽遗民在今牡丹江流域建立的国家。[1] 唐先天中,遣使封大祚荣为渤海郡王,"自是始去靺鞨号,专称渤海"。[2] 渤海立国之后,原松花江流域、牡丹江流域的靺鞨皆并入渤海国。渤海国家体制内的族群关系是不平等的,渤海建国集团长期居于统治地位,与其下的被统治族群形成社会制度相异的二元体制。这种族群格局学界已多有讨论,概言之,主要有如下几个方面,现分别论述之。

首先,渤海亡国之后,出现渤海人与女真人两个范围明晰的族群,学界多认为渤海时期曾出现过渤海民族。金毓黻首先提出渤海民族的概念[3],孙秀仁[4]、孙进己[5]、魏国忠[6]进一步提出渤海族是融合靺鞨、高句丽等多种文化因素形成的新的民族。在论述过程中,这些学者已经注意到渤海建国初存在的多族群融合现象,以及渤海民族出现的独特文化特征。但他们着重讨论作为单一民族演化的渤海民族,忽略了渤海国内部的族群结构差异,认为在渤海国内的秽貊、沃沮等族群也都被融合到渤海族之内。所以,一些学者对渤海民族说持反对意见的主要理由是渤海作为多元文化构成多民族国家,不会因国号形成

---

〔1〕参见杨军:《靺鞨诸部与渤海建国集团》,第 87 - 96 页。

〔2〕《新唐书》卷 219《渤海传》,第 6180 页。

〔3〕金毓黻:《渤海国志长编》卷 13《遗裔列传》,辽阳金氏千华山馆 1934 年版,第 14 页 a 面。

〔4〕孙秀仁、干志耿:《论渤海族的形成与归向》,载《学习与探索》1982 年第 4 期,第 120 - 129 页。

〔5〕孙进己、艾生武、庄严:《渤海的族源》,载《学习与探索》1982 年第 5 期,第 124 - 129 页。

〔6〕魏国忠:《渤海国史》,中国社会科学出版社 2006 年版,第 231 - 234 页。

相应的单一民族。[1] 但是,反对意见也同时忽略了渤海族与其他民族(族群)共存于同一政治体内的可能性,仅围绕渤海是否能够形成单一民族进行讨论。还有学者超越了渤海单一民族说的范畴,认为在多民族环境下,能够形成渤海族。他们认为渤海族是上层统治者,其下仍有很多被统治族群一直存在到渤海灭亡之后,没有被融合到渤海族之内。卢泰敦即认为渤海人与女真人分别为渤海领域内的不同族属[2]。杨军对渤海国内民族的构成与分布进行分析,指出渤海国内存在作为统治民族的渤海族,以及其他被统治的靺鞨、秽貊族。其中渤海族形成于公元 8 世纪至 9 世纪初,最后定型是在 9 世纪初[3]。范恩实结合渤海统治体制的特征,具体分析了渤海族团的形成过程与特征。他指出,渤海建国集团因共同的历史经历,以及与其他被统治族群相对隔离的社会生活,形成了独特的渤海族团(本书所称古代民族)意识。这种新生的渤海族团是由粟末靺鞨文化形式发展而来,融合唐、高句丽文化形式,并通过渤海统治集团的身份而得以强化。[4]

综合上述学者的研究成果看,由东奔的营州靺鞨人为主体,结合其他靺鞨族群一部分与高句丽遗民构成的渤海建国集团,运用政治资源在社会、文化上构成相对封闭的群体,并利用独特的身份意识与其他被统治族群相区别。渤海人对其群体特殊性、封闭性身份的构建主要体现在几个方面:其一,靺鞨人与女真人最初都无姓氏,仅有所属部名,如史籍中的突地稽、乞乞仲象与乞四比羽。然而,在渤海立国之后,形成几大姓氏集团,如王室大姓,其余包括高、张、杨、窦、乌、李等姓氏,这些姓氏贵族的形成,当与唐、高句丽文化因素的影响直接相关。其二,渤海人将婚姻集团限定在特定范围之内,能够保证其统治集团成员构成的封闭性。如《松漠记闻》所称"其王旧以大为姓,右姓曰高、

〔1〕参见金香:《渤海国时期形成过渤海民族吗?》,载《北方文物》1990 年第 4 期;郑永振:《论渤海国的种族构成与主体民族》,载《北方文物》2009 年第 2 期。

〔2〕[韩]卢泰敦:《渤海的居民构成和族源》,李东源译,刘凤翥校,载《渤海史译文集》,黑龙江社会科学院历史所 1986 年版,第 199 页。

〔3〕杨军:《渤海国民族构成与分布研究》,吉林人民出版社 2007 年版,第 167 - 169 页。

〔4〕相关论述详见范恩实:《靺鞨兴嬗史研究——以族群发展、演化为中心》,第 198 - 236 页。

·欧·亚·历·史·文·化·文·库·

张、杨、窦、乌、李,不过数种。部曲奴婢无姓者,从其主。妇人皆悍妒,大氏与他姓相结为十姊妹"[1]。统治阶层婚姻集团的封闭性,是保证统治集团成员垄断政治、社会资源的重要措施。其三,粟末靺鞨在与突厥等草原民族长期交流的过程中,借用"舍利"一词,来标识其贵族身份。大祚荣之父乞乞仲象以及辽初渤海将领高模翰都称"大舍利"。"舍利"身份为渤海人所垄断,其他靺鞨族群仍沿用"莫弗"(baγa bäg)的 bäg 身份。[2] 渤海族在身份上存在特殊标志,能够与其他被统治靺鞨族群进行区分。

渤海族群意识是随着政治体的整合、军事力量的发展而生成,以共同起源与精神情感为依托的形式表现出来,为维护政治共同体的凝聚而被成员反复强化。这样的族群有别于社会人类学意义上文化认同与识别的族群(Ethnic group),中国古史学界一般称之为古代民族(Nation)。安东尼·史密斯等象征主义论者认为此现象是现代民族的古代形式,他们认为在古代多民族国家社会,易形成占据统治资源,相对封闭的横向民族,以及居于被统治地位的大众型民族的分化。[3] 范恩实据此理论认为渤海人属于因垄断统治利益而趋于社会封闭的横向民族[4],此种判断当没有问题。

辽灭渤海之后,曾于渤海故地设东丹国对渤海遗民进行统治,后又迁徙渤海人于辽东,沿用渤海原有制度对其进行管理,战时则作为辽部族军之一部前驱作战。[5] 故《辽史·百官志》称:"存其族帐"[6],渤海族在亡国之后一直保持着原有的社会体制与习俗。随着统治特权阶层身份的丧失,以政权为依托的渤海民族逐渐演化为单纯文化与认同意义上的族群范畴。这种族群保存了独特的社会文化特征,与他者有别。如《松漠记闻》称:"契丹、女真诸国皆有女倡,而其良人皆有

---

〔1〕〔宋〕洪皓:《松漠记闻》卷上,第204页。

〔2〕参见附录文章《说舍利:兼论突厥、契丹、靺鞨的政治文化互动》。

〔3〕Anthony D. Smith, *The Ethnic Origins of Nations*, Basil Blackwell, 1986, p.76.

〔4〕范恩实:《靺鞨兴嬗史研究——以族群发展、演化为中心》,第231-236页。

〔5〕〔日〕高井康典行:《東丹国と東京道》,载《史滴》第18号,1996年,第40页。

〔6〕《辽史》卷45《百官志》,中华书局1974年版,第711页。

小妇侍婢,唯渤海无之。男子多智谋,骁勇出他国。右至有三人渤海当一虎之语。"[1]又许亢宗于宋宣和六年(1124)使金,见黄龙府地区渤海、铁离、吐浑、高丽、靺鞨、女真等族言语不通,只能用汉语交流[2]亦可证明渤海语言与他相异。至元初,渤海被划作汉人八种之一[3],仍是一个为人所知的族群。

其次,渤海国内被统治的靺鞨族群占据人口的主要部分,这些族群仍不同程度地保持了自身的社会组织形式与文化形态。《类聚国史》渤海沿革记事称:"其国延袤二千里,无州县馆驿,处处有村里,皆靺鞨部落,其百姓者,靺鞨多,土人少。皆以土人为村长,大村曰都督,次曰刺史,其下百姓皆曰首领。"[4]此文为《日本后纪》佚文,原是根据日本奈良时代的记录整理而成[5],反映的是8世纪渤海早期的社会状况,此时渤海尚未大规模营建都城与附属设施,故称"无州县馆驿",但已设置都督、刺史这样的府、州官职管理大型中心聚落。国内外学者关于此段文字的释读有不同意见,但结合渤海与唐、日本的使行记录的阐释,一般都认为在府、州、县体制之下,存在地方性的靺鞨部族体制,其酋长被称为"首领"。[6]从地方统治体制看,地方靺鞨社会保持自身的部族首领制,与其上的渤海州县体制并行不悖。渤海中期以后,五京都城体制基本完备,形成以城市为中心的统治体系,该体系依靠交通要道与地域中心地点对周边的靺鞨聚落实施控制。[7]地方靺鞨部族

　〔1〕〔宋〕洪皓:《松漠记闻》卷上,第204页。
　〔2〕参见旧题〔宋〕宇文懋昭撰,崔文印校证:《大金国志校证》卷40《许奉使行程录》,中华书局1986年版,第568页。
　〔3〕〔元〕陶宗仪:《南村辍耕录》卷1《氏族》,中华书局1959年版,第14页。
　〔4〕〔日〕菅原道真编:《类聚国史》卷193《殊俗·渤海上》,"延历十五年四月戊子"条,黑板胜美编:《新订增补国史大系》第6卷,吉川弘文馆1965年版,第349页。
　〔5〕〔日〕石井正敏:《渤海の日唐間における中継の役割について》,载《東方学》(51),1976年,第72-90页。
　〔6〕各方学说参见〔日〕鈴木靖民:《渤海の首領に関する基礎的研究》,载《古代対外関係史の研究》,吉川弘文馆1985年版,第433-481页。〔日〕石井正敏:《〈類聚国史〉の渤海沿革記事について》,载《中央大學史學科紀要》43號,1998年;〔韩〕金東宇:《渤海地方統治體制研究:渤海首領을中心으로》,高麗大學校大學院2006年博士学位论文。
　〔7〕渤海交通道路与城址分布情况,参见尹铉哲:《渤海国交通运输史研究》,华龄出版社2006年版;魏存成:《渤海考古》,文物出版社2008年版,第51-190页。

体制与渤海上层府、州、县体制的社会文化差异在渤海中后期则更为明显。据中泽宽将、E.I.格尔曼对克拉斯基诺古城（渤海盐州城）及其周边考古遗址关系的分析可知,渤海盐州作为地方中心城市,具有象征统治权力的官衙、佛教寺院,其内部手工业制品组合形式复杂。其周边的俄罗斯滨海地区、日本海沿岸村落遗址与山城遗址结合的区域,具有明显的靺鞨文化特征,其文化形式较区域中心城址更为简单。[1]这也能够印证渤海地方靺鞨部族社会一直存在,没有被融合到上层的渤海人社会之中。

渤海基层靺鞨人主要由两部分人群构成。其一,渤海建国之初,"汩咄、安居骨、号室等部,亦因高丽破后奔散微弱,后无闻焉,纵有遗人,并为渤海编户"[2]。原靺鞨七种之中的伯咄、安车骨、号室靺鞨最早跟随自营州东奔的渤海建国集团建立国家,但其后仍保持了原有的生活方式,并没有融入此后形成的上层渤海人之中。《类聚国史》中"靺鞨"的主体当为这一部分靺鞨人。他们维持了自身的部族社会结构,但已丧失隋代族群的认同与协同活动的意识。同时,又因处于被统治地位,逐渐在政治身份和社会文化方面与新兴的统治族群形成鲜明的对比,故被外界统称为靺鞨人。

其二,居于渤海国北部疆域内外的其他靺鞨族群,见于史籍记述的有拂涅、越喜、虞娄、铁利等。最初这些族群有的已经发展为独立的部族政治体,不受渤海控制,常至唐朝贡,并为中原所知。唐朝将来贡的拂涅、铁利等酋长称为"大首领""首领",并多次提及"大拂涅"等称号。[3]其中"大首领""首领"是唐代对周边民族政治体首脑的制度化称谓方式,唐朝对于还没有授予官品的朝贡酋长,按照"大酋渠首领准

〔1〕参见〔日〕中澤寬將:《北東アジア中世考古學の研究》,六一書房2012年版,第149-153页、第246-247页;〔俄〕E.I.格尔曼:《渤海国东北部的中心和边疆》,载《"东北亚地区辽金蒙元时期的城市"国际学术研讨会资料集》2,吉林大学边疆考古中心2006年,第29-32页。

〔2〕《旧唐书》卷199《靺鞨传》,第5359页。

〔3〕关于拂涅、铁利、越喜、虞娄、黑水靺鞨朝贡唐朝的记录见于《旧唐书》卷199《渤海靺鞨传》;《册府元龟》卷971《外臣部·朝贡四》,卷974《外臣部·褒异一》,卷975《外臣部·褒异二》。金东宇曾对这些朝贡记录进行统计,本书不再赘述,详见〔韩〕金東宇:《渤海地方統治體制研究:渤海首領을中心으로》,44-46等。

第四等,小酋渠首领准第五等"的规格接待。[1] 在文献记述用语中,"大首领"多指称周边部族联合体的王或君长,"首领"指一般部落的酋长。[2] "拂涅大首领""铁利大首领"与"黑水靺鞨大首领"在唐开元年间并现,能够表明拂涅、铁利与黑水靺鞨的政治地位相当。

此后,渤海从大武艺时代起,开始向北拓展疆域,8—9 世纪期间先后不同程度地对黑水靺鞨以外的拂涅、越喜、铁利、虞娄等族群进行稳定控制。"其拂涅、铁利等诸部落,自国初至天宝末,亦尝朝贡,或随渤海使而来。"[3] "拂涅、铁利、虞娄、越喜时时通中国……后渤海盛,靺鞨皆役属之,不复与王会矣。"[4] 其中铁利与拂涅是在 8 世纪中叶以后,越喜、虞娄则是在 802 年前后不再与唐联系,学界一般将这些族群独立朝唐活动终止时间视作其役属渤海的开始。[5] 至渤海疆域规模最大的大仁秀(818—830)和大玄锡(871—894?)时期,其地有五京、十五府、六十二州。其中"挹娄故地为定理府,领定、潘二州。……拂涅故地为东平府,领伊、蒙、沱、黑、比五州。铁利故地为铁利府,领广、汾、蒲、海、义、归六州。越喜故地为怀远府,领达、越、怀、纪、富、美、福、邪、芝九州"[6] 渤海已将征服的虞娄、拂涅、铁利、越喜等族群编入府、州、县治下,不过渤海新征服的北部疆域亦保持着原有的社会状态与

〔1〕〔唐〕李林甫等撰,陈仲夫点校:《唐六典》卷 18《鸿胪寺》,"典客令"条,中华书局 2008 年版,第 506 页。

〔2〕关于唐代文献中"首领"含义,学者理解略有不同。金东宇认为"大首领""首领"是唐代对周边部族根据规模大小对酋长身份的习惯性划分,后来被渤海所沿用,成为黑水靺鞨社会酋长阶层的泛称〔参见〔韩〕金東宇:《渤海首領의概念과實相》,载《(國立博物館)東垣學術論文集》,제 7 집(2005),27 - 61 쪽〕。古畑徹认为"首领"是与唐代蕃望制度相联系的制度化称号(参见〔日〕古畑徹:《唐代〈首領〉語義考:中国正史の用例を中心に》,载《東北大學東洋史論集》第十一辑,2007 年,第 23 - 41 页)。但他们都承认唐代在"大首领"的运用上是注意到指涉对象背后政治体规模的。

〔3〕〔宋〕王溥撰:《唐会要》卷 96《靺鞨》,上海古籍出版社 2006 年版,第 2041 页。

〔4〕《新唐书》卷 219《黑水靺鞨传》,第 6179 页。

〔5〕王承礼:《中国东北的渤海国与东亚》,吉林文史出版社 2000 年版,第 89 页;杨军:《渤海国民族构成与分布研究》,第 123 - 125 页。对此,马一虹认为凭靺鞨诸部与唐朝断绝朝贡的时间尚不能判断诸部归属渤海。参见马一虹:《靺鞨、渤海与周边国家、部族关系史研究》,中国社会科学出版社 2011 年版,第 95 - 96 页。

〔6〕《新唐书》卷 144《黑水靺鞨传》,第 6182 页。

欧·亚·历·史·文·化·文·库

文化传统[1]，与渤海人并没有认同意识。9世纪以后的渤海遣日使团活动中，经常有在使团官员、译语以下的首领身份。如"诏授大使贺福延正三位……自外译语已下，首领已上十三人，随色加阶焉"，"授大使王文矩从二位……自余品官，并首领等授位有阶"。[2] 此处首领在渤海品官序列之外，身份又低于译语，其多时可达65个首领跟随渤海使团同行[3]，其中应有拂涅、越喜、铁利诸族群的酋长。金东宇亦发现，在渤海遣日使团的方物中，多有渤海北部边疆各地的特产，由此认定被渤海征服地域的族群酋长也经常跟随渤海使团至日本贸易。[4] 可见在渤海于北拓之地设立的府、州、县的体制之下，被吞并的靺鞨族群仍然具有相对独立的活动空间，与渤海的官方身份保持一定距离。渤海灭亡之后，铁利等被吞并的族群重新活跃起来，成为辽代东北地区重要的政治势力，这也从侧面表明渤海国家体制之下，在基层仍然保留了被征服部族政治体的组织形式与认同意识。

由上述讨论可知，渤海国的族群结构主要是由居于统治地位的渤海族，以及下层的靺鞨人构成。靺鞨人是多个族群的混合体，被并入渤海的时间早晚不一，分布地域不同，但都稳定地保持了原有的社会组织形式，其酋长成为渤海基层的首领，被纳入渤海府、州、县体制之内。较早进入渤海统治体系内的靺鞨族群如号室、安车骨等逐渐失去原有的认同意识，成为与上层渤海人相对的被统治族群。在渤海疆域北拓过程中吞并的铁利等族群则维持了原有的政治认同意识，在渤海灭亡后仍然以部族政治体形式活动。

926年(辽天显元年)契丹占领忽汗城，灭亡渤海，渤海原来的五京及其所属的中心地区对基层靺鞨的控制瓦解。史载："(926年)二月庚

〔1〕参见谭英杰、赵虹光：《靺鞨故地上的探索——试论黑水与粟末靺鞨物质文化的区别》，载《北方文物》1990年第2期；姜玉珂、赵永军：《渤海国北界的考古学观察》，载《北方文物》2008年第2期。

〔2〕〔日〕藤原良房等撰：《续日本后纪》卷11，"承和九年夏四月己巳"条，卷19，"嘉祥二年五月丙辰"条，黑板胜美：《新订增补国史大系》第3卷，第131页、第226页。

〔3〕《壬生家文书》卷6《古往来消息杂杂·渤海国中台省致太政官牒》，载宫内厅书陵部编《图书寮丛刊》，明治书院1984年版，第220－221页。

〔4〕〔韩〕金東宇：《渤海地方统治體制研究：渤海首领을中心으로》，106－110等。

寅,安边、郑颉、南海、定理等府及诸道节度使、刺史来朝,慰劳遣之……丁未,高丽、秽貊、铁骊、靺鞨来贡。"[1]这里的安边、定理二府,是虞娄人的聚居地,秽貊、铁骊、靺鞨当为处于渤海治下的族群,渤海灭亡后,他们都以其自称出现于史籍。从文献记述看,辽人对渤海、铁利、靺鞨人进行区分,反映渤海、靺鞨、铁利人的族群性差异已被外界所承认。结合后来的《松漠记闻》等文献的记述可以认为,辽金时期所称的"渤海人"即是上述的渤海族。

辽于926年灭渤海后,即陆续将渤海人向西迁移。辽太祖时期曾将部分渤海人口徙居今契丹政治中心西拉木伦河和老哈河流域,少数迁徙至今辽宁铁岭一带[2]。在渤海故地设东丹国进行统治,此时大部渤海人仍居留原地。辽太宗天显三年(928),"时人皇王在皇都,诏遣耶律羽之迁东丹民以实东平。其民或亡入新罗、女直"[3]。此次迁徙除鸭绿府各州以外的渤海府、州、县尽数被迁至辽东。此后升辽东东平郡为南京辽阳府,后改为东京,以对渤海人进行统治。辽人迁徙的人口主要以渤海人为主,并没有将其他原属渤海治下的族群与渤海族一同迁徙。渤海社会中基层的靺鞨人居多数,而渤海人是相对少数,辽强制西迁渤海人后,居留原地的靺鞨人口数量当十分可观。

## 2.3　黑水靺鞨与"阿穆尔女真文化"

黑水靺鞨即《隋书》中的黑水部,中心居地在今黑龙江中下游地区,在7至8世纪时势力达到高峰,形成16部,在黑龙江南北而居。唐开元十年,以其最大部落置黑水府,其余部落首领为刺史隶属之。黑水靺鞨活动地域"南与渤海国显德府,北至小海,东至大海,西至室韦,南北约二千里,东西约一千里",周边还有西北的思慕部、北部的郡利部、

---

〔1〕《辽史》卷2《太祖本纪》,第22页。
〔2〕杨保隆:《辽代渤海人的逃亡与迁徙》,载《民族研究》1990年第4期,第96－98页。
〔3〕《辽史》卷3《太宗本纪上》,第30页。

东北的窟说部[1]。8世纪中叶以后,黑水靺鞨因渤海的兴起而受到压制,一度曾役属于渤海,9世纪因渤海势力衰微重新获得独立[2]。在五代时期,随着女真的兴盛,"黑水靺鞨"之名逐渐淡出史籍。后人多据《松漠记闻》的说法,认为女真是由黑水靺鞨南迁发展而来,但因文献记述匮乏,这一结论尚无法被确切证实。与编年史资料的局限相比,在黑龙江中下游地区的考古发现较为丰富,一定程度上能够展现7世纪以后该地域文化的发展情况,这对于探讨黑水靺鞨的流变问题具有很大的帮助。

从考古研究成果看,8世纪以后,黑龙江中游地区与渤海国腹心地区的考古学文化拥有各自的发展序列,两种遗存很难再视作同一文化的不同区域类型,而应当有充分的理由将它们划分为两个独立的考古学文化[3]。黑龙江中游地区的文化形式一直得以延续发展,其中同仁文化、奈费尔德类型、特罗伊茨基类型的存在时间跨越5至13世纪。奈费尔德类型分为三个阶段,第一阶段是公元5至7世纪,第二阶段是8至9世纪,第三阶段是10至13世纪。较之晚出的特罗伊茨基类型存在的时间大体上与奈费尔德类型的二、三阶段同步。所以,奈费尔德与特罗伊茨基类型的中间阶段为5至10世纪,与黑水靺鞨的存续时间和地域范围相合,其居民一般被认定为黑水靺鞨[4]。从文化形式看,这些类型所代表的居民存在不小的差异。如特罗伊茨基类型与奈费尔德类型在陶器形制上有很大不同,前者大量吸收了南部的粟末靺鞨、渤海的文化形式,器形较为复杂,而后者较多地延续了原有的黑龙江靺鞨文化形式。对此两种靺鞨文化类型的关系,学界有不同看法。C.

---

〔1〕〔宋〕王溥:《唐会要》卷96《靺鞨》,第2041页。

〔2〕参见马一虹:《8世纪中期以后黑水靺鞨与渤海关系考》,载《文史哲》2001年第6期,第82-87页。

〔3〕乔梁:《靺鞨陶器的分区、分期及相关问题研究》,第181页。

〔4〕〔俄〕С. П. 涅斯捷罗夫著,王德厚译:《早期中世纪时代阿穆尔河沿岸地区的民族》,载《东北亚考古资料译文集》5,北方文物杂志社2004年版,第103页(原书由俄罗斯科学院西伯利亚分院考古学与民族研究所出版社于1998年出版)。黑龙江省文物考古研究所、中国社会科学院考古研究所:《黑龙江绥滨同仁遗址发掘报告》,载《考古》2006年第1期,第136页。冯恩学:《黑龙江中游地区靺鞨文化的区域性及族属探讨》,载《吉林大学社会科学学报》2005年第3期。

П. 涅斯捷罗夫认为这种差异代表 8 世纪渤海靺鞨由南向北渗透到黑龙江中游的结雅—布列亚河地区,形成特罗伊茨基类型,并与溯江西迁的部分奈费尔德类型居民形成混合居住的局面。[1] 另一种观点则认为奈费尔德类型与特罗伊茨基类型是前后相续、社会阶段由低到高的发展、演进关系。谭英杰、赵虹光即认为特罗伊茨基类型制陶技术的演进,金属马具、铠甲等手工制品的大量出现都表示它是奈费尔德类型的下一发展阶段。[2] 冯恩学分析了特罗伊茨基类型与奈费尔德类型陶器之间的关系,认为特罗伊茨基墓地陶器基本要素是在奈费尔德类型陶器中孕育成长,发展过程中融合了以查里巴为代表的粟末靺鞨文化影响。[3] 同时,他将结雅—布列亚平原区(沙普卡山、特罗伊茨基)与三江平原区(同仁、奈伊费尔德)的靺鞨文化佩饰与陶器形式的差异理解为文献中思慕部与黑水靺鞨之间的文化特征差异。[4]

上述观点观察隋唐时期黑龙江中下游考古学文化差异的角度不同,但皆承认 8 世纪以后该流域文化发展在延续黑龙江靺鞨文化的基础上,接受了渤海文化的影响,呈现出多样化与复杂化的趋势。这无疑丰富了文献中黑水靺鞨及其周边族群文化的认识。由考古学者的研究,我们也可看到黑龙江中下游 8 世纪以来的考古文化发展序列多能够延续到 11 世纪前后,即编年史中的女真时期。所以,考古学者在确定黑水靺鞨与黑龙江中下游考古文化遗存的对应关系同时,也结合编年史记述,尝试定义黑龙江中下游的女真文化。

20 世纪 60 年代以后,苏联学者将黑龙江流域由拉比河下游至乌

〔1〕〔俄〕C. П. 涅斯捷罗夫著,王德厚译:《早期中世纪时代阿穆尔河沿岸地区的民族》,第156 页;〔俄〕C. П. 涅斯捷罗夫、Я. В. 库济明、Л. А. 奥尔洛娃著,王德厚译:《阿穆尔河沿岸早期铁器时代和中世纪的文化》,载《北方文物》1999 年第 3 期,第 108 - 109 页(此文译自《西伯利亚人文科学》1998 年第 3 期,第 19 - 25 页)。

〔2〕参见谭英杰、赵虹光:《黑龙江中游铁器时代文化分期浅论》,载《考古与文物》1993 年第4 期,第 80 - 93 页。

〔3〕冯恩学:《特罗伊茨基靺鞨墓地的陶器来源》,载《北方文物》2006 年第 4 期,第 32 - 36页。

〔4〕冯恩学:《黑龙江中游地区靺鞨文化的区域性及族属探讨》,载《吉林大学社会科学学报》2005 年第 3 期,第 99 - 103 页。

苏里江河口以下的黑龙江沿岸及岛屿等地的相应遗存称为"阿穆尔女真文化"。其中女真建国之前，即 10 至 11 世纪的遗存以乌苏里岛的科尔萨科沃墓地、滨海边疆区的纳杰日金斯科耶墓地最为著名。

B. E. 梅德维杰夫主持这些遗存的发掘并长期进行研究，他结合古墓的放射性碳测定和铜钱资料研究，确立了"阿穆尔女真"从 7 世纪后半叶到 13 世纪中叶文化发展的年代学序列。通过对科尔萨科沃墓地、纳杰日金斯科耶墓地等近 10 个遗存的考察、分析，他认为"阿穆尔女真文化"从 6 世纪开始发展，到 9 至 12 世纪开始成熟。其代表性特征是瓜棱罐、平板镂空带铐的腰带、钻头式旋转箭头等要素。同时，"阿穆尔女真文化"与代表黑水靺鞨文化形式的奈费尔德类型、特罗伊茨基类型相似之处也很多，包括相近的生业形态、二次葬习俗、手工陶器的文化类型、兵器种类相似等等。据上述内容，B. E. 梅德维杰夫认为分布在黑龙江下游（松花江口以下）的"阿穆尔女真文化"居民自 6 世纪以来与靺鞨文化（黑龙江中游）平行发展，"女真"与其毗邻的黑水靺鞨种族相近，具有亲缘关系。最初"女真"依附在黑水靺鞨之下，所以在编年史中没有记录，随着其发展日趋强大，逐渐取代黑水靺鞨的名称而为人所知。[1]

很多学者并不赞同这种说法，通过强调文化形式的共性来论证"阿穆尔女真文化"对靺鞨文化特罗伊茨基类型的继承关系。O. B. 季娅科娃在研究特罗伊茨基类型手制陶器的基础上，认为两者是处于发展中的同一个文化，只是没有在一个发展阶段[2]。谭英杰、赵虹光

---

〔1〕本段关于 B. E. 梅德维杰夫的研究观点，是综合多种译文总结而成的。参见〔苏联〕B. E. 麦德维杰夫，孙秀仁译：《柯尔萨科沃墓地及阿穆尔河沿岸地区女真人文化说明的问题》，载《北方文物》1985 年第 3 期，第 97－103 页；林树山：《关于黑龙江沿岸女真文化的起源问题》，载《黑龙江民族丛刊》1988 年第 3 期，第 73－80 页；姚凤：《苏联学者麦德韦杰夫论北方女真文化》，载《黑龙江民族丛刊》1991 年第 2 期，第 102－104 页；冯恩学：《俄罗斯东西伯利亚与远东考古》，吉林大学出版社 1996 年版，第 547－554 页；〔俄〕C. П. 涅斯捷罗夫著，王德厚译：《早期中世纪时代阿穆尔河沿岸地区的民族》，第 131－142 页。

〔2〕〔苏联〕O. B. 季娅科娃：《论早期中世纪阿穆尔河沿岸地区文化的相互关系》，载《东方的物质文化》，莫斯科：科学 1988 年，第 2 卷，第 230－231 页，转引自〔俄〕C. П. 涅斯捷罗夫著，王德厚译：《早期中世纪时代阿穆尔河沿岸地区的民族》，第 129 页。

也将科尔萨科沃墓地中期遗存和纳杰日金斯科耶遗存视作黑龙江中游铁器文化的晚期前段与后段两个阶段的案例,与中期后段的特罗伊茨基相衔接。[1] 乔梁认为以科尔萨科沃墓地为代表的遗存直接脱胎于当地的早期靺鞨文化,其独特的瓜棱器应起源于这一阶段,并传播到契丹地区。[2] C. П. 涅斯捷罗夫强调"阿穆尔女真文化"与特罗伊茨基类型的相似性是源于南部渤海文化因素,进而认为科尔萨科沃遗存是渤海人沿着乌苏里江北上,排挤了黑水靺鞨人形成的定居点。10世纪,渤海人再次北上形成的纳杰日金斯科耶类型则被称为女真人。[3]

从考古学界对黑水靺鞨文化与"阿穆尔女真文化"之间关系的讨论可以看出以下一些问题。首先,黑龙江中下游地区的黑水靺鞨文化在多族群碰撞、融合中能够保持相对稳定的延续,从奈费尔德—同仁文化到特罗伊茨基,再到科尔萨科沃遗存,文化风格都维持一定的继承性,并有所发展。其次,文化类型的差异一方面反映了南部渤海靺鞨文化对黑龙江中下游地区的广泛影响,很有可能渤海境内的渤海人或靺鞨人在战乱中迁徙至黑龙江流域。另一方面,文化特征的差异性一定程度上又反映了族群客观文化特征的区分。所以,很多苏联学者将考古学文化类型差异视作不同"民族共同体"的标志。这些研究成果揭示了8至11世纪黑龙江流域靺鞨文化发展的延续性与多样性的统一,所谓"阿穆尔女真文化"是对黑龙江中下游靺鞨文化(黑水靺鞨)一个类型的命名,与其他文化类型共同构成当地靺鞨多族群共存状况的写照。

由此回归到历史叙述中,可以认为隋唐时期的黑水靺鞨内各支族群是10至11世纪黑龙江流域居民的主体,尚无考古学资料能够证明黑水靺鞨在渤海后期大规模南迁,正如乔梁所说,"根据文献的记载,

---

〔1〕谭英杰、赵虹光:《黑龙江中游铁器时代文化分期浅论》,第80-93页。

〔2〕乔梁:《靺鞨陶器的分区、分期及相关问题研究》,第184页。

〔3〕〔俄〕C. П. 涅斯捷罗夫著,王德厚译:《早期中世纪时代阿穆尔河沿岸地区的民族》,第142页。

建立金朝的女真完颜部就出自黑水靺鞨。但由阿什河流域等所谓金源地区发现的金代遗存来看,尚找不到其同黑龙江中游地区靺鞨—女真文化更多的联系"[1]。更有可能的情况是,南部渤海文化因素不断北上,影响了黑龙江流域中下游地区居民的发展与变异。

那么为什么考古学者会将黑龙江中下游的科尔萨科沃类型命名为"女真文化"?

考古学者在辨别考古遗存的族属问题上,主要以编年史记述的时间、地域、族称为标准做出判断。在这一研究过程中,考古学者一般很难对诸说并存的编年史文献记述进行辨伪、断代、取舍,往往根据历史学界约定俗成的说法进行判定,在此过程中,很容易出现误读文献的问题。多数考古学者都将《金史》中女真源于黑水靺鞨的说法视作官方定论,并倾向于在黑龙江中下游地区寻找存在年代在9至13世纪之间的女真文化。与之巧合的是,在黑龙江中下游一部分考古遗存的发生与繁荣年代正是在6至10世纪之间,并与典型的黑水靺鞨文化有所区别,所以 B. E. 梅德维杰夫等人即将这类考古文化命名为"阿穆尔女真文化"。他关于女真曾依附于黑水靺鞨而后自立的论述,也并非源于考古学本身的研究,而是受到苏联历史学者 M. B. 沃罗比约夫对历史文献阐释的影响。M. B. 沃罗比约夫根据《三国遗事》卷3"皇龙寺九层塔"(新罗皇龙寺于556年竣工)引《海东安弘记》的记述,认为女真作为独立民族出现于6世纪中叶。[2] 爱新觉罗·乌拉熙春已指出这一记述反映的是10世纪初高丽周边的主要国家或民族。[3] 那么,B.E. 梅德维杰夫的上述比定就缺乏依据了。更多的考古学者面对跨越编年史中靺鞨时期与女真时期的遗存时,一般的解释就是黑水

〔1〕乔梁:《靺鞨陶器的分区、分期及相关问题研究》,第184页。

〔2〕〔苏联〕M. B. 沃罗比约夫著,宋嗣喜译:《女真人与金国》,载王承礼主编《辽金契丹史译文集》,吉林文史出版社1990年版,第126页(本文为作者专著《女真人与金国》一书的结论部分)。"皇龙寺九层塔"的记载见于〔高丽〕一然:《三国遗事》卷3,影印朝鲜中宗七年庆州府重刊本,《域外汉籍珍本文库》第2辑,西南师范大学出版社、人民出版社2011年版,第594页。

〔3〕〔日〕爱新覺羅·烏拉熙春:《契丹文 dan gur 與〈東丹國〉國號》,载《爱新覺羅烏拉熙春女真契丹学研究》,松香堂书店2009年版,第171页;该文见爱新觉罗·乌拉熙春著《韓半島から眺めた契丹·女真》第三章《三國遺事に見える皇龍寺九層塔》,京都大学学術出版会2011年版。

靺鞨在 9 世纪以后改称女真。此种说法是为了迎合黑水靺鞨发展为女真的历史学通说，往往并无直接的考古学证据。

中国学者孙秀仁、干志耿比照文献记载，根据时间、地点一致原则，将黑龙江绥滨三号墓群比定为辽代五国部文化。该墓群的出土陶器、铁器、铜器与俄国境内的"阿穆尔女真文化"的纳杰日金斯科耶，以及黑龙江下游的博朗湖地区的 10 至 11 世纪的出土物相同。该文化类型分布范围南至黑龙江依兰、通河境内的牡丹江流域；东到抚远通江公社；东北达俄国博朗湖地区，西在爱辉卡伦山、头道沟一带。作者由此判断，五国部文化是一种有特定地域性、民族性和时间性的区域文化。[1] 至此，他们较为准确地把握了编年史记载与考古学时空比定的问题，但是进一步将五国部文化理解为女真就存在问题了。从孙秀仁文章中可知，将黑龙江流域中下游文化认作女真的主要依据仍是《金史·世纪》的观点，即"金之先，出靺鞨氏"，"黑水旧俗无室庐，负山水坎地，梁木其上，覆以土，夏则出随水草以居，冬则入处其中，迁徙不常"。[2] 这些话显然抄自《新唐书》，代表元朝史官的观点，属于第二手研究资料，根据此文进行的考古学文化命名是不可靠的。

实际上，爬梳辽、宋文献记述可知，女真与五国部并举，属于两种族群范畴。宋天禧元年（1017），朝贡宋朝的女真首领自言"女真之外又有五国，曰铁勒；曰贡讷；曰玩突；曰怕忽；曰咬里没。皆与女真接境"。[3]《契丹国志》称"女真东北与五国为邻，五国之东邻大海，出名鹰。……女真至五国，战斗而后得"。[4] 由此可知，在时人观之，黑龙江中下游的族群为五国部，女真人居地在其西南。五国部文化是由黑

---

〔1〕孙秀仁、干志耿：《论辽代五国部及其物质文化特征——辽代五国部文化类型的提出与研究》，载《东北考古与历史》1982 年第 1 期；〔苏联〕B. E. 麦德维杰夫、E. Э. 沃伊季舍克著，姚凤译：《论五国部的物质文化》，载《北方文物》1986 年第 4 期；孙秀仁：《生女真文化的渊源与构成》，载《黑龙江民族丛刊》1990 年第 3 期。

〔2〕《金史》卷 1《世纪》，中华书局 1975 年版，第 2 - 3 页。

〔3〕〔宋〕徐松辑：《宋会要辑稿》蕃夷三之三《女真》，第 7712 页；〔元〕马端临：《文献通考》卷327《四裔考》四，中华书局 2011 年版，第 9006 页。

〔4〕旧题〔宋〕叶隆礼撰：贾敬颜、林荣贵点校：《契丹国志》，中华书局 2014 年版，第 114 - 115页。

水靺鞨发展而来,与辽代女真族群范畴无涉。《册府元龟》载后唐同光三年五月,"黑水胡独鹿、女真等遣使朝贡"[1]。《旧五代史》将此事记作"黑水、女真皆遣使朝贡"[2]。

这亦能佐证初兴的女真与黑水靺鞨属于两个族群系统。直至金建国以后,五国部的称号消失,被吸纳到大女真民族范围之内,才能说黑龙江流域中下游的居民被归入女真序列,发展至元、明之际,黑龙江中下游的居民也对外自称女真了。

## 2.4　小结

学界对肃慎到女真的演化叙述,是将这一系民族视作血脉延续的种族看待,忽略了肃慎、挹娄、勿吉、靺鞨族称出现的历史语境的差异。隋唐以前,中原社会获取东北森林族群信息渠道有限,多为某种文化特征的片段,对其背后的整体状况则语焉不详。越早的历史叙述,族称指代越模糊,遮蔽了其内部族群的具体状况。在这种条件下,中原史家对东北森林族群的叙事往往带有论证王朝正统性的目的,多采用肃慎来贡的典故描述东北族群,故历代都有将新发现的东北森林民族纳入肃慎后裔的叙事传统。

这种传说加片段的族群阐释传统在隋唐以后得到彻底改观。5世纪以后,原居于黑龙江中下游地区的靺鞨人逐次南下,占据东北大部地区,与中原王朝长期互动。所以,中原史籍已能够详细描述靺鞨的族群类别与居地,同时,也记录了靺鞨由七种发展为渤海与黑水两大系统的过程。8世纪以后,渤海国内逐渐分化为上层的统治族群渤海人,以及下层的被统治族群靺鞨人,两者不仅存在阶层差异,在文化特征上也大不相同。另一方面,在黑龙江中下游的黑水靺鞨文化得以延续,

---

〔1〕〔宋〕王钦若等编:《册府元龟》卷972《外臣部·朝贡第五》,中华书局1989年版,第858页。

〔2〕陈尚君辑纂:《旧五代史新辑会证》卷32《后唐庄宗纪》,"同光三年五月己酉"条,复旦大学出版社2005年版,第935页。

发展为后来的五国部。从文献记述看,将黑龙江中下游的科尔萨科沃、五国部文化界定为"阿穆尔女真文化"是不合适的。

综合上述讨论可知,在 9 至 10 世纪之交,东北地区的靺鞨族群呈现南北分途发展的趋势,黑水靺鞨文化没有向南扩张的迹象,表明黑水靺鞨的主体并没有南迁,一直居留在黑龙江中下游地区。辽灭渤海前后所面对的女真人,应是原渤海治下的下层靺鞨人。

# 3　始见之女真及其变迁

关于"女真"始见之时间主要有两说并存。其一，女真始见于唐代。《宋会要辑稿》："女（贞）［真］，东北别国也，盖渤海之别种，本姓孥。唐（正）［贞］观中靺鞨来朝，中国始闻女真之名……今有首领三十，分领其众。地多良马，常至中国贸易。旧隶契丹，今归于高丽。"[1]此文应源于宋真宗天禧二年（1018）著作佐郎、集贤校理陈宽呈上的《高丽、女真风土朝贡事仪》[2]"唐贞观中始闻女真"之说，成文于 11 世纪初宋代史官之手，但在唐代文献中并无可参照之记述，实为孤证。

其二，女真始见于 903 年辽伐女真事。《松漠记闻》："五代时始称女真。"[3]《建炎以来系年要录》与之同[4]　多数学者认同此说，进而将时间具体到辽太祖 903 年伐女真事[5]　此后，女真频现史籍，成为常见的族名。《裔夷谋夏录》："金国本名朱里真，蕃语讹为女真，或曰虑真，避契丹兴宗宗真名，又曰女（真）［直］。"[6]女真的译字又作"朱里真"，伯希和对相关文献记载进行了系统考辨，将女真族名构拟为

---

〔1〕〔清〕徐松辑：《宋会要辑稿》蕃夷三之一《女真》，中华书局 1957 年版，第 7711 页。

〔2〕理由详见第四章论述。

〔3〕〔宋〕洪皓：《松漠记闻》卷上，辽沈书社 1985 年版，第 203 页。

〔4〕〔宋〕李心传编撰，胡坤点校：《建炎以来系年要录》卷 1，中华书局 2013 年版，第 2 页。

〔5〕韩儒林：《女真译名考》，载《中国文化研究所集刊》第 3 卷，华西协和大学，1943 年，第 56 页；Paul Pelliot, *Notes on Marco Polo*, Imprimerie Nationale, 1959, p.374；蒋秀松：《女真与靺鞨》，载《民族研究》，1992 年第 3 期，第 42 页；〔俄〕C. П. 涅斯捷罗夫著，王德厚译：《早期中世时代阿穆尔河沿岸地区的民族》，载《东北亚考古资料译文集》5，北方文物杂志社 2004 年版，第 129－130 页（原书由俄罗斯科学院西伯利亚分院考古学与民族研究所出版社于 1998 年出版）；陶晋生：《女真史论》，稻香出版社 2003 年版，第 9 页；范恩实：《靺鞨兴嬗史研究——以族群发展、演化为中心》，黑龙江教育出版社 2014 年版，第 268 页。

〔6〕署名〔宋〕刘忠恕撰：《裔夷谋夏录》，静嘉堂文库本，第 1 页 a 面。"直"原作"真"，按《松漠记闻》："其后避契丹讳（契丹之讳曰宗真），更为女直，俗讹为女质"（〔宋〕洪皓：《松漠记闻》卷上，第 203 页），今据改。

"jurčen",否定了该词与"肃慎"在语音学上的对应关系,并认为其译音用字具有浓厚的契丹色彩[1]。韩儒林、聂鸿音则认为"女真"的对译法,是出自五代、辽代时期的西北方音[2]。由此可知,"女真"一名是通过契丹而为世人所知,它出现于 10 世纪亦在情理之中。

## 3.1  北女真、南女真与熟女真

初见史籍的女真活动情况,是随着契丹(辽)经略辽东地区而渐次展开的。唐天复三年(903),"伐女直,下之,获其户三百"[3]。《辽史·地理志》载:"龙化州,兴国军。……明年(天复三年),伐女直,俘数百户实焉。……太宗升节度,隶彰愍宫。……龙化县,太祖东伐女直,南略燕、蓟,所俘建城置邑。"[4]903 年始见之女真居地在契丹牙帐以东,被阿保机征讨后,有俘户数百居于契丹腹地龙化州,即今内蒙古库伦旗扣河子镇酒局子村古城址[5]。此处的女真被归入"北路女直兵马司"。按"北路女直兵马司"为辽中后期东京道内的军事机构,龙化州女真地处上京道境内,此处女真隶于"北路女直兵马司",当因其"北路女直"的身份。

"北路女直"又简称"北女直"。辽统和八年(990),有"北女直四部请内附"[6]。辽末金人进军辽东,称"既而益改、捺末懒两路皆降,进兵咸州,克之。诸部相继来降,获辽北女直系籍之户"[7]。益改、捺末懒两路指今东辽河上游,以及四平郭家店附近[8],咸州,即今开原。按

---

〔1〕Paul Pelliot, *Notes on Marco Polo*, pp.379 – 380.

〔2〕韩儒林:《女真译名考》,第 57 – 58 页;聂鸿音:《"女真"译音考》,载《宁夏社会科学》2011 年第 5 期,第 77 – 80 页。

〔3〕《辽史》卷 1《太祖本纪》,中华书局 1974 年版,第 2 页。

〔4〕《辽史》卷 37《地理志一》,第 447 页。

〔5〕冯永谦:《辽上京道州县丛考》,载《辽金史论集》第 8 辑,吉林文史出版社 1994 年版,第 145 – 148 页。

〔6〕《辽史》卷 13《圣宗本纪》,"统和八年九月乙亥"条,第 140 页。

〔7〕《金史》卷 72《娄室传》,中华书局 1975 年版,第 1649 页。

〔8〕〔日〕三上次男:《金史研究》一《金代女真社会的研究》,中央公論美術出版 1972 年[原刊『金代女真の研究』、日满文化協会、昭和十二年(1937)],第 380 – 382 页。

《辽史·地理志》记载,兵事隶属北女直兵马司者包括辽州至双州等11州,据《〈中国历史地图集〉释文汇编》的考证结果,这些州镇北自四平,南至辽滨纵向分布,西部与辽上京道相邻。[1] 903年阿保机所伐女真居地当在这一地区。其中"银州,阿保机所建,女真国旧地"[2]。"银州,富国军。本渤海富州",下辖延津县、新兴县、永平县,皆为渤海遗民侨置州县。[3] 银州之地原是女真活动地域,在阿保机等人的经略之下,将该地女真人徙走,迁入渤海俘户与遗民,故以渤海旧州县命名。

与"北女真"相对应的还有"南女真",辽曾设"南女直汤河司"[4]、"汤河详稳司"[5]等机构。南女真范围即今辽宁熊岳到金县一带的辽东半岛南部,至辽中后期,已下辖归、苏、复、卢四州,及镇海府。其中归州设置较早,"太祖平渤海,以降户置"[6]。辽前期对该地区控制并不牢固,多是依靠归州等据点进行拒守。辽景宗保宁八年(976),"东京统军使察邻、详稳涸奏女直袭归州五寨,剽掠而去"[7]。此处袭击归州者,即是本地的女真。南女真之地曾是女真人出海至宋贸易的出口,"先是建隆以来,熟女真由苏州泛海至登州卖马,故道犹存"[8]。苏州是辽后期于南女真地所设,此处追述时借指苏州之地。所以,南女真地区一直是女真人的聚居区,金太祖收国二年(1116),仍有"南路系辽女直"投降的记录。[9] 直至辽圣宗经略女真、高丽,才将大量渤海、高丽俘户安置于此,对该地区实行有效控制。

---

〔1〕谭其骧主编,张锡彤等编:《〈中国历史地图集〉释文汇编》(东北卷),中央民族学院出版社1988年版,第150-159页。

〔2〕〔宋〕曾公亮等:《武经总要》前集《东京四面诸州》,见《中国兵书集成》影印明万历金陵书林唐富春刻本,解放军出版社、辽沈书社1988年版,第1109页。

〔3〕参见《辽史》卷38《地理志二》,第469页。

〔4〕《辽史》卷38《地理志二》东京道"卢州""归州""苏州""复州""镇海府"等条。

〔5〕〔宋〕徐梦莘:《三朝北盟会编》卷21,政宣上帙二十一,"宣和七年正月二十四日"条引《亡辽录》,上海古籍出版社2008年影印本,第153页。

〔6〕《辽史》卷38《地理志二》,第475页。

〔7〕《辽史》卷8《景宗本纪》,第95页。

〔8〕〔宋〕徐梦莘:《三朝北盟会编》卷3,政宣上帙三,"重和二年正月十日"条,第20页。

〔9〕参见《金史》卷2《太祖纪》,"收国二年五月"条,第29页;《金史》卷71《斡鲁传》,第1633页。

北、南女真人应是契丹人最早接触到的女真,其地紧邻契丹居地东部,故阿保机进入辽东地区,首要面对的就是这部分女真人。关于这部分女真人的来源,津田左右吉认为是渤海政治势力尚未达到辽东时,从北方迁徙过来,此后受到渤海的羁縻,没有明确的行政关系。[1]他承认辽东之女真早在契丹势力影响之前的渤海时期已经存在,是与上述讨论相合的。但是,将辽东视作瓯脱之地,就显得论据不足了。目前多数学者认为渤海在8世纪中期文王大钦茂时代已经取代了唐朝势力,控制了辽东半岛。[2] 有的学者甚至认为属于北、南女真的主要府州实为渤海越喜、铁利、拂涅之地[3],但这一观点尚不足以定论。辽东地区曾经被高句丽占据,在唐灭高句丽、百济之后,"旋为新罗、靺鞨所侵"[4],即8世纪以后靺鞨人在高句丽、唐先后退出辽东地区之后,进入该地区成为主要居民,契丹所称的北、南女真当是这部分靺鞨人。至10世纪初,从朝鲜半岛西北部的鸭绿江下游、大同江流域到辽东地区已发展出一个大的靺鞨活动区域。如高丽徐熙所言,"自契丹东京,至我安北府数百里之地,皆为生女真所据"[5]。渤海时期,这些靺鞨人与上层渤海人存在文化上的差异,但无法判定源于哪支靺鞨人。

在政治方面,辽东至鸭绿江下游的靺鞨人受到渤海节制,成为抵御契丹东进的先锋。《新唐书·渤海传》称"扶余故地为扶余府,常屯劲兵扞契丹,领扶、仙二州"。[6] 唐人知道渤海扶余府情况当始于贾耽《古今郡国县道四夷述》,如《三国史记》引贾耽《古今郡国志》:"渤海

〔1〕〔日〕津田左右吉:《遼の遼東經略》,载《满鮮地理歷史研究報告》第叁,東京帝國大學文科大學1916年版,第201页。

〔2〕参见魏国忠:《渤海的疆域变迁考略》,载《求是学刊》1984年第6期;方学凤:《渤海疆域和行政制度研究》(朝文),延边大学出版社1996年版,第123页。

〔3〕这种观点是建立在承认《辽史·地理志》部分州县如东平(拂涅故地)、铁利(铁利故地)、怀远府(越喜故地)为原地建府,并非侨置的基础之上,仍存很大争议。参见〔日〕池内宏:《鐵利考》,载《满鮮地理歷史研究報告》第叁,東京帝國大學文科大學1916年版,第1—164页;李美子:《渤海の遼東地域の領有問題をめぐって——拂涅、越喜、鐵利等靺鞨の故地と關連して》,载《史淵》140,2003年,第106—165页。

〔4〕〔唐〕杜佑:《通典》卷172《州郡二·序目下》,中华书局1988年版,第4478页。

〔5〕〔朝鲜〕郑麟趾:《高麗史》卷94《徐熙传》,国书刊行会1908版,第77页。

〔6〕《新唐书》卷219《渤海传》,中华书局1975年版,第6182页。

国南海、鸭渌、扶余、栅城四府,并是高句丽旧地也。"[1]贾耽《古今郡国县道四夷述》体现的是 757 至 801 年之间的渤海政区情况。[2] 由此可见,8 世纪中叶以来,渤海一直与契丹敌对,那么渤海进入辽东以后也会按照抵御契丹进行政治布局。所以,阿保机在灭亡渤海前 20 年一直在与渤海西部的军事力量进行战争,不断蚕食渤海的西部领土,在 926 年大举入侵渤海,基本控制了渤海西部北起北女真、南至辽阳一带的地区。[3] 在面对辽东地区社会时,契丹人使用"女真"指称当地靺鞨族群,才有始见文献之女真。

辽在灭亡渤海后,曾大规模内徙渤海遗民至辽东地区,形成了诸多侨置州县,后又迁汉户居住,与本地女真人形成杂居的状况。辽中前期,多数辽东地区的女真人仍保持原有的部族组织状态。如辽太平年间,东京大延琳叛乱,海州南海城坚守,因"别部酋长皆被擒",乃降。[4]此处"别部酋长"当是其周边的女真各部酋长。此外,辽东南部有曷苏馆女真,"复州合斯罕关地方七百余里"[5],其分布区域已涵盖南女真汤河司的主要辖境。辽开泰元年(1012),"曷苏馆大王曷里喜来朝"[6],太平六年(1026),"曷苏馆部乞建旗鼓,许之"[7]。辽采取部族制度对属于南女真的曷苏馆女真进行统治。"北女真"与"南女真"最早被契丹(辽)吞并,纳入辽东边镇的统治体制内。但这些女真部族一般不纳入州镇编户,仍维持原有居住状态。在政治上则深受辽人军政体制的影响,后被人统称为"熟女真"。

《武经总要》前集卷 22《女真》:

> 今附契丹者为熟女真。置一十八州:耀州、蟣州、海州、铜州、教州、崇州、兴州、荆州、荷州、朝州、卢州、宾州、邮州、铁州、定理

〔1〕〔高丽〕金富轼:《三国史记》卷 37《杂志六·地理四》,影印韩国首尔大学藏朝鲜英祖年间刊本,《域外汉籍珍本文库》第二辑,西南师范大学出版社、人民出版社 2011 年版,第 309 页。

〔2〕〔日〕赤羽目匡由:《渤海王国的政治と社会》,吉州弘文馆 2011 年版,第 23 - 35 页。

〔3〕〔日〕津田左右吉:《辽の辽东经略》,第 206 页。

〔4〕《辽史》卷 38《地理志》,第 462 页。

〔5〕《金史》卷 66《齐传》,第 1564 页。

〔6〕《辽史》卷 15《圣宗本纪五》,第 170 页。

〔7〕《辽史》卷 17《圣宗本纪六》,第 200 页。

州、怀北州、麓州、广州。居于东京三面,皆侨立州立名。民籍每州千户至百余户。余依山林不服从者谓之生女真。[1]

比照《辽史·地理志》所载,上述诸州除教州、朝州、邮州、怀北州不见于记载外,其余诸州皆在北、南女真分布地区。《武经总要》成书于宋仁宗庆历年间(1041—1048),属于官修图书,其北蕃地理部分杂采宋朝当时的官方文献[2],并且在地理分布方面以唐贾耽《皇华四达记》为底本,使用契丹地理图等最新情报来校正距离远近。[3] 至于辽东的民族地理分布情况,当是吸纳了宋真宗大中祥符三年(1010年,辽圣宗统和二十八年)边将李允则所献地图,李允则称,"今契丹趋辽阳伐高丽,且涉女真之境,女真虽小,契丹必不能胜也",仍画图以献。[4] 青山定雄认为李允则所献地图为辽东地图[5],《武经总要》的《北蕃地理》关于辽东的记事应当反映了11世纪初期的情况。

此时,辽人对北、南女真的统治已经稳固,被世人视作"熟女真"。宋人对边疆族群有生、熟蕃户之称,大体上有两种划分标准。其一,"其帐族有生、熟户,接连汉界,入州城者谓之熟户,居深山僻远、横遏寇掠者谓之生户"[6],这是以是否入州城居住为标准。其二,以是否参与保卫边塞作为生、熟之分。王尧臣上书称:"西北边皆有蕃兵。蕃兵者,塞下内属诸部团结以为藩篱之兵也。羌戎种落不相统一,保塞者谓

---

〔1〕〔宋〕曾公亮:《武经总要》前集卷22《女真》,第1128页。

〔2〕宋人对契丹情报的搜集主要手段包括使行记录、归明人报告以及边将情报等手段,这些情报经汇总后或入实录、国史。前辈学者对相关问题已多有研究,参见傅乐焕:《宋人史料语录行程考》,载《辽史丛考》,中华书局1984年版,第11—15页;王民信:《宋朝时期留存的契丹地理资料》,载《沈括熙宁使房图笺证》,学海出版社1976年版,第1—19页。

〔3〕如其"东京"条有:"岩州在其东,即李勖所平白岩州也。《皇华四达记》曰:自安东府东南至平壤城八百里,西南至都里海口约六里,西北至建安城约三百里,正南微东至鸭绿江北泊约七百里。今以契丹地形图参校,惟达安城不知处所,其他地形远近率同也。"(〔宋〕曾公亮《武经总要》前集卷22"东京"条,第1106页)

〔4〕〔宋〕李焘:《续资治通鉴长编》卷74,"大中祥符三年十一月壬辰"条,中华书局2004年版,第1694页。

〔5〕〔日〕青山定雄:《宋代の地圖とその特色》,原刊于《東方學報》十一期二册,1940年七月,收入《唐宋時代の交通と地誌地圖の研究》,吉川弘文館1969年版,第539页。

〔6〕〔宋〕李焘:《续资治通鉴长编》卷35,"宋太宗淳化五年(994)春正月"条,宋琪上边事书,第768页。

·欧·亚·历·史·文·化·文·库·

之属户,余谓之生户。"又称"泾原路熟户万四百七十余帐,帐之首领,各有职名"[1],此处熟户保持原有社会组织状态,但为"属户",其酋长各有军职。宋人在审视辽东京道之女真时,往往参照自身的标准,故《金房节要》称"乌陵思谋者,本北辽合苏款女真,居辽地,俗呼熟女真,如陕西熟户番之类也"[2]。辽代北、南女真系籍,授印,但不按民户编制,所以,辽之熟女真属于第二类"属户"情况,平日作为辽朝藩屏,并作为部族军被征发作战。如《契丹国志》所载"五节度熟女真","耕凿与渤海人同,无出租赋,或遇北主征伐,各量户下差充兵马,兵回,各逐便归本处……并系契丹枢密院所管,差契丹或渤海人充节度管押"[3]。此五节度熟女真部族,战时充当契丹人的部族军队,平日无须缴纳赋税。当与上述北、南女真相同。

生、熟女真的范畴,是根据辽对女真的军政管理进行的划分。随着时间的推移而有所变化。最初的北、南女真并不在契丹(辽)的控制之下,最后随着辽人经略力度的加强,在11世纪初进入熟女真范畴,反映了女真族群在国家行政力量的驱使下被归类、建构的过程。因文献稀缺,对于辽东地区的女真,我们更多看到的是结果,而非过程。从北、南女真东部的鸭绿江女真更可以清晰地看到在国家力量的经略下,族群面临的分化、整合的动态历程。

## 3.2 鸭绿江女真的分化

鸭绿江女真始见于《辽史》:"(辽太宗)会同三年(940),二月,鸭绿江女直遣使来觐","四年(941)十一月,鸭绿江女直来贡"[4],属于以地名部,后来被学界扩大外延指代鸭绿江地区的女真人。关于鸭绿

---

〔1〕〔宋〕李焘:《续资治通鉴长编》卷132,"庆历元年五月己亥"条,王尧臣上书,第3144页。

〔2〕〔宋〕张汇:《金房节要》,引自〔宋〕徐梦莘:《三朝北盟会编》卷178,炎兴下帙七十八,第1290页。

〔3〕旧题〔宋〕叶隆礼撰,贾敬颜校:《契丹国志》卷2《四至邻国地里远近》,中华书局2014年版,第237页。

〔4〕《辽史》卷3《太宗本纪》,第47页,第50页。

江女真,学界通常有广义和狭义两种界定方式,广义的观点如张博泉认为其指称范围是今吉林临江、集安和辽宁宽甸等鸭绿江中下游地区[1],佟冬、刘子敏将其外延扩大到朝鲜半岛的清川江一带,认为就是高丽的西女真。[2] 也有一种狭义的划分,如孙进己认为其区域是在鸭绿江下游的丹东、凤城一带,或包括朝鲜半岛清川江一线。[3] 张博泉在《金史论稿》中进一步提出鸭绿江女真即《契丹国志》中所称的五节度女真人。[4]

广义的界定是通过今天的鸭绿江地理概念来认定的,除此之外没有其他证据能够说明鸭绿江中上游的情况。本书认为对鸭绿江女真的界定应与辽人的民族和地理认识相一致。辽太宗时的情况是鸭绿江中游,即原渤海鸭绿府一带被渤海遗民所占据,《宋史》中称其政权为定安国。[5] 若渤海遗民聚居于鸭绿江中游地区,就地缘政治的角度而言,分布于鸭绿江流域的女真是不可能构成一个整体的,将文献中的鸭绿江女真比定于鸭绿江下游地区是合理的。在这一点上,狭义的

〔1〕张博泉、苏金源、董玉瑛:《东北历代疆域史》,吉林人民出版社1981年版,第140页。

〔2〕佟冬主编:《中国东北史(修订版)》(第2卷),吉林文史出版社2006年版,第472页;刘子敏、金宪淑:《辽代鸭绿江女真的分布》,载《东疆学刊》15卷1期,1998年1月,第41页。

〔3〕孙进己、孙泓:《女真民族史》,广西师范大学出版社2010年版,第113页。

〔4〕张博泉:《金史论稿》第1卷,吉林文史出版社1986年版,第60页。

〔5〕定安国位于渤海鸭绿府故地说是由和田清提出的,其论证逻辑是《宋史·定安国传》称"其(定安国)酋帅纠合余众,保于西鄙"(《宋史》卷491《定安国传》,中华书局1977年版,第14128页),其中渤海西鄙有三种可能:渤海扶余府、长岭府、鸭绿府。考诸史实,定安国表文称其地为"高丽(高句丽)旧壤"(《宋史》卷491《定安国传》,第14128页),且经常道由女真与宋联系,处于与宋交通的必经之路,联系当时的具体情况,只有鸭绿府符合这些条件(详细论证过程参见和田清《定安國について》,载《東亞史研究:滿洲篇》東洋文庫1955年版,第161-166页)。近年程妮娜根据定安表文中所称:"夫余府昨背契丹,并归本国"(《宋史》卷491《定安国传》,第14128页),认为定安国临近辽景宗保宁七年(975)七月燕颇叛变后所逃奔的兀惹之地,位于牡丹江流域(程妮娜:《女真与北宋的朝贡关系研究》,载北京大学中国古代史研究中心编《邓广铭教授百年诞辰纪念论文集》,中华书局2007年版,第942页)。这里她认为"夫余府叛契丹"中的"夫余府"指代燕颇是正确的,但将定安国与兀惹等同,就与"酋帅纠合余众,保于西鄙"的记载相矛盾。联系《辽史》所载:"时黄龙府军将燕颇杀守尼以叛,何鲁不讨之,破于鸭绿江。坐不亲追讨,以至失贼,杖之。"(《辽史》卷77《耶律何鲁不传》,第1259页)以及"保宁七年(975)九月,败燕颇于治河,遣其弟安搏追之。燕颇走保兀惹城,安搏乃还"(《辽史》卷8《景宗本纪》,第95页),可见燕颇先逃亡鸭绿江地区,之后走保兀惹城,所谓"并归本国"当指鸭绿江地区,和田清之论并无问题。

划分更可靠些。向辽朝贡的当是靠近辽东京边镇的鸭绿江下游女真人。

需要说明的是,鸭绿江女真不能与西女真的称谓等同。《增补文献备考》称:"渤海之亡,其民始去靺鞨之名,称为女真。契丹虑为后患,徙其豪右数千家于辽阳而著籍焉。使不得与本国相通,号熟女真。即我所称西女真也……熟女真之地在长岭(今长白山)之西,鸭绿江之北,然其在西而不籍于契丹者,西亦生也。"[1]《增补文献备考》是以《三朝北盟会编·女真记事》所提生熟女真标准作为类比的,大体上看是将长白山以西直到辽朝东京一带的女真人都称为西女真。三上次男认为东西女真之分是根据高丽东西两界辖境而定的。[2] 徐炳国将鸭绿江南北两岸的女真认定为西女真[3],蒋秀松也认为东西女真之分是高丽对北方女真人的泛指概念,其指称范围是随着高丽领土的北扩而逐步向北延伸的,在高丽德宗二年(1032年,辽兴宗重熙元年)修建长城后,西女真与东女真的分界线在今朝鲜赴战岭。[4] 综合几种观点,可以认定高丽"西女真"的称谓涵盖整个鸭绿江流域及迤南之地的女真,并且其外延可以无限向北、向西延伸。我们所说的鸭绿江女真地处鸭绿江下游,也自然地被称为西女真。西女真的指称范围要大于鸭绿江女真,不能混为一谈。

高丽徐熙于高丽成宗十二年(993年,辽统和十一年)奏称:"自契丹东京,至我安北府(今清川江下游江边)数百里之地,皆为生女真所据,光宗取之,筑嘉州、松城等城。"[5]高丽光宗筑嘉州、松城等城,是在光宗十一年(960年,辽穆宗应历十年),徐熙在光宗十一年已经任

---

〔1〕〔朝鲜〕洪凤汉等:《增补文献备考》卷15《舆地考》,明文堂1985年影印隆熙二年(1908)版,第211页。

〔2〕〔日〕三上次男:《新羅東北境外における黑水·鉄勒·達姑等の諸族について》,载《高句麗と渤海》,吉川弘文館1990年版,第246页。

〔3〕〔韩〕徐炳國:《高麗時代 女眞交涉史研究》,载《關大論文集》6집1978,pp.199-228。

〔4〕蒋秀松:《"东女真"与"西女真"》,载《社会科学战线》1994年第4期,第171页。

〔5〕〔朝鲜〕郑麟趾:《高丽史》卷94《徐熙传》,第77页。

官[1]，他的追述应为当时的实态。在高丽光宗时代，清川江下游以西至辽东京的中间地带属于女真的聚居区，这一地区涵盖了鸭绿江下游及其周边地区，其中心部即今天鸭绿江口附近，将分布于该地区的女真人称为鸭绿江女真是符合前述各项条件的。据《高丽史》记载，可将鸭绿江女真的东界比定在清川江下游以西。宋人《武经总要·东京四面诸州》"耀州"条载："地控新罗界，胡中要害之地，东至鸭绿江女真界。西至大辽，南至石城，北至东京百五十里。"[2]鸭绿江女真的西界当在耀州（今辽宁营口大石桥以北之岳州城）辖区以东不远处。可以说，鸭绿江女真是指分布于鸭绿江下游两岸及其附近地区的女真人的总称。

鸭绿江下游两岸地区介于辽、高丽两大势力中间，又扼守鸭绿江出海要津，是原渤海朝贡道的关键一环[3]，战略地位十分重要。辽圣宗以前，辽人仍然无法有效地控制该地区，961年至991年前后鸭绿江女真沿此路频繁地到宋朝贡[4]，成为辽的心腹之患。高丽在成宗以前，其领土并不与鸭绿江下游接壤，成宗初期，崔承老等人提出了明确的北拓目标，随后高丽开始逐步地蚕食清川江以西的土地[5]。辽圣宗即位以后，鸭绿江下游地区成为辽、高丽两方政治角逐的战场。在两国政治压力之下，徐熙奏文中所描述的政治分布格局被打破，鸭绿江女

〔1〕〔朝鲜〕郑麟趾：《高丽史》卷94《徐熙传》载："光宗十一年年十八擢甲科，超授广平员外郎"，第76页。

〔2〕〔宋〕曾公亮：《武经总要》前集卷22《东京四面诸州》，第1109页。

〔3〕《新唐书》引贾耽《道里记》称由山东登州由海路至辽东半岛后，"自鸭绿江口舟行百余里，乃小舫泝流东北三十里至泊汋口，得渤海之境"（《新唐书》卷43《地理志下》，中华书局1975年版，第1147页）。

〔4〕关于向宋朝贡的女真来源地域较为复杂，既有鸭绿江女真，也包括长白山区的三十部女真。较早关注此问题的是日野开三郎，他认为掌握向宋朝贡主导权的是长白山三十部女真，但似乎证据略显不足（参见〔日〕日野开三郎：《宋初女真の山东来航の大势とその由来》，载《朝鲜学报》第三十三辑1964年10月，第7－15页）；程妮娜则认为前期（961—991）以鸭绿江流域女真为主，后期（1009—1019）以长白山三十部女真为主，联系实际情况，她的观点更为准确（参见程妮娜：《女真与北宋的贡关系研究》，第941页）。需要注意的是，本书所界定的鸭绿江女真比程妮娜理解的鸭绿江流域女真范围较小，但适用于其结论所涵盖范围。

〔5〕关于高丽北拓的动机与政策的讨论参见〔日〕池内宏：《高麗成宗朝に於ける女眞及び契丹との關係》，载《滿鮮地理歷史研究報告》第五，東京帝國大學文科大學1918年版，第2－20页。

·欧·亚·历·史·文·化·文·库·

真开始被纳入两国的政治管制之下。

辽圣宗统和元年(983年,高丽成宗二年)至辽统和三年(985年,高丽成宗四年),辽多次出兵征讨辽东至朝鲜半岛西部的鸭绿江女真。[1] 辽统和九年(991年,高丽成宗十年)二月在鸭绿江口建威寇、振化、来远三城,屯戍卒[2],这就切断了鸭绿江女真对宋朝贡的路线。当时到宋朝请兵的女真人称:"契丹怒其朝贡中国,去海岸四百里立三栅,栅置兵三千,绝其朝贡之路。于是航海入朝,求发兵与三十首领共平三栅。若得师期,即先赴本国,愿聚兵以俟。"[3]辽虽然将女真的对外交往路径切断,但并没有彻底将鸭绿江女真的反抗势力平定,女真仍保留了一定的力量,力图联合宋与长白山地区的三十部女真反抗辽的势力。

辽统和十一年(993年,高丽成宗十二年),辽圣宗"诏取女直鸭绿江东数百里地赐之"[4],辽将萧逊宁致书高丽称:"伏请大王预先指挥,从安北府至鸭江东计二百八十里踏行,稳便田地,酌量地理远近,并令筑城发遣役夫,同时下手。其合筑城数早与回报,所贵交通车马长开贡觐之途,永奉朝廷,自协安康之计。"[5]辽与高丽达成协议,由高丽来接管安北府至鸭绿江东之地,此后三年之内高丽徐熙率军驱逐原住鸭绿江东的女真人,沿战略要地修筑长兴、归化、通州、安义、兴化等五城[6]。辽统和十二年(994年,高丽成宗十三年),高丽以李承乾为鸭江渡勾当使[7],正式在鸭绿江口设置关城,清川江下游以西,北至鸭绿

---

〔1〕其过程的考述,参见见〔日〕池内宏:《遼の聖宗の女真征伐》,原刊于《史學雜誌》第26编第6號,收录于《滿鮮史研究》中世篇第一册,吉川弘文館1933年版,第179－193页;《高麗成宗朝に於ける女眞及び契丹との關係》,第21－28页。

〔2〕《辽史》卷13《圣宗本纪四》,第141页。

〔3〕〔宋〕李焘:《续资治通鉴长编》卷32,"宋太宗淳化二年"条,第728页。

〔4〕《辽史》卷13《圣宗本纪四》,第143页。

〔5〕〔朝鲜〕郑麟趾:《高丽史》卷3《成宗世家》,"成宗十三年春二月"条,第45页。

〔6〕〔朝鲜〕郑麟趾:《高丽史》卷94《徐熙传》,第78页。关于高丽在西北境的北进,学界多有研究,参见〔日〕津田左右吉:《朝鲜歷史地理》第二卷,南满洲鐵道株式會社1913年版,第29－48页;〔日〕池内宏:《高麗成宗朝に於ける女眞及び契丹との關係》,第29－48页,本书不再赘述。

〔7〕〔朝鲜〕郑麟趾:《高丽史》卷3《成宗世家》,第46页。

江口的战略要地皆由高丽控制,位于朝鲜半岛西北的鸭绿江女真被限制到高丽的羁縻体系之中,但仍不时骚扰高丽的边镇[1] 其中一部分则在辽的军事压力下,向北迁徙。《高丽史》称:"逐鸭绿江外女真于白头山外居之"[2],这条史料有高丽史臣夸耀的成分,但一定程度上反映了在辽的打击下,鸭绿江女真一部北迁的史实。

辽对辽东鸭绿江女真地区的战略控制在开泰年间进一步强化,在原来远三城的基础上又增设州城、堡垒,使得对鸭绿江口的控制成为一个防御整体。辽圣宗开泰三年(1014)"诏国舅详稳萧敌烈、东京留守耶律团石等造浮梁于鸭绿江,城保、宣义、定远等州"[3]《辽史·地理志》称:"保州,宣义军,节度","宣州,定远军,刺史,开泰三年徙汉户置,隶保州"[4],则宣义、定远是所驻州军名,保州下辖宣州以及怀化军。《辽史·兵志》引《大辽事迹》称:"东京沿女直界至鸭绿江。军堡凡七十,各守军二十人,计正兵一千四百",其中来远城宣义军统八营[5]。津田左右吉认为,宣义军驻扎于来远城,而州治设于保州[6]。

总而言之,辽与高丽沿重要交通路线所建立的州城要塞,将鸭绿江女真各部在地理上分割开来,鸭绿江女真诸部被分割在辽东半岛东部与朝鲜半岛西北部。居留在辽东半岛东部的鸭绿江女真并没有完全归附于辽的统治,仍然保有一定的势力。

## 3.3 "五节度熟女真"的形成

宋人《武经总要》称,辽东京"附契丹"的熟女真共有 18 州,其余依山林不服从者谓之生女真[7]"耀州"条载:"地控新罗界,胡中要害

〔1〕高丽与朝鲜半岛女真关系的相关研究可参见〔日〕江原正昭:《高麗の州県軍に関する一考察——女真人の高麗軍への編入を中心にして》,载《朝鮮學報》28 輯,1963 年,第 35 – 74 页。

〔2〕〔朝鲜〕郑麟趾:《高丽史》卷 3《成宗世家》,第 44 页。

〔3〕《辽史》卷 115《高丽传》,第 1521 页。

〔4〕《辽史》卷 38《地理志》,第 459 页。

〔5〕《辽史》卷 36《兵志》,第 434 页。

〔6〕〔日〕津田左右吉:《朝鲜歴史地理》第二卷,第 48 – 51 页。

〔7〕参见〔宋〕曾公亮:《武经总要》前集卷 22《女真》,第 1128 页。

之地。东至鸭绿江女真界。"[1]据此可知,耀州在熟女真 18 州之内,而鸭绿女真在其范围之外。至少在宋仁宗庆历年间之前,鸭绿江女真仍属于"不服从者"的生女真,但当时具体情况由于史料欠缺,尚无法清晰地梳理当时鸭绿江女真与辽相关的情况,不过耶律仁先的有关事迹提供了十分有价值的线索。

耶律仁先是辽兴宗与道宗时代的重臣,从其墓志铭与《辽史·耶律仁先传》可知,他曾经受命治理女真的扰边问题。汉文《耶律仁先墓志》记载:"时朝廷以高丽女直等五国入寇闻,上曰:仁先可往。命驰驿安定之。因奏保定二州联于北鄙,宜置关铺,以为备守。有诏报,自是五国绝不敢窥扰。"[2]《辽史·耶律仁先传》载:"迁东京留守。女直恃险,侵掠不止,仁先乞开山通道以控制之,边民安业。"[3]这两条史料都提及耶律仁先对女真的布防,其中汉文《耶律仁先墓志》记述较为详细,提到其经略地区与鸭绿江口附近的保州、定州相关,防御对象是"高丽女直等五国",这就与本节所探讨的地域范围相关。《辽史·耶律仁先传》中则直接记载耶律仁先经略边防,抵御女真人。但记事时间不清,且所谓"高丽、女直等五国"指涉十分模糊,所以需要梳理耶律仁先在辽东经略的一些细节问题,才能澄清这些疑问。

耶律仁先于辽兴宗重熙三年(1034)出仕,历任宿直将军、殿前副点检、鹤剌唐古部节度使、北面林牙。[4]汉文墓志记述的耶律仁先经略辽东事迹是在"改授北面林牙,又迁副枢密使"[5]之后,重熙十一年(1042)之前。关于耶律仁先担任副枢密使的时间,《辽史·耶律仁先传》称他在辽兴宗重熙十一年(1042)任北院枢密副使,随后出使宋朝。[6]《辽史·兴宗本纪》载:"(重熙十一年)九月壬寅,遣北院枢密

---

〔1〕〔宋〕曾公亮:《武经总要》前集卷 22《东京四面诸州》,第 1109 页。

〔2〕《耶律仁先墓志》,向南:《辽代石刻文编》,河北教育出版社 1995 年版,第 352 页。

〔3〕《辽史》卷 95《耶律仁先传》,第 1396 页。

〔4〕《辽史》卷 96《耶律仁先传》,第 1395 页。

〔5〕《耶律仁先墓志》,第 352 页。

〔6〕《辽史》卷 96《耶律仁先传》,第 1395 页。

副使耶律仁先、汉人行宫副都部署刘六符使宋约和。"[1]若据《辽史》所言，耶律仁先任北院枢密副使的时间是在1042(辽兴宗重熙十一年)9月之前，上任后即出使宋朝。契丹小字《耶律仁先墓志》第十行记述为："……副枢之事知……天……国……天重熙十一年兴宗皇帝……康王之……宋国之钱帛十万"[2]，虽然其中仁先担任北院枢密副使的时间早于《辽史》所载，但也将使宋之事定在任北院枢密副使之后。宋人的记载中也有相应记载："(宋仁宗庆历二年即1042年)九月乙丑，契丹枢密副使保大节度使耶律仁先，枢密使礼部侍郎同修国史刘六符入见"[3]，这里的枢密副使即北院枢密副使。那么据《辽史》、契丹小字《耶律仁先墓志》、《续资治通鉴长编》可以得知耶律仁先于辽兴宗重熙十一年(1042)前后被任命为北院枢密副使，不久即出使宋朝谈判，似乎并不存在汉文《耶律仁先墓志》所称其经略辽东的时间。

此外，重熙十年(1040)前后萧孝忠担任东京留守[4]，但检诸文献，萧孝忠任期内并没有参与处置扰边之事。边事越过东京留守，遣北院枢密副使"驰驿"直接处理，这并非常态。《辽史·兴宗本纪》中记载："(重熙十年,1041)夏四月，诏罢修鸭绿江浮梁及汉兵屯戍之役"[5]，这又与汉文《耶律仁先墓志》中所说于保定二州置关铺等加强防御的措施相反。且保州等地毗邻高丽之境，辽对其城防御设施的扩建以及增派兵员等事情，高丽是极为敏感的，但在高丽靖宗时代也没有关于辽增筑保州等地防御设施的报告。

综上可知，汉文《耶律仁先墓志》所载耶律仁先经略保、定二州，处理"高丽女直五国"侵边事宜的发生时间，应为墓志撰写者笔误，本书认为将其系于耶律仁先在东京留守任上更为合理。耶律仁先是由北

---

〔1〕《辽史》卷19《兴宗本纪二》，第227页。

〔2〕刘凤翥：《契丹小字解读四探》，载《第三十五届世界阿尔泰学会会议记录》，国学文献馆1993年，第551页。

〔3〕〔宋〕李焘：《续资治通鉴长编》卷137，"宋仁宗庆历二年九月乙丑"条，第3293页。

〔4〕萧孝忠任东京留守自重熙七年至重熙十二年，参见《辽史》卷81《萧孝忠传》，第1285－1286页。

〔5〕《辽史》卷19《兴宗本纪二》，第225页。

·欧·亚·历·史·文·化·文·库·

院枢密使迁任东京留守[1]，"（重熙）二十一年，秋七月，召知北枢密使事仁先等，赐坐，论古今治道"[2]，契丹小字《耶律仁先墓志》第二十一行："廿一年燕京之同知除……号……东京留守除。"[3]耶律仁先任东京留守当在重熙二十一年秋七月之后，其前任是萧阿剌，他在重熙二十一年由东京留守"拜西北路招讨使"。[4]《辽史·道宗本纪》载清宁元年（1055）冬十月丁亥"以吴王仁先同知南京留守事"[5]，可知，耶律仁先担任东京留守的时间是兴宗重熙二十一年（1052）至道宗清宁元年（1055）之间。这也就是《辽史·耶律仁先传》中所谈到的耶律仁先经略女真的时间。

据《高丽史》，在高丽文宗八年（1054）七月，契丹始设弓口门栏于抱州城（保州）东野[6]，在随后的1055年，辽在边境地区"创立邮亭，蚕食我（高丽）疆"[7]，并"于松岭东北渐加垦田，或置庵子，屯畜人物"。[8]高丽担心辽的行为是要侵略其国土，多次遣使与辽东京留守司交涉，直至1075年，辽正式表态，"东京兵马都部署奉枢密院札子移牒：请治鸭江以东疆域"。[9]《高丽史》表明辽曾于1054年前后在保州附近进行扩建防御设施与屯田行动，这一行动应是耶律仁先任东京留守期间开始的，与汉文《耶律仁先墓志》所言"因奏保定二州联于北鄙，宜置关铺，以为备守"相吻合。

可以说，汉文《耶律仁先墓志》与《辽史·耶律仁先传》中所载属于一事。"高丽女直等五国"就是《辽史·耶律仁先传》中所称的"女直"，"高丽"并不是指高丽国，应指居地临近高丽的女真人，且耶律仁先称保定二州"联于北鄙"，居地同时符合临近高丽与保定二州两个条

---

〔1〕《辽史》卷96《耶律仁先传》，第1396页。

〔2〕《辽史》卷20《兴宗本纪三》，第244页。

〔3〕刘凤翥：《契丹小字解读四探》，第553页。

〔4〕《辽史》卷90《萧阿剌传》，第1355页.

〔5〕《辽史》卷21《道宗本纪一》，第252页。

〔6〕〔朝鲜〕郑麟趾：《高丽史》卷7《文宗世家》，"文宗八年秋七月"条，第105页。

〔7〕〔朝鲜〕郑麟趾：《高丽史》卷7《文宗世家》，"文宗九年秋七月丁巳"条，第107页。

〔8〕〔朝鲜〕郑麟趾：《高丽史》卷8《文宗世家》，"文宗十一年四月壬戌"条，第112页。

〔9〕〔朝鲜〕郑麟趾：《高丽史》卷9《文宗世家》，"文宗二十九年七月癸酉"条，第131页。

件的女真只有鸭绿江女真。志文中的五国应指当时参与侵边的鸭绿江女真，而非居于黑龙江下游的"五国部"。"五国部"进入辽东京边镇的路线是沿松花江南下，通过黄龙府与辽边镇发生关系，其事务属于东北路统军司，无论从行进路线，还是影响范围，黑龙江下游"五国部"势力都不可能影响到鸭绿江口一带。[1] 由此可知，鸭绿江女真当时有五个部族集团，仍对辽的边镇具有重大的威胁。鸭绿江女真西至耀州，其分布地主要集中在山地，耶律仁先"乞开山通道以备之"，正是要加强对其腹里要地的控制，使其不能再联合形成威胁。同时，增强了保州等鸭绿江口地区边镇的防御设施，这又在外围对"五国"鸭绿江女真形成包围之势，从文献中看，取得了良好的效果，称"自是五国绝不敢窥扰"。《契丹国志》中出现"五节度熟女真部族"的称谓，应是此"五国"被辽平定之后的组织状态。

《契丹国志·四至邻国地里远近》将五节度女真说成是熟女真，其与辽的关系是"或遇北主征伐，各量户下差充兵马，兵回，各逐便归本处……并系契丹枢密院所管，差契丹或渤海人充节度管押"。[2]这与《武经总要》所提到的鸭绿江女真有很大不同，按《武经总要》的划分，鸭绿江女真属于生女真的范畴，散居山谷间时常骚扰辽边镇。《契丹国志》中所提的五节度女真为熟女真，且已经成为辽的部族军。就管制体系而言，已经由辽直接派员任节度使进行管押。这也表示辽取消了扰边五部酋长的权力，完全变成辽国家体制内军事力量的一部分了。

《辽史·地理志》记载，保州为节度使州，军曰宣义。辖下有来远县、宣州定远军、怀化军，其附近又有定州保宁军，开州镇国军等边镇。他们的兵事直接隶属东京统军司。[3]《辽史·百官志二》"东京都统

---

〔1〕关于辽东北路统军司的相关职能参见林荣贵：《辽朝经营与开发边疆》，中国社会科学出版社1995年版，第117－119页。

〔2〕旧题〔宋〕叶隆礼撰，贾敬颜，林荣贵点校：《契丹国志》卷22《四至邻国地里远近》，第237页。

〔3〕参见《辽史》卷38《地理志二》，第458－459页；林荣贵对东京统军司的相关史料进行梳理，认为东京统军司对鸭绿江等边镇负有直接军事领导责任（林荣贵：《辽朝经营与开发边疆》，第115－116页）。

军使司"(东京统军司)条下有"保州都统军司"[1],在史愿《亡辽录》中称辽代东京辽阳方面的军事建制为"东京兵马都部署司,契丹奚渤海四军都指挥使,保州都统军司,汤河详稳司,金吾营朾窊司",同时,保州被记载为刺史州。[2] 据王颋、曹流二位研究,《辽史·地理志》中州镇的状况主要采撷于耶律俨《皇朝实录》和陈大任《辽史》。前者记载的是重熙中的节镇州,其史源较有可能出自重熙十三年(1044)编修的《实录》;后者记载的是清宁七年(1061)以后的节镇州状况。[3] 那么《辽史·地理志》事关保州附近州县建制的记载当为辽兴宗重熙十三年前的情况,而《亡辽录》反映的是辽末乾统中至天庆五年前节镇州的设置状况。[4] 从辽兴宗重熙中叶到辽末的时段内,鸭绿江下游发展出专门的军事统辖机构。其统辖结构由原来东京统军司—节度使州的二级结构转变为东京都部署司—保州都统军司—刺史州的三级结构。[5] 保州都统军司应为鸭绿江五节度女真的节制机构,鸭绿江五节度女真也成为这一体系的一环。

## 3.4 小结

由辽东至朝鲜半岛西北部的鸭绿江下游、大同江流域在 10 世纪初

---

〔1〕《辽史》卷 46《百官志二》,第 745 页。

〔2〕[宋]徐梦莘:《三朝北盟会编》卷 21,政宣上帙二一,引史愿《亡辽录》,第 152 – 153 页。

〔3〕王颋认为《辽史地理志》清宁七年(1061)前的记载源自耶律俨《皇朝实录》,所反映的是重熙二十一年(1052)前后的状况,清宁七年后的内容采撷于陈大任《辽史》,不存在确实的下限(王颋:《〈辽史·地理志〉资料源流及评价》,载《駕泽抟云——中外关系史地研究》,南方出版社 2003 年版,第 211 – 213 页)。曹流在此基础上确认耶律俨《皇朝实录》相关部分源于重熙十三年(1044)编修的《实录》,本节从之(曹流:《〈亡辽录〉与〈辽史地理志〉所载节镇州比较研究》,载《北大史学》第 14 集,北京大学出版社 2009 年版,第 155 – 156 页)。

〔4〕曹流:《〈亡辽录〉与〈辽史地理志〉所载节镇州比较研究》,第 153 页。

〔5〕林荣贵据辽末史料的记述,认为东京都部署司统辖四军兵马都部署司,为辽末主管辽阳路方面的高级军事机构(林荣贵:《辽朝经营与开发边疆》,第 116 页)。至于东京都部署司与东京统军司之间关系尚不清楚,康鹏据《辽史·地理志》认为东京都部署司管辖辽阳府以西、以北的防务,东京统军司管辖其东南的防务,但他也不否认东京都部署司在辽末是东京最高军事机构。(参见康鹏:《辽代五京体制研究》,北京大学博士毕业论文 2007 年,第 60 页)通过比对相关史实可知,东京统军司多出现于辽中期,而反映辽末情况的《亡辽录》并没有提及东京统军司,在辽末东京都部署司或已取代东京统军司的地位。

已是渤海治下的靺鞨居地。随着契丹势力的崛起,首先蚕食渤海的西部辽东地区,对当地被统治的靺鞨族群产生了重大影响。契丹人以"女真"称呼这类族群,并与渤海人进行区分。"女真"首现于史籍正与契丹经略辽东地区直接相关,契丹人对该地区的女真人划为北、南女真两部分,在其东部又有鸭绿江女真。这种划分方式主要是以契丹人为中心的主观判断,并不真实反映区域内的女真族群归属情况。但因背后有国家军政力量的支撑,直接影响了女真族群的分化与重组。

北女真与南女真是最先被纳入辽朝东京道军镇体制之中的女真人。他们保持原有的社会组织,但其酋长必须接受辽朝封册,战时需要随军出征,作为前驱。因此,在11世纪初最早被人视作"熟女真"。所谓"熟"、"生"范畴是动态变化的,辽圣宗以后,"熟女真"的范畴在不断扩大,随之则加剧了鸭绿江下游地区女真社会的分化与重组。

鸭绿江下游地区,在辽圣宗以前是鸭绿江女真居于主导地位,东北的渤海遗民以及鸭绿江中上游的女真人可以与南方强敌宋朝进行接触,并且致使辽的边镇处于女真的压力之下。自辽圣宗开始对鸭绿江女真进行有计划的征伐,用军事手段夺取了鸭绿江出海口,在山区战略要地修筑大量要塞堡垒以巩固该地区的防务,最后构建了以保州、开州为桥头堡,一直延伸到东京辽阳的边堡戍防体系。同时,为了稳固边防,又与高丽争夺朝鲜半岛西北部鸭绿江女真之地,最后达成协议,共同对鸭绿江女真之地进行分割。这一系列措施改变了原有鸭绿江女真地区的状况,大量女真人归附辽或者高丽,成为他们边镇的一部分,另一部分则北迁逃离鸭绿江流域。在辽兴宗时代,余下的女真人并没有完全臣服于辽,仍然与其对抗,直到耶律仁先等对该地区进行进一步征讨,才使该地区得以稳定。从《武经总要》、耶律仁先相关文献以及《契丹国志》的记载可以看出,反抗辽朝的鸭绿江女真主体为"五国",在辽的成功经略之下,成为受管押的"五节度熟女真"。这种建制方式并不是改变其原有的社会组织状况,女真仍然是"杂处山林,尤精弋猎。有屋舍,屋舍门皆于山墙下辟之。耕凿与渤海人同,无出租赋"[1],辽主要对其在政治军事上进行控制。与此相应的,辽在鸭绿江下游地区的军事存在也由原来的节镇州体系发展为保州都统军司,强化了这一地区的统治力度。

由上述讨论可知,"北女真""南女真""五节度女真"等熟女真的形成都明显地带有国家制度的色彩,最后被行政建制凝固为一种范畴,形成后发的族群类别意识。

---

〔1〕旧题〔宋〕叶隆礼撰,贾敬颜,林荣贵点校:《契丹国志》卷22《四至邻国地里远近》,第212页。

# 4 生女真的区域分化与政治整合

辽人在内迁渤海人口之后,并没有在原渤海地区建立稳固的州县体制,反而退至今拉林河以西,构建起堑壕边堡,以求固守。拉林河以东原渤海领域内的居民后被辽人称作"生女真"。这部分居民在契丹(辽)东进过程中臣服辽人,接受大王府、部族节度使的册封,成为辽人的属国、属部。其体制的核心内涵是通过对部族酋长的册封,实现辽朝皇帝对生女真各部族的合法性权威,并拥有调节生女真各部族矛盾与冲突的仲裁权。"生女真"这一概念本身是一个动态变化的范畴,不能将其具化为一成不变的共同体。终辽一代,对于拉林河以东的东流松花江、牡丹江流域、鸭绿江中上游、图们江流域始终缺乏有效的实际统治力,为这些地区的女真人提供了发展空间。生女真各族群能够在自身社会发展的推动下进行社会整合,最终在11世纪末形成以松花江支流阿什河为中心的统一政治体。《金史·世纪》及其相关文献展现了这一过程,较为具体地反映了辽统和年间以后生女真各地域的整合,以及突破辽朝女真属国、属部体系的过程。本章通过梳理、探讨生女真区域互动与内部整合过程,分析以松花江流域为中心的女真族群整合与变迁。

## 4.1 生女真的形成与辽代的属部体制

最早出现在史籍中的生女真居于东流松花江流域,并非在渤海灭亡后由外地迁徙至此,而是该地区的原住居民。契丹(辽)在东进渤海过程中,这部分女真较早地臣服于阿保机。唐天祐三年(906)十一月,

·欧·亚·历·史·文·化·文·库·

"遣偏师讨奚、霫诸部及东北女直之未附者,悉破降之"[1],"东北女真"在契丹居地东北方,与奚、霫诸部相邻。辽天赞三年(924)六月,阿保机大举征讨吐浑、党项、阻卜等部,第二年秋九月才班师。其间即有女真、回鹘等族利用辽主力西征之时,进攻契丹腹地。同年九月,后唐即得到契丹降者报告:"女真、回鹘、黄头室韦合势侵契丹,召北部酋长御悍。"[2]黄头室韦居地在嫩江与洮儿河下游之地[3],此处女真也应与其邻近,在今松原以北。又因903年以来,阿保机经略辽东地区,已切断辽东地区女真与这支东北女真的关系,所以,此女真当与黄头室韦关系更密切些。有的学者将这部分女真视作渤海扶余府辖下的部族。[4]

天显元年(926),辽人占领忽汗城,灭亡渤海,渤海原来五京及其所属中心地区对基层部落组织的控制瓦解。史载"(天显元年)二月庚寅,安边、鄚颉、南海、定理等府及诸道节度使、刺史来朝,慰劳遣之……丁未,高丽、秽貊、铁骊、靺鞨来贡"[5],这里的安边、定理二府,是虞娄人的聚居地[6],秽貊、铁利、靺鞨当为处于渤海治下的族群,渤海灭亡后,这些族群以其原称出现于史籍。但在渤海亡后半年之内,多数渤海地区既降附叛,为此,辽于928年将原在渤海领域内的渤海遗民迁到辽东半岛境内居住,以分散其反抗势力。文献中并没有明确记载对女真人进行了迁徙,而且有"诏遣耶律羽之迁东丹民以实东平。其民或亡入新罗、女直"[7]的记载。可知,被称作女真的靺鞨人仍然居留于

---

〔1〕《辽史》卷1《太祖本纪》,中华书局1974年版,第2页。

〔2〕〔宋〕王钦若等编:《宋本册府元龟》卷995《交侵》,中华书局1989年版,第4017页。

〔3〕〔日〕白鸟库吉:《室韦考》,原刊于《史学杂志》第30编,大正八年(1919),后收录于《白鸟库吉全集》(第四卷),岩波书店1970年版,第357页;谭其骧主编,张锡彤等编:《〈中国历史地图集〉释文汇编》(东北卷),中央民族学院出版社1988年版,第80页。

〔4〕参见韩儒林:《女真译名考》,载《中国文化研究所集刊》第3卷,华西协和大学,1943年,第56页。

〔5〕《辽史》卷2《太祖本纪》,第22页。

〔6〕从行政设置看,渤海大仁秀北拓后,在新征服的北部靺鞨人地区设置府州,称"挹娄故地为定理府、安边府,拂涅故地为东平府,铁利故地为铁利府,越喜故地为怀远府"(《新唐书》卷219《渤海传》,中华书局1975年版,第6182页)。

〔7〕《辽史》卷3《太宗本纪》,第30页。

原地。

在东丹国内迁之前,已经有女真朝贡的记载,928 年(辽天显三年)正月己未"黄龙府罗涅河女直、达卢古来贡"[1],罗涅河,即今拉林河,这是第一次出现有着明确方位冠称的女真。孙进己在《女真史》中曾认为此地女真是阿保机西迁扶余府人口后,从东部迁徙过来的。[2] 范恩实曾针对《女真史》的观点进行讨论,认为辽方占领扶余府不久,是不会允许有东边部族自发迁徙至此的,而是原居住于扶余府境内的靺鞨人。[3] 若从当时的形势来判断,阿保机 925 年攻占扶余府时,耶律倍进言"今始得地而料民,民必不安。若乘破竹之势,径造忽汗城,克之必矣","太祖从之"。[4] 所以,阿保机能够有机会迁徙扶余府人,当在攻占忽汗城至病陨于黄龙府之间。而这一时段内,正是渤海遗民反抗契丹占领的时期,政局动荡,甚至在阿保机刚刚去世之时,渤海遗民曾发动过反攻扶余府的战役。[5] 在这种情况下,契丹必然重兵防守,是不允许有新的族群迁徙到这一地区的,故范恩实之说较为可信。所以,928 年黄龙府罗涅河女真的来贡,更应被看作当地族群臣服的表现。目前文献对于渤海灭亡后,其境内的族群如何分化,以及哪些部族归附辽人皆语焉不详,黄龙府罗涅河女真或可是其中之代表。

从后来的情况看,辽人一直无法有效地对原渤海领域内的女真进行控制,被迫退守北至黄龙府,南至辽东半岛一带,构建起一系列军州边镇体系,以与东部女真进行分界。自辽圣宗起,在南部辽东半岛大举经略鸭绿江口以及朝鲜半岛西北之女真,取得重要成就,但在北部黄龙府地区始终没能有所进展。所以,在黄龙府地区构建了系统的边镇防御工事。辽太平六年(1026)二月,"以迷离己同知枢密院,黄翩为兵

---

〔1〕《辽史》卷 3《太宗本纪》,第 28 页。

〔2〕孙进己等:《女真史》,吉林文史出版社 1987 年版,第 60 页。

〔3〕范恩实:《靺鞨兴嬗史研究——以族群发展、演化为中心》,黑龙江教育出版社 2014 年版,第 271－272 页。

〔4〕《辽史》卷 72《耶律倍传》,第 1210 页。

〔5〕《册府元龟》卷 995《外臣部·交侵门》:"(后唐明宗)天成元年(926)十一月,青州霍彦威奏:'得登州状申:契丹先发诸部攻逼渤海国,自阿保机身死,虽已抽退,尚留兵马在渤海扶余城。今渤海王弟部领兵士攻围扶余城契丹'。"(〔宋〕王钦若等编:《宋本册府元龟》,第 4017 页)

马都部署,达骨只副之,赫石为都监,引军城混同江、疎木河之间。黄龙府请建堡障三、烽台十,诏以农隙筑之","东京留守八哥奏黄翩领兵人女直界徇地,俘获人、马、牛、豕,不可胜计,得降户二百七十,诏奖谕之"〔1〕。辽人在黄龙府地域修建边堡与女真进行区隔,并经常派军进入女真地区进行打击。边堡、堑壕以东地区的女真人则常被人视作"生女真"。

宋宣和七年(1125)许亢宗过辽益州、宾州城,北行百里至和里间寨,见到黄龙府地区辽人与生女真旧界处的情形:

> 自和里间寨东行五里,即有溃堰断堑,自北而南,莫知远近,界隔甚明,乃契丹昔与女真两国古界也。[界]八十里直至来流河。行终日,山无寸木,地不产泉,人携水以行,岂天以[此]限两国也?来流河阔三十余丈,以船渡之。[又]五里,至句孤寨。自此以东,散处原隰间尽女真人,更无别族〔2〕。

辽人的边堡堑壕是沿着拉林河(罗涅河、来流河)一线修筑,在边界周边形成一条空旷地带,以便阻止两边的人员私自往来。在堑壕以西,辽人广设部族军作为防御女真的屏障。见于记载者包括隗衍突厥部,"圣宗析四阗沙、四颇急户置,以镇东北女直之境。……隶北府,属黄龙府都部署司"〔3〕。北唐古部,"圣宗以唐古户置。隶北府,节度使属黄龙府都部署司,戍府南"〔4〕。许亢宗在距离黄龙府60里的契丹旧寨(东寨),曾看到被契丹擒获、迁徙至此的异族人,其中包括渤海、铁离(利)、吐浑、高丽、靺鞨、女真、室韦、乌舍、契丹、回纥、党项、奚诸族〔5〕,他们当多以部族军的形式屯驻边镇。其中铁利人较为典型。铁利,辽代常作铁骊,作为独立活动的政治体,其居地在黑龙江中下游的

---

〔1〕《辽史》卷17《圣宗本纪》,第199页。

〔2〕旧题〔宋〕宇文懋昭撰,崔文印校证:《大金国志校证》卷40《许奉使行程录》,中华书局1986年版,第569页。

〔3〕《辽史》卷33《营卫志下》,第390页。

〔4〕《辽史》卷33《营卫志下》,第391页。

〔5〕旧题〔宋〕宇文懋昭撰,崔文印校证:《大金国志校证》卷40《许奉使行程录》,第568页。

三江平原北部地区,与五国部相邻[1]。辽人强制迁徙一部铁利人至黄龙府周边,编为守边部族军[2]。辽兴宗曾以铁利户置祥州,隶属黄龙府都部署司[3]。重熙九年(1040),女真侵边,即"发黄龙府铁骊军拒之"[4]。铁利人当是距拉林河流域生女真地区最近的部族军。

后周广顺三年(953)亡归中原的胡峤曾描述:

> 契丹国东至于海,有铁甸,其族野居皮帐,而人刚勇。其地少草木,水咸浊,色如血,澄之久而后可饮。又东,女真,善射,多牛、鹿、野狗。其人无定居,行以牛负物,遇雨则张革为屋。常作鹿鸣,呼鹿而射之,食其生肉。能酿糜为酒,醉则缚之而睡,醒而后解,不然,则杀人[5]。

由"地少草木,水咸浊,色如血,澄之久而后可饮"可知,此铁利居地属于今黑龙江省西部的盐碱地带,与许亢宗提到的"山无寸木,地不产泉"地貌相合,其地近邻拉林河边界。辽末女真攻克宁江州之后,"铁骊部来送款。次来流城,以俘获赐将士"[6],送款之铁利部即在来流河边堡附近。在此铁利部以东的女真人正是金皇室发祥地阿什河流域的女真,也就是《金史·世纪》叙述的主要群体。胡峤所述生活习俗正反映了这部分生女真人10世纪初的状态。

辽人主要采取属部体制对生女真各部族进行控制。该体制的内容包括册封女真酋长官号,要求女真部族定期朝献等措施彰显辽皇帝的权威[7]。在授职方面,生女真部族官的合法性源于辽朝皇帝,无法自动承袭。从阿骨打对乌雅束的承袭大体可以看出这种程序的运作。

〔1〕〔清〕徐松辑:《宋会要辑稿》蕃夷三之三《女真》称五国之内有"铁勒",或即铁利,中华书局1957年版。多数学者皆认为铁利居地应在黑龙江中下游以东寻找。参见〔日〕松井等:《满洲歴史地理》第二卷,南满鐵道株式會社1913年版,第45页;张博泉:《东北历代疆域史》,吉林人民出版社1981年版,第141页。

〔2〕关于辽代铁利的活动状况,参见〔日〕池内宏:《鐵利考》,载《满鲜地理歴史研究報告》第叁,東京帝國大學文學科1916年版,第1–164页。

〔3〕《辽史》卷38《地理志》,第477页。

〔4〕《辽史》卷18《兴宗本纪》,第222页。

〔5〕《新五代史》卷73《四夷附录二》,中华书局1974年版,第906–907页。

〔6〕《金史》卷2《太祖本纪》,中华书局1975年版,第25页。

〔7〕程尼娜:《辽代女真属国、属部研究》,载《史学集刊》2004年第2期,第87页。

乌雅束病逝,"辽使阿息保来,曰:'何以不告丧?'太祖曰:'有丧不能吊,而乃以为罪乎?'"[1]这表明在女真部族官去世时,其部或族人应当主动向辽报丧,乌雅束去世后女真人没有及时向辽报告,才有辽使的质询。因辽使对康宗乌雅束遗体无礼,阿骨打欲杀之,既而辽命久不至,直至收国二年(1116),辽人才授予阿骨打节度使[2],这时的意义更像是一种安抚。

辽选任女真部族官的首要标准就是在属部内占据领导地位,并对辽忠诚、有功者。乌古乃就因协助辽平定五国叛乱,而受封节度使。在这些条件具备的前提下,辽在原则上对其人选的产生不予干预,基本承认属部内政治权力的更迭结果。辽寿隆六年(1100),辽使至阿疎城命令盈歌所部退兵,盈歌令劾者等人"换我军衣服旗帜与阿疎城中无辨,勿令辽使知之","劾者见辽使,诡谓胡鲁、邈逊曰:'我部族自相攻击,干汝等何事?谁识汝之太师?'乃援创刺杀胡鲁、邈逊所乘马。辽使惊骇遽走,不敢回顾,径归"[3]。穆宗盈歌能够出此计谋退辽使,应是依据辽不干预生女真属部内部的权力更迭与争端的原则,所谓"惊骇遽走"实为诋毁之辞。

辽朝能够依靠授予生女真部族职官进行控制,原因在于对生女真部族存在一定的威慑力,主要表现在两方面。第一,辽朝经常派使者深入生女真境内,称"天使",使者代表辽朝皇帝行使权威,有权对女真酋长进行处罚。"天使所至,百般需索于部落,稍不奉命,召其长加杖,甚者诛之"[4],从《金史》记述可知,辽人曾将不听从命令的孩懒水乌林荅部酋长发配边镇,也曾在寿隆六年(1100),命令按出虎水完颜部停止进攻阿疎城。辽使的权威很大程度上又取决于辽边镇驻军的威慑,这就是第二方面——辽的军事威慑力。辽人的军事威慑力在生女真地区着实有限,其孤军深入时,往往因后勤补给、兴师劳远等原因,被当

---

〔1〕《金史》卷2《太祖本纪》,第22页。
〔2〕《金史》卷2《太祖本纪》,第23页。
〔3〕《金史》卷1《世纪》,第14页。
〔4〕旧题〔宋〕叶隆礼撰,贾敬颜、林荣贵点校:《契丹国志》卷10《天祚帝纪》,中华书局2014年版,第115页。

地女真击败,无功而返。如宋边将李允则曾报告称:"顷年契丹加兵女真。女真众才万人,所居有灰城,以水沃之,凝为坚冰,不可上,距城三百里,焚其积聚,设伏于山林间以待之。契丹既不能攻城,野无所取,遂引骑去,大为山林之兵掩袭杀戮。"[1]在此种情况下,辽人不得不依靠当地的有力部族对反抗辽人的部族进行讨伐,如按出虎水完颜部就是依靠替辽人经略五国鹰路而兴起的。

在辽人属部体制之下,拉林河以东各支流河谷地带多存在如拉林河流域的七水之民,按出虎水(阿什河)完颜部、活刺浑水(呼兰河)纥石烈部等部族单位。同时,与这些女真活动区发生关系的仆干水流域(今牡丹江流域)、统门水流域(今图们江流域)生女真诸部也存在类似情况,形成了各地域集团长期攻杀的局面,加剧了地域政治的集中化程度,这又促生了女真自身政治体制的发展,逐渐取代了辽朝属国、属部体系。以下两节即详细分析生女真地域整合与辽属部体制之间的动态关系。

## 4.2  辽代属部体制对生女真 区域结构的影响

生女真部族首领的对外身份体系是辽的属部封官。按出虎水完颜部昭祖石鲁被辽授予惕隐官,景祖乌古乃则为部族节度使。《金史·世纪》称"既为节度使,有官属,纪纲渐立矣",《金史·百官志》则称"金自景祖始建官属,统诸部以专征伐,巍然自为一国"[2]。在金人的意识中,辽授节度使就是有官属,昭祖石鲁的身份虽然是惕隐,但并没有被当作官属看待。类似的用法还见于《金史·高丽传》:"曷懒甸官属使斜勒详稳、冶刺保详稳往"[3],"阿注阿怀思乡土,亡归,附于系

---

〔1〕〔宋〕李焘:《续资治通鉴长编》卷74,"宋真宗大中祥符三年十一月"条,中华书局2004年版,第1694页。

〔2〕《金史》卷55《百官志》,第1215页。

〔3〕《金史》卷135《高丽传》,第2882页。

·欧·亚·历·史·文·化·文·库·

案女直,因乱其官僚之室"[1],这些都是将辽职官名称与官属联用。

至于"官属"的功能,《金史·世纪》与《金史·百官志》的描述存在矛盾,前者称"纪纲渐立",表明官属主要是对内管理,而后者则是"始建官属,统诸部以专征伐",指出其功能主要是对外。昭祖、景祖时期对内权威有限,主要是凭借个人能力团结所部,其权威性体现在"教""训"的层面,称辽授予节度使之衔就马上能够"纪纲渐立",未免有夸大之嫌。《金史·百官志》所言,更符合当时的实际情况,即辽的封官系统为按出虎水完颜部的对外扩展提供了便利与合法性。景祖时期,按出虎水流域的皇室完颜一族与仆干水流域(今牡丹江)、统门水流域(今图们江)都发生了联系,《金史·世纪》称:"景祖稍役属诸部,自白山、耶悔、统门、耶懒、土骨论之属,以至五国之长,皆听命。"[2]本书认为,这些地区在昭祖、景祖时期并非受到按出虎集团的役属,而是在辽王朝国家权威控制之下,与按出虎完颜一族发生了互动关系。本节通过梳理昭祖、景祖时期与按出虎水完颜部发生互动的仆干水流域(今牡丹江流域)、统门水流域(今图们江流域)诸部的情况,以考察辽属部体系对 11 世纪生女真区域结构的影响。

按出虎水完颜部始祖函普最初定居于仆干水,经过三代之后,献祖绥可才迁徙至按出虎水(今阿什河流域)。至昭祖石鲁时期,按出虎流域与仆干水流域诸势力存在着频繁的互动。《金史·世纪》称昭祖石鲁"所至克捷。还经仆燕水……行至姑里甸,得疾……是夕,卒。载枢而行,遇贼于路,夺枢去。部众追贼与战,复得枢"[3],该记事还见于《金史·石显传》:"及昭祖没于逼剌纪村,部人以枢归,至孩懒水,石显与完颜部窝忽窝出邀于路,攻而夺之枢……昭祖之徒告于蒲马太弯,与马纪岭劲保村完颜部蒙葛巴土等募军追及之,与战,复得枢。"[4]这实际上是对"载枢而行,遇贼于路,夺枢去。部众追贼与战,复得枢"一

---

〔1〕《金史》卷 68《欢都传》,第 1594 页。

〔2〕《金史》卷 1《世纪》,第 4 页。

〔3〕《金史》卷 1《世纪》,第 4 页。

〔4〕《金史》卷 67《石显传》,第 1573 页。

句的展开叙述。以孩懒水（今牡丹江支流海浪河）乌林荅部为中心的部族与按出虎水完颜部是敌对的，并且孩懒水流域的敌对部族之一为完颜部窝忽窝。同时，昭祖之徒也向当地的蒲马太弯、马纪岭劾保村完颜部蒙葛巴土求助。

这里所涉及的地理方位如下：姑里甸，即今天黑龙江宁安市至沙兰镇之间的平原地带，该地属于海浪河与牡丹江之间的冲积平原。马纪岭即今天牡丹江西的张广才岭[1]，它与黑龙江宁安市老爷岭之间的河谷地带就是牡丹江及其支流海浪河，海浪河源于张广才岭，自西向东流入牡丹江。这里的马纪岭确切地说是海浪河河源地一段，而非整个张广才岭山脉。当时诸部的地缘关系，自西向东分别为马纪岭劾保村完颜部、孩懒水乌林荅部，还有经过姑里甸地区向张广才岭方向移动的昭祖石鲁部众。至于跟从乌林荅部袭击昭祖部众的完颜部窝忽窝有可能居住于孩懒水及其附近。

当时的牡丹江流域（仆干水）可以分为依附于辽朝势力的女真部族，以及尚未归顺辽朝的部族。其中石鲁之徒请蒲马太弯相助。"太弯"之名在《金史》中多见，是系辽籍女真酋长的称号[2]，表明在牡丹江流域存在臣服于辽的女真势力，石鲁之徒能够求救于蒲马太弯，也能从侧面反映出按出虎水完颜部与辽的附属关系。同时，尚未臣服于辽的部族也具有强大势力，在昭祖至景祖时期，牡丹江流域的孩懒水乌林荅部集团应是典型代表。孩懒水乌林荅部势力最强大的时间当

---

〔1〕都兴智：《金代马纪岭和几个猛安谋克地点的考订》，载《辽宁师范大学学报》1992年第6期，第73－76页。

〔2〕关于女真太弯的研究，参见〔日〕三上次男：《係遼籍女眞の太彎について》，载《金代女眞社会の研究》，中央公論美術出版1972年版，第419－427页（原刊《東洋學報》，二四卷一号，昭和十一年，1936年）。

在景祖即位初,即 1035 至 1048 年之间,属于辽兴宗重熙中叶。[1]

关于孩懒水乌林荅部的记事主要集中在《金史·世纪》和《金史·石显传》之中,而这两部分记事尚有不甚明了的地方,需要进一步探讨。

《金史·石显传》[2]:

[A]辽使曷鲁林牙来索逋人,石显皆拒阻不听命,景祖攻之,不能克。景祖自度不可以力取,遂以诡计取之。乃以石显阻绝海东路请于辽,辽帝使人让之曰:"汝何敢阻绝鹰路? 审无他意,遣其酋长来。"石显使其长子婆诸刊入朝,曰:"不敢违大国之命。"辽人厚赐遣还,谓婆诸刊曰:"汝父信无他,宜身自入朝。"石显信之,明年入见于春蒐,婆诸刊从。辽主谓石显曰:"罪惟在汝,不在汝子。"乃命婆诸刊还,而流石显于边地。盖景祖以计除石显而欲抚有其子与部人也。

《金史·世纪》[3]:

---

〔1〕对于景祖乌古乃即位之年,尚无明文记载。通过后面的事迹大体可以推得。《金史·世纪》称景祖乌古乃曾两次参与辽朝平定五国部叛乱之事。第一次是征讨五国部蒲涅部节度使拔乙门,辽因功授予部族节度使之号。联系《辽史》相关记载可知在辽兴宗重熙十七年(1048)"八月戊子,以殿前都点检耶律义先为行军都署,忠顺军节度使夏行美副部署,东北面详稳耶律术者为监军,伐蒲奴里酋陶得里"(《辽史》卷 20《兴宗本纪》,第 239 页)。池内宏认为《金史·世纪》所记载的五国部蒲涅部与《辽史》中所载五国部名称相异,并且辽于重熙六年(1037)已命契丹节度使留驻越里吉部统领五国。《金史·世纪》中所言五国部蒲涅部节度使为女真酋长,而非契丹派出之节度使,与《辽史》记载矛盾,所以景祖因功被任命为节度使的事迹为后人伪造(〔日〕池内宏:《金史世纪の研究》,载《满鲜地理历史研究报告》第十一,东京帝国大学文学部 1926 年版,第 233－246 页)。三田村泰助提出反对意见,认为《金史·世纪》中的"蒲涅"即"蒲奴里""盆奴里""喷讷",且辽任命的契丹节度使是管理五国部的实官,而《金史·世纪》中的节度使则是授予蒲涅部拔乙门的虚官,所以景祖乌古乃征讨蒲涅部的事迹应是真实发生过的〔〔日〕三田村泰助:《金の景祖について》,载《东方学》(通号 54),1977 年,第 2－5 页〕。《辽史》中称"蒲奴里酋陶得里",表明在辽契丹节度使之下,五国仍保有当地部族酋长的权力,所以才有叛乱之机会。三田村泰助的观点更符合实际,本书从之。所以,景祖乌古乃协助辽征讨的五国部蒲涅部节度使拔乙门当是五国部蒲涅部反叛势力中的一部,而《辽史》所称陶得里则是主要领导势力。乌古乃征讨蒲涅部拔乙门是在辽重熙十七年(1048)前后,昭祖病陨之年即景祖乌古乃即位年,至少在乌古乃成年之后,《金史》中女真人成年大体在 16 至 20 岁,所以,昭祖病陨之时,当在 1035 至 1048 年之间,即辽兴宗重熙中叶。

〔2〕《金史》卷 67《石显传》,第 1573－1574 页。

〔3〕《金史》卷 1《世纪》,第 4－5 页。

[B]是时，邻部虽稍从，孩懒水乌林答部石显尚拒阻不服。攻之，不克。景祖以计告于辽主，辽主遣使责让石显。石显乃遣其子婆诸刊入朝。辽主厚赐遣还。其后石显与婆诸刊入见辽主于春蒐。辽主乃留石显于边地，而遣婆诸刊还所部。景祖之谋也。

[C]是时，辽之边民有逃而归者。及辽以兵徙铁勒、乌惹之民，铁勒、乌惹多不肯徙，亦逃而来归。辽使曷鲁林牙将兵来索逋逃之民。景祖恐辽兵深入，尽得山川道路险易，或将图之，乃以计止之曰："兵若深入，诸部必惊扰，变生不测，逋户亦不可得，非计也。"曷鲁以为然，遂止其军，与曷鲁自行索之。

两部文字的相同之处在于都记载了石显在压力下朝贡辽朝，被流放边地，其子婆诸刊返回所部的事情。若比照 A 与 B 的文字，明显 A 较 B 更为详细生动，B 的文字大体是对 A 的一种概括与提炼，可以认为《金史·世纪》有根据《金史·石显传》进行改编的迹象，《金史·石显传》中相关事件更接近《祖宗实录》的记载。但两者的记事逻辑却有很大不同，《金史·石显传》的记述中，"辽使索逋人，石显拒不听命，景祖攻之不克"是石显被辽流放的主要原因。《金史·世纪》的记述逻辑是因为石显抗拒景祖乌古乃，乌古乃设计陷害石显，才引发辽朝流放石显，并且将辽追捕逋人与石显抗拒完全作为不相干的两件事来记载。解释这一矛盾的关键是景祖"设诡计"的问题。

《金史·石显传》中"景祖自度不可以力取，遂以诡计取之"一句夹在"辽使曷鲁林牙来索逋人，石显皆拒阻不听命，景祖攻之，不能克"与"乃以石显阻绝海东路请于辽"之间，这里所谓的"诡计"内容没有言明，从后面的"乃"这一连词可知，《金史·石显传》作者的意图是将诡计理解为向辽报告石显阻绝鹰路。但从前句石显拒阻不听辽命，景祖无法攻克一事来看，景祖向辽报告是很正常的程序。"景祖自度不可以力取，遂以诡计取之"似乎与这一叙事逻辑不相合。《金史·石显传》末尾有"盖景祖以计除石显而欲抚有其子与部人也"，一个"盖"字表明此句乃是元朝史官附加评语，是在相信《金史·世纪》"景祖之谋也"的前提下，无法合理地解释辽主将婆诸刊放还本部一事。后来的史实也证明，婆诸刊并没有归附景祖，而是加入反对按出虎集团的战争当中，若将其理解为景祖计谋的一部分似乎有些牵强。景祖乌古乃设诡计的文字在《金史·石显传》的语境下显得突兀，不合常理。

设诡计之事在《金史·世纪》的逻辑中更为通顺，这样才可以合理地将辽派兵索逋逃之民一事与辽流放石显之事的前后关系分离开，并且将石显抗拒景祖乌古乃与辽朝流放石显两件事在逻辑上连接起来。正如前所述，《金史·世纪》B 段的记载是对相关文字改编提炼而成，并非原始文本。所以，可以认定"景祖之诡计"是金朝史臣改写辽代女真先事时，在史实的基础上添加的文字，为了前后理顺，在《金史·石显传》相应部分也插入一句，但与前后记述的行文并不太匹配。

《石显传》中仅提一句"辽使曷鲁林牙来索逋人"，而《金史·世纪》C 段却详尽地记述相关情况。可以认定，金朝史臣在改写最初祖宗旧事的时候，将景祖乌古乃征讨石显的过程分为两个部分，一部相对完整地保存在《金史·石显传》中，部分反映在《金史·世纪》中。本书认为若将《金史·世纪》C 段与《金史·石显传》A 段相结合，会更接近此事的本来面貌，文本如下：

> 是时，辽之边民有逃而归者。及辽以兵徙铁勒、乌惹之民，铁勒、乌惹多不肯徙，亦逃而来归。辽使曷鲁林牙将兵来索逋逃之民。景祖恐辽兵深入，尽得山川道路险易，或将图之，乃以计止之曰："兵若深入，诸部必惊扰，变生不测，逋户亦不可得，非计也。"曷鲁以为然，遂止其军，与曷鲁自行索之。石显皆拒阻不听命，景祖攻之，不能克。乃以石显阻绝海东路请于辽，辽帝使人让之曰："汝何敢阻绝鹰路？审无他意，遣其酋长来。"石显使其长子婆诸刊入朝，曰："不敢违大国之命。"辽人厚赐遣还，谓婆诸刊曰："汝父信无他，宜身自入朝。"石显信之，明年入见于春搜，婆诸刊从。辽主谓石显曰："罪惟在汝，不在汝子。"乃命婆诸刊还，而流石显于边地。

若这一组合的文本成立，则可以认定，景祖乌古乃率兵攻打孩懒水乌林荅部石显，是遵从辽朝追捕逃人的命令进行的。乌古乃欲独自解决,以防止辽军过于深入,但石显的抵抗使其无法完成辽的命令,所以不得不请出辽的势力对石显施压。辽朝并没有彻底将石显所部消灭,而是流放石显,放还婆诸刊,仅达到使孩懒水乌林荅部臣服的目的,以致此后婆诸刊能够聚集势力与按出虎集团继续进行战争。景祖乌古乃企图利用辽朝势力吞并孩懒水乌林荅部的目的没有得逞。金朝史臣在编撰《石显传》的时候,将《祖宗实录》所载事迹拆分为辽追捕逃人与景祖攻打石显两件事,显然是要塑造景祖乌古乃的圣王形象,将石显描绘成拒不臣服的部族首领,辽朝之所以流放石显也是受到景祖乌古乃的欺骗,显示其英明睿智。同时,也能将景祖乌古乃受辽朝驱使的事实掩盖,为尊者避讳。

通过本段整理的史实可以看出,在孩懒水乌林荅集团势力范围内,聚居了大量逃散的铁利、乌惹之民,地区内的族群结构应十分复杂,不是单纯的女真聚居地。这也可以说孩懒水乌林荅集团内部的成分较为复杂,既有完颜部窝忽窝所在的部族,也有非女真的铁利、乌惹的逃民。由于史料缺失,尚无法详细地复原该集团内部结构的具体情况,可以初步认为,在辽重熙年间,即《金史·世纪》中昭祖与景祖时代,牡丹江流域(仆干水)的女真人已经形成了能与辽朝势力抗衡的地区性集团。辽人利用按出虎水完颜部的女真势力来平定牡丹江流域的反抗,以达到政治目的。两个区域间的力量对比仍然受到辽朝的有力影响,按出虎水完颜部则在辽朝控制之下。重熙年间,辽人在东北方向重点经略黑龙江下游的五国部。重熙六年(1037),"诏罢越棘等五国酋帅,以契丹节度使一员领之"[1]。辽能够派遣官员越过女真地区管辖五国部,并派军直接平定五国部叛乱,证明通向五国部的鹰路是在辽稳定控制之下的,地处鹰路要道上的按出虎水(今阿什河)流域也应在辽朝节制之下。昭祖石鲁当为鹰路之上依附于辽的首领之一,所以才被授予惕隐之号。在此之后,五国部多次反抗辽朝的统治,景祖乌古乃的两大主要事迹就是协助辽朝平定五国部。《辽史》中与之相对应的

---

[1]《辽史》卷18《兴宗本纪》,第219页。

·欧·亚·历·史·文·化·文·库·

记述是重熙十七年（1048）"殿前都点检耶律义先为行军都部署,忠顺军节度使夏行美副部署,东北面详稳耶律术者为监军,伐蒲奴里酋陶得里"[1],以及咸雍五年（1069）"五国剖阿里部叛,命萧素飒讨之"[2]。之后,五国部继续频繁向辽朝贡。《金史·世纪》所载五国部叛乱时间是在咸雍八年（1072）,比《辽史》记载的咸雍五年晚了3年,可以认为此时与景祖乌古乃作战的五国部势力属于残余势力,尚不能认定为五国部的主体部分。

《金史·世纪》记载:

> 辽咸雍八年,五国没撚部谢野勃堇畔辽,鹰路不通。景祖伐之,谢野来御。景祖被重铠,率众力战。谢野兵败,走拔里迈泺。时方十月,冰忽解,谢野不能军,众皆溃去。乃旋师。道中遇逋亡,要遮险阻,昼夜拒战,比至部已惫。即往见辽边将达鲁骨,自陈败谢野功。行次来流水,未见达鲁骨,疾作而复,卒于家,年五十四。[3]

从这段史料可以看出,景祖乌古乃对五国部余部的战斗显得很吃力,又在返回过程中受到伏击。很难说在景祖时代,五国部能够听命于按出虎水完颜部,然而,景祖乌古乃因协助辽作战而被封为部族节度使,成为辽的部族官。

既然昭祖石鲁、景祖乌古乃时期的活动都是受辽节制的,那么《金史·世纪》声称"景祖稍役属诸部,自白山、耶悔、统门、耶懒、土骨论之属,以至五国之长,皆听命""其后讪者力屈来降,厚赐遣还。曷懒水有率众降者,录其岁月姓名,即遣去,俾复其故"[4]之类的记载就值得怀疑了。首先,"白山、耶悔、统门、耶懒、土骨论之属"是在景祖乌古乃诸事迹开头提出的。其中所涉及的地名白山即今天的长白山,耶悔在今

---

〔1〕《辽史》卷20《兴宗本纪》,第239页。

〔2〕《辽史》卷22《道宗本纪》,第269页。

〔3〕《金史》卷1《世纪》,第6页。

〔4〕《金史》卷1《世纪》,第4-6页。

吉林延边地区的珲春河与布尔哈通河一带[1]，统门即今天图们江流域，耶懒之地当在今天俄国滨海边疆区的游击队河一带，土骨论尚不能确认今地，但不应距前三地过远。此句与"昭祖耀武至于青岭、白山，顺者抚之，不从者讨伐之，入于苏滨、耶懒之地，所至克捷"一句相呼应，可以看出《金史》作者的意图是想说明经过昭祖与景祖两代经略，使得该地区诸部女真听命于按出虎皇室完颜一族，以后世祖、穆宗与他们进行的战争，都是镇压诸部的"叛乱"。

昭祖与景祖时代是辽圣宗太平元年（1021）至辽道宗咸雍八年（1072）之间，当时的实际情况是辽正在进行对蒲卢毛朵部的经略，并且派兵大批追捕兀惹、铁骊逃人。蒲卢毛朵部分布于今吉林延边海兰河（辽称曷懒河）至今朝鲜半岛咸兴平野之间，即图们江流域至朝鲜半岛东北之间的地域。[2]正与《金史·世纪》所宣称的统门、耶悔、曷懒等地大体相符。关于蒲卢毛朵部最早的记载是辽圣宗太平六年（1026），"蒲卢毛朵部多兀惹户，诏索之"[3]，后来辽兴宗重熙十三年（1044）"遣东京留守耶律侯哂、知黄龙府事耶律欧里斯，将兵攻蒲卢毛朵部"[4]，重熙十五年（1046）"蒲卢毛朵界曷懒河户来附，诏抚之"[5]。重熙十七年（1048），蒲卢毛朵部大王蒲辇以造舟人来献。[6]蒲卢毛朵

---

〔1〕曹廷杰将《金史·世纪》中的"耶悔"写作叶赫，据此认为是叶赫站，即今天开原东叶赫河（参见曹廷杰：《得胜陀瘗碑记》，载于《东三省舆地图说》，影印辽海丛书本，辽沈书社1985年版，第2249页）。此说不可靠。张博泉据《金史》卷121《纳兰绰赤传》查知叶赫地金代称为益海或伊改，并非耶悔（参见张博泉：《金史论稿》第1卷，吉林文史出版社1986年版，第72页），本书从之。《金史》卷1《世纪》载："太祖因致穆宗教统门、浑蠢、耶悔、星显四路及岭东诸部，自今勿复称都部长。"则耶悔路当在浑蠢与星显水附近，即今天吉林延边地区珲春河与布尔哈通河一带。

〔2〕关于蒲卢毛朵部居地大体有三种观点，其一是遵循《吉林通志》卷11的说法，认为在今长白山以北、珲春以西的海兰河［参见〔清〕长顺修，李桂林纂：《吉林通志》卷11《沿革一》，吉林文史出版社1986年影印民国十九年（1930）本，第194页］，其二认为在咸兴平野（〔日〕池内宏：《蒲盧毛朵部について》，载《满鲜地理历史研究报告》第九，东京帝国大学文学部1922年版，第235－242页），其三是综合前两说认为其地在海兰河至咸兴平野之间的地区［参见《〈中国历史地图集〉释文汇编》（东北卷），中央民族学院出版社1988年版，第160页］，本书赞同第三种说法。

〔3〕《辽史》卷17《圣宗本纪》，第199页。

〔4〕《辽史》卷19《兴宗本纪》，第230页。

〔5〕《辽史》卷19《兴宗本纪》，第233页。

〔6〕《辽史》卷20《兴宗本纪》，第238－239页。

部在延边海兰河至朝鲜半岛咸兴平原之间是一个较大的势力,归附辽朝以后被封为大王一级的部族官,与辽东半岛的曷苏馆女真以及鸭绿江女真并称,且该地区方臣服辽不久,无论是昭祖石鲁还是景祖乌古乃,都没有能力到这样的地区耀武的。

《金史·世纪》很有可能将《金史·冶诃传》中"冶诃系出景祖,居神隐水完颜部,为其部勃堇。与同部人把里勃堇,斡泥水蒲察部胡都化勃堇、厮都勃堇,泰神忒保水完颜部安团勃堇,统门水温迪痕部活里盖勃堇,俱来归,金之为国,自此益大"[1]的记述进行了发挥阐述。至于昭祖石鲁能够耀武于青岭、白山,以及景祖使白山诸部听命,也是值得怀疑。因为当时辽在长白山地区正处于强势状态,所以,从今阿什河长途跋涉侵入长白山区是不太可能的,较为合理的解释是昭祖石鲁率众进军东南部地区是为辽朝服务。景祖乌古乃能够使白山诸部听命的记载,与"统门、耶悔、土骨论之属"一样,皆是金朝史臣对先祖事迹的夸大与粉饰。

综观之,辽圣宗太平元年(1021)至辽道宗咸雍八年(1072)这一时段,正值辽对东北方面的五国部,以及东南方向的鸭绿江上游、图们江流域进行经略之时。其中由黄龙府通往五国部的东流松花江沿线,即鹰路,由辽东北路统军司下辖诸机构进行节制。这期间辽人多次直接派遣军队深入松花江下游进行征讨,驱遣鹰路沿线女真部族官协助讨伐,景祖乌古乃对五国部的战争即是一例。从《金史·世纪》可以看到,在牡丹江流域已有被辽封为"太弯"级别的女真部族官,这种级别女真酋长的势力规模应大于景祖乌古乃部族节度使。同时,因辽人对蒲卢毛朵部等鸭绿江上源进行经略,在朝鲜半岛北部出现带有大完(太弯)、太史(太师)身份的女真人。除《辽史》所载蒲卢毛朵大王府以外,《高丽史》中也记录了朝鲜半岛北部的女真部族官。高丽德宗二年(1033)有"契丹大师古省奂"[2],靖宗二年(1036)有"东北女真首领

---

〔1〕《金史》卷 68《冶诃传》,第 1595 页。

〔2〕〔朝鲜〕郑麟趾等:《高丽史》卷 5《德宗世家》,"德宗二年二月壬寅"条,国书刊行会 1908 年版,第 77 页。

太史阿道闲……有司言太史契丹职名也"[1]，再如文宗二十七年（1073）"平虏镇近境骨于夫及觅害村要结等告云：'我等曾居伊齐村为契丹大完……所居去此（觅害村）四百里'。"[2]伊齐村位于高丽平虏镇近境，平虏镇即今朝鲜宁远以北的大同江水源地[3]，该地区已有多个与景祖乌古乃级别相同或者大于其势力的女真集团归附于辽。

在辽强势控制时期，不同流域的女真部族政治性互动完全是受辽控制，某一强势部族如孩懒水乌林苔部的扩张若超出辽的许可，会受到辽授意的其他女真属部征讨。正如程尼娜所言，生女真区域的属国、属部享有对内的自主权，对辽的臣属关系主要表现为辽纳贡，协助辽经略鹰路[4]当然这种观点主要是以按出虎皇室完颜一族为例进行说明的，鹰路的经略属于黄龙府兵马都部署司的管辖范围，至于鸭绿江上游及以东地区则归东京统军司经略[5]经略鹰路只是其中一例，可以认为生女真地区属国、属部的义务之一是协助辽军平定不服从辽统治的女真部族。

因此这一时期生女真区域政治结构的基本框架为：辽东京统军司/东北路统军司—女真部族官—女真部族，其中对女真社会而言，辽代封官系统比女真酋长的孛堇身份更为强势。所以，昭祖至景祖时期，按出虎皇室完颜一族尚无法对牡丹江（仆干水）、朝鲜半岛北部的海兰江（曷懒水）、长白山（白山）诸地域建立起有效的节制关系，只能在辽的授意之下与这些地区的女真人发生联系，至于所谓景祖时期的"生女真部落联盟"，在辽强盛经略时期是不可能存在的。直至辽后期，对生女真地区控制力度减弱，按出虎水完颜部逐渐利用其掌控鹰路的特殊地位，游走于辽人与其他区域的女真部族之间，兼并各区域的女真势力，才在 11 世纪末形成统一的政治体。

---

〔1〕〔朝鲜〕郑麟趾等：《高丽史》卷5《靖宗世家》，"靖宗二年四月乙丑"条，第82页。

〔2〕〔朝鲜〕郑麟趾等：《高丽史》卷9《文宗世家》，"文宗二十七年五月"条，第128页。

〔3〕〔日〕津田左右吉：《朝鲜歷史地理》第二卷，南滿洲鐵道株式會社1913年版，第47页。

〔4〕程尼娜：《辽代女真属国、属部研究》，第87页。

〔5〕林荣贵：《辽朝经营与开发北疆》，中国社会科学出版社1995年版，第118－120页。

# 4.3 按出虎集团区域扩张
## 与辽属部体制的瓦解

按出虎水完颜部对生女真诸部的大规模征服战争主要是从劾里钵时期开始,一直延续至穆宗盈歌,即辽咸雍十年(1074)至乾统三年(1103)之间。扩张过程又可以分为两个阶段,第一阶段主要是征服南部婆多吐水完颜部集团、东部阿跋斯水乌春集团以及北部活剌浑水纥石烈部腊醅、麻产三大集团的征服活动。此后,按出虎水完颜部集团的控制范围已经涵盖了北至活剌浑之地(今黑龙江呼兰河流域),东至阿跋斯水(今敦化境内牡丹江上源)以东的广大地区。第二阶段是穆宗盈歌时期,按出虎水完颜部通过阿跋斯水直接向长白山腹地的统门水流域(今图们江)扩张,康宗乌雅束时期对曷懒甸的征服可以看作是这一扩张势头的延续。

按出虎水完颜部集团对周边的婆多吐水完颜部集团、阿跋斯水乌春集团,以及活剌浑水纥石烈集团的征服是在世祖劾里钵、肃宗颇剌淑时期完成的。其中婆多吐水完颜桓赧、散达与劾里钵在辽大安七年(1091)进行决战,"桓赧、散达自此不能复聚,未几,各以其属来降"[1]。次年,即大安八年(1092),劾里钵又进军乌春居地。

> 世祖使欢都为都统,破乌春、窝谋罕于斜堆,故石、跋石皆就擒。世祖自将过乌纪岭,至窝谋海村,胡论加古部胜昆勃董居,乌延部富者郭靸请分一军由所部伐乌春,盖以所部与乌春近,欲以自蔽故也。乃使斜列、跃盘以支军道其所居,世祖自将大军与欢都合。至阿不塞水(阿跋斯水),岭东诸部皆会,石土门亦以所部兵来[2]

斜堆在今天吉林蛟河市与新站镇、前进乡间的三角地,欢都所部

---

〔1〕《金史》卷1《世纪》,第9页。
〔2〕《金史》卷67《乌春传》,第1579-1580页。

在击溃斜堆敌人后,应顺势通过斜寸岭东向进击乌春集团中心[1],即由今天蛟河向敦化北部行军。世祖劾里钵翻越乌纪岭(今张广才岭海浪河河源地)[2],沿今牡丹江溯流而上进至敦化北部,路线是从今黑龙江海林南下至敦化。两方汇合点就是窝谋罕城,即今天敦化额穆镇东南的黑石乡。[3] 劾里钵越岭后至窝谋海村,该村为胡论加古部胜昆孛堇居地,胡论加古部是今天霍伦河上游的部族[4],该地亦有胡论岭(今黑龙江五常凤凰山,《金史》或称斜寸岭)[5],则该加古部应居于凤凰山之东,且其地称窝谋海,应在今镜泊湖与凤凰山之间,临近乌春居地阿跋斯水。"乌延部富者郭赧"即"蝉春水乌延部富者郭赧"[6],蝉春水又称潺春水,其地是今延边地区的嘎呀河[7],一说为今海兰河[8]。其驻地与窝谋海村隔着哈尔巴岭,且《金史·乌春传》又称"斜列至斜寸水,用郭赧计,取先在乌春军者二十二人。乌春军觉之,杀二人,余二十人皆得之,益以土军来助"[9]。蝉春水乌延部郭赧是在远离其居地的斜寸水(吉林蛟河境内之蛟河)[10]协助斜列作战,他应是受乌春节制的附属部族之一,遇到劾里钵之军则站到按出虎集团一边。这场战争中,劾里钵的势力占据压倒优势,所以"岭东诸部皆会",原来属于乌春集团势力范围的部族皆服从于劾里钵之军。

---

[1]此条路线即乌春进攻按出虎时的交通道。"后数年,乌春举兵来战,道斜寸岭,涉活论、来流水。"(《金史》卷67《乌春传》,第1578页)

[2]中华书局点校本《金史》校勘记认为"乌"即"马"(《金史》卷67《乌春传》,第1589页)。关于海浪河与马纪岭的关系参见前述对孩懒水乌林荅部位置的探讨。

[3]谭其骧主编,张锡彤等编:《〈中国历史地图集〉释文汇编》(东北卷),第180页。

[4]"和伦(原作胡论)水瓜尔佳部(加古部),和伦即今霍伦川,在五常厅境"(〔清〕长顺等修:《吉林通志》卷11《沿革二》,第197页)

[5]"穆宗自马纪岭出兵攻之,撒改自胡论岭往略,定潺春星显两路。"(《金史》卷67《阿疎传》,第1585页)松井等认为胡论岭为活龙岭(今霍伦河)河源地(〔日〕松井等:《満洲に於ける金の彊域》,载《満洲歴史地理》,南満洲鐡道株式會社1913年版,第214页)。

[6]《金史》卷65《始祖以下诸子传》,第1539页。

[7]松井等认为潺春为《东国舆地胜览》中的先春岭,潺春水即今天的嘎呀河,星显水为布尔哈图河,曷懒水为海兰河(〔日〕松井等:《満洲に於ける金の彊域》,第181页)。

[8]〔日〕池内宏:《完顔氏の曷懶甸經略と尹瓘の九城の役》,载《満鮮地理歴史研究報告》第九,東京帝國大學文學部1922年版,第186-187页。

[9]《金史》卷67《乌春传》,第1580页。

[10]谭其骧主编,张锡彤等编:《〈中国历史地图集〉释文汇编》(东北卷),第182页。

不仅如此,耶懒路完颜部石土门所部亦来会,《金史·乌延蒲离黑传》称"乌延蒲离黑,速频路哲特猛安人……祖思列,预平乌春、窝谋罕之乱"[1],速频路即恤品路,《金史·世纪》之苏滨水,在今绥芬河附近,与耶懒水相邻。《金史·石土门传》:"石土门因招谕诸部,使附于世祖,世祖嘉之。后伐乌春、窝谋罕及钝恩、狄库德等,皆以所部从战,有功。"[2]可知,在劾里钵进攻岭东诸部前,耶懒水完颜部就已经在苏滨水、耶懒水一带成为地域性集团,劾里钵领兵东进时,与耶懒水完颜部联兵。这等于按出虎集团的势力范围由阿跋斯水(今牡丹江上源)向东延伸到苏滨、耶懒之地。

劾里钵的扩张行动是在辽属部体制内完成的。在窝谋罕助姑里甸之兵时,辽即遣使问罪,表明乌春、窝谋罕都属于辽的部族官,并接受辽的命令。劾里钵进攻窝谋罕城的时候,"窝谋罕闻知世祖来伐,诉于辽人,乞与和解。使者已至其家,世祖军至,窝谋罕请缓师,尽以前所纳亡人归之……辽使恶其无信,不复为主和,乃进军围之"[3]。女真求援于辽人的情况亦见于劾里钵与桓赧、散达对阵时,劾里钵先遣肃宗颇剌淑至辽求救,并告诉穆宗盈歌"汝今介马遥观,勿预战事……亟驰马奔告汝兄颇剌淑,于辽系籍受印,乞师以报此仇"[4]。从劾里钵与窝谋罕求救于辽的事件可知,辽对臣服的生女真部族又以保护者和最高仲裁者的身份出现。《金史·世纪》中多有辽使的身影出现,劾里钵兄弟正是以生女真部族节度使的身份,并利用辽使的权威,达到扩张的目的。[5]就围攻窝谋罕城一事,劾里钵在得知"辽使恶其无信,不复为主和"后才进军攻城,城破后,劾里钵处理战俘时,辽使亦在座,表明劾里钵对牡丹江流域的征服,最后获得辽人的承认。

此外,劾里钵作为按出虎水的部族节度使,主要任务是保障鹰路

---

〔1〕《金史》卷86《乌延蒲离黑传》,第1919页。

〔2〕《金史》卷70《石土门传》,第1622页。

〔3〕《金史》卷67《乌春传》,第1580页。

〔4〕《金史》卷1《世纪》,第8—9页。

〔5〕"凡有辽事,一切委之肃宗专心焉……是以所诉无不如意。"(《金史》卷1《世纪》,第11页)

畅通。所以,与诸集团对抗时往往以鹰路为由借用辽的力量打压对手,这其中较为典型的例子是征服活剌浑水纥石烈部集团。活剌浑水纥石烈部腊醅、麻产集团,其地位于今天黑龙江呼兰至铁力间的呼兰河地区[1]。"及乌春、窝谋罕等为难,故腊醅兄弟乘此际结陶温水之民,浸不可制。"[2]陶温水为今黑龙江汤旺河,流经青岭与黑山之间,在汤原入松花江。穆宗时,"会陶温水、徒笼古水纥石烈部阿阁版及石鲁阻五国鹰路,执杀辽捕鹰使者","令主隈、秃答两水之民阳为阻绝鹰路……(辽)命穆宗讨阻绝鹰路者……穆宗声言平鹰路,畋于土温水而归"[3]。可知,陶温水是辽鹰路上的重要交通枢纽,直接影响到辽对五国部地区的控制程度。从穆宗时期的记载可以看出陶温水之民的力量十分强大,与活剌浑水的腊醅、麻产结约足可以打乱原有的秩序。

劾里钵与腊醅、麻产的第一次正面交锋是野鹊水之战,"世祖突阵力战,中四创,不能军"[4],或称"纥石烈腊醅、麻产与世祖战于野鹊水。世祖中四创,军败"[5]。同年,腊醅、麻产"使其徒旧贼秃罕及驼朵剽取户鲁不添牧马四百,及富者粘罕之马合七百余匹,过青岭东,与乌春、窝谋罕交结。世祖自将伐之,腊醅等伪降,还军"[6]。《金史·世纪》则称"腊醅等复略穆宗牧马,交结诸部"[7],可知,穆宗牧马地在户鲁不泊。

在腊醅伪降劾里钵后,"窝谋罕以姑里甸兵百有十七人助之。腊醅据暮棱水,保固险阻,石显子婆诸刊亦往从之。世祖率兵围之,克其军,麻产遁去,遂擒腊醅及婆诸刊,皆献之辽"[8]。姑里甸在乌春所部

〔1〕谭其骧主编,张锡彤等编:《〈中国历史地图集〉释文汇编》(东北卷),第183页。

〔2〕《金史》卷67《腊醅、麻产传》,第1581页。

〔3〕《金史》卷1《世纪》,第13-14页。

〔4〕《金史》卷67《腊醅、麻产传》,第1581页。

〔5〕《金史》卷67《乌春传》,第1579页。

〔6〕《金史》卷67《腊醅、麻产传》,第1581页。

〔7〕《金史》卷1《世纪》,第9页。

〔8〕《金史》卷67《腊醅、麻产传》,第1582页。

以北之地[1]，暮稜水即今天吉林五常牤牛河，腊醅在被劾里钵击败一次后，迁徙至松花江以南，即依附于乌春集团。"世祖擒腊醅献于辽主，并言乌春助兵之状，仍以不修鹰道罪之。辽主使人至乌春问状，乌春惧。"[2]劾里钵擒腊醅之地已远离鹰路，腊醅恐怕早已获罪于辽，而成为征讨的对象。而乌春面对辽的压力，不得不否认与腊醅、麻产势力的联系，可见劾里钵以经略鹰路为名，亦迫使乌春集团对其进行妥协。

之后麻产逃跑，"据直屋铠水……恃陶温水民为之助"[3]，麻产在失败后又回到陶温水附近，《金史·乌春传》在斜钵经略暮稜水失败的记事后称"世祖治鹰道还"[4]，应是讨伐麻产、陶温水之民。劾里钵去世后，肃宗颇剌淑"遣康宗伐之。太祖别军取麻产家属，锜釜无遗。既获麻产，杀之，献馘于辽。陶温水民来附"[5]，"辽命太祖为详稳，仍命穆宗、辞不失、欢都皆为详稳"[6]。

由以上梳理可见，活剌浑水纥石烈部腊醅、麻产与陶温水之民阻绝鹰路，作为其临近区域的部族节度使，劾里钵对其征讨当然具有合法性。所以，在最终平定腊醅、麻产后，相关人员皆获得详稳的头衔。最终结果是辽表面上重新恢复了鹰路的畅通，实则是按出虎集团完成了对松花江北岸相关部族的征服，将其纳入自身的控制范围之内，这是按出虎集团以辽部族官的身份为依托，进行对外扩张最典型的事例。同时，劾里钵对阿跋斯水（今牡丹江上源）以东地区的扩张则巧妙地利用辽使与窝谋罕所部关系的破裂，诱使辽人承认按出虎集团对该流域的占领。

综观之，按出虎集团在区域扩张时，利用辽部族官体系的方式有两种：一种是以平定鹰路为由，对鹰路沿线相关部族进行打击。一种是

---

〔1〕今黑龙江宁安至沙兰站之间的平原［谭其骧主编，张锡彤等编：《〈中国历史地图集〉释文汇编》（东北卷），第184页］。

〔2〕《金史》卷67《乌春传》，第1579页。

〔3〕《金史》卷67《腊醅、麻产传》，第1582页。

〔4〕《金史》卷67《乌春传》，第1579页。

〔5〕《金史》卷1《世纪》，第12页。

〔6〕《金史》卷2《太祖本纪》，第20页。

对同受辽人节制的女真部族,采取欺骗辽朝或者挑拨其与辽朝关系的方式。围攻窝谋罕城应属于第二种方式,但更为典型的是穆宗时期对图们江及朝鲜半岛方向的扩张。

穆宗盈歌在继承劾里钵所征服的地区同时,沿着阿跋斯水地区的交通线南下,继续经略统门水流域(今图们江)的统门、浑蠢、星显诸路。《金史·世纪》认为此事的起因是"(穆宗)三年……星显水纥石烈部阿疎、毛睹禄阻兵为难"[1],才引发按出虎水完颜部集团的进攻。此后以星显水为中心,按出虎水完颜部集团又对阿里民忒石水纥石烈部,以及统门、浑蠢、苏滨水诸部进行征讨。《金史》对时间等细节上记述得不是十分清楚,据池内宏考证,穆宗盈歌出兵进攻阿疎,与撒改分兵两路,其路线大体与劾里钵经略乌春部时相同,即由海浪河进至牡丹江,之后则由黑龙江宁安翻越哈尔巴岭,从嘎呀河顺流而下至阿疎城。撒改则从今凤凰山一带出击,沿着欢都的行军路线进至敦化,翻越哈尔巴岭南部进入布尔哈图河上源(星显水)。盈歌直捣阿疎城,撒改则经略钝恩城等边地城堡。因辽人的干预,按出虎水完颜部不得不在穆宗四年(辽道宗寿隆三年,1097)对阿疎城进行长期围困,在围城期间,撒改、谩都诃、石土门所部平定统门、浑蠢、苏滨水诸部。最后穆宗七年攻破阿疎城,完成对该地区的征服过程。[2] 这场扩张行动从穆宗四年开始至七年(辽道宗寿隆六年,1100)结束,共进行4年左右。

当时统门水流域主要由星显、潺蠢、浑蠢、统门四水之人构成,其北、西以长白山脉为界与牡丹江和松花江两大流域相区隔[3],南至乙

---

〔1〕《金史》卷1《世纪》,第13页。

〔2〕关于盈歌经略图们江流域的研究,参见〔日〕池内宏:《完颜氏の曷懒甸經畧と尹瓘の九城の役》,第181—193页。池内宏将胡论岭比定在哈尔巴岭,马纪岭在黑龙江老爷岭,阿茶桧水比定在嘎呀河。本书讨论劾里钵进军路线时认为胡论岭为张广才岭南段霍伦河河源,马纪岭为张广才岭海浪河河源,与池内宏有别。

〔3〕黑龙江之老爷岭以及哈尔巴岭皆是长白山脉之一部分。

·欧·亚·历·史·文·化·文·库·

离骨岭之北[1]，形成相对封闭的区域。辽于该地附近有蒲卢毛朵部大王府[2]，辽寿隆三年（穆宗四年，1097）"八月己亥，蒲卢毛朵部长率其民来归"[3]。《金史·阿疎传》："阿疎闻穆宗来，与其弟狄故保往诉于辽。辽人来止勿攻。穆宗不得已，留劾者勃堇守阿疎城而归。"[4]《金史·辈鲁传》亦称"穆宗四年伐阿疎。阿疎走辽。辽使使来止伐阿疎军。穆宗阳受辽帝约束，先归国，留劾者守阿疎城"[5]。阿疎与其弟走辽的时间也是辽寿隆三年（穆宗四年，1097），正是蒲卢毛朵部长率其民来归的时间。宋人亦有关于阿疎事的记载，"有赵三、阿鹘产大王者拒之不从，阿骨打虏其家，二人诉咸州详稳司"，后来金辽谈判时，金人亦提出杨朴10项条件，最后一条就是"送还女真阿骨产、赵三大王"[6]。这里阿骨产（阿鹘产）、赵三就是阿疎诉辽一行人，皆称大王，联系《辽史》之记载可知，阿疎应为蒲卢毛朵部之大王级别的酋长。"阿疎既为勃堇，尝与徒单部诈都勃堇争长，肃宗治之，乃长阿疎。"[7]徒单部诈都即"浑蠢水安春之忽沙浑之子"[8]，则统门、浑蠢水的部族集团应受星显水纥石烈部节制，作为当时地位高于颇剌淑的蒲卢毛朵部集团，其内部事务似乎不可能由"肃宗治之"。纥石烈部阿疎亦有直属领域，《金史·撒改传》："撒改行次阿不塞水，乌延部斜勒勃堇来谒，

---

〔1〕《金史·高丽传》："康宗嗣，遣石适欢以星显统门之兵往至乙离骨岭，益募兵趋活涅水，徇地曷懒甸。"（《金史》卷135《高丽传》，第2882页）可知乙离骨岭是曷懒甸地区与星显统门等四水地区的分界线。津田左右吉据《金史·地理志》"有移鹿古水，西北至上京一千八百里，东南至高丽界五百里"所载里程推算，其地在今朝鲜咸镜北道吉州西的摩天岭（津田左右吉：《朝鲜历史地理》第二卷，第115－116页）。

〔2〕〔清〕长顺修，李桂林纂：《吉林通志》卷11《沿革志二》，第194页。

〔3〕《辽史》卷26《道宗本纪》，第310页。

〔4〕《金史》卷67《阿疎传》，第1585页。

〔5〕《金史》卷65《始祖以下诸子传》，第1538页。

〔6〕〔宋〕刘忠恕：《裔夷谋夏录》，静嘉堂文库本，第8页a面，第18页b面。

〔7〕《金史》卷67《阿疎传》，第1585页。

〔8〕"安春之忽沙浑之子也"，百衲本、南北监本、殿本皆同。施国祁以为"九字当删，作安春之子也"，中华书局点校本《金史》亦以为"忽沙浑之"四字衍，迳删。按《金史》卷104、121有"按春猛安"，"安春"即"按春"，作地名。又上文有"留可，统门、浑蠢水合流之地乌古论部人忽沙浑勃堇之子"，可证浑蠢水地区有两位酋长同名为忽沙浑，此处在人名前加地名以示区别。诸本无误，从百衲本行文。参见《金史》卷67《留可传》，影印百衲本，台湾商务印书馆2010年版，第659页。

谓撒改曰：'闻国相将与太师会军阿疏城下，此为深入必取之策，宜先抚定潺蠢、星显之路，落其党附，夺其民人，然后合军未晚也。'撒改从之，攻钝恩城，请济师，穆宗与之，撒改遂攻下钝恩城，而与穆宗来会阿疏城下。"[1]可知，潺蠢、星显两路的部族，包括钝恩城都为纥石烈部阿疏的领地。

　　按出虎水完颜部集团攻击在辽属部体制中占有重要位置的部族集团，辽人自然要进行干预，见于《金史》者有三次。第一次是盈歌在辽寿隆三年（1097）初攻阿疏城时，被迫撤兵，但留劾者屯兵阿疏城附近。第二次是辽寿隆六年（1100）辽使来命罢兵，盈歌命令劾者"易衣服旗帜与阿疏城中同色，使辽使不可辨"，又遣蒲察部胡鲁孛堇、邈逊孛堇作为按出虎集团的代表陪同辽使前往劾者军中，这样就造出星显水纥石烈部集团内部纠纷的假象，智退辽使。第三次亦在当年，辽人发现真相后，遣奚节度使乙烈向盈歌传令，"凡攻城所获，存者复与之，不存者备偿……穆宗与僚佐谋曰：'若偿阿疏，则诸部不复可号令任使也。'乃令主隈、秃答两水之民阳为阻绝鹰路，复使鳖故德部节度使言于辽曰：'欲开鹰路，非生女直节度使不可。'辽不知其为穆宗谋也，信之，命穆宗讨阻绝鹰路者，而阿疏城事遂止"[2]。

　　从这三次记载可知，按出虎集团表面听从辽的命令，实际上采取欺骗的措施应对辽的质询，并在欺骗失效的情况下，直接以鹰路为由向辽施压。即将鹰路节度使的身份与欺骗手段相结合，扫除扩张过程中来自辽朝方面的阻碍。盈歌的措施之所以成功，是因为按出虎集团的势力庞大，完全可以号令诸部。虽然主隈、秃答以及鳖故德部在阿骨打时期才被征服[3]，但当时他们将盈歌的权威置于辽朝中央政府之上。鳖故德部在辽的封官体系内与盈歌平等，皆为节度使，而在实际运作中听从盈歌的号令，亦表明辽的属部体系的有效力已经下降到女真自身权力等级之下。

　　〔1〕《金史》卷70《撒改传》，第1613－1614页。
　　〔2〕本段事迹与引文参见《金史》卷1《世纪》，第14页。
　　〔3〕参见《金史》卷2《太祖本纪》，第32、34、35页。

这与景祖乌古乃时期的状况形成鲜明对比,当时辽可以在五国地区直接派遣节度使而不是任命当地部族酋长管理五国地区,且能在孩懒水、统门水各部族内追捕逃人,封册属国、属部官员。但在劾里钵时期以后,天平逐渐向按出虎水完颜部集团一侧倾斜,劾里钵、盈歌等人利用其地处鹰路要道,频繁地利用其节度使身份进行扩张,并打击诸多辽属国、属部,逐步将其控制区域延伸到统门、苏滨水(今绥芬河)等流域。对于这种公然的行为,辽在不断地默认或者妥协,这代表辽对东北地区族群的控制已经力不从心。有两个事例可以明确地反映出来。其一,陶温水、徒笼古水诸部阻五国鹰路并杀辽捕鹰使者。辽命穆宗盈歌讨伐,并救出幸存使者[1] 其二,萧海里叛变,令北面林牙郝家奴捕之,萧海里亡入陪术水阿典部,次月,郝家奴以不获萧海里免官[2] 从这两例可以认为,辽军无力像辽圣宗、兴宗时期那样深入女真地区对反叛诸部进行讨伐了。没有军事威慑作为后盾,其在东北的权力空间自然会被呈上升态势的按出虎集团所取代。

综上所述,从世祖劾里钵至穆宗盈歌时期,先后对阿跋斯水乌春集团和活剌浑水纥石烈腊醅、麻产集团,以及统门水流域的阿疎集团进行征服战争,取得了这些地区的控制权。按出虎水集团的控制范围"东南至于乙离骨、曷懒、耶懒、吐骨论,东北至于五国、主隈、秃答"[3]。这一范围大致包括今牡丹江流域、呼兰河流域、图们江流域,以及绥芬河流域的周边地区。在这一系列的征服过程中,按出虎集团或利用辽人的部族节度使身份,或对辽人进行欺骗,逐步破坏了辽人在东北的属部体制,这背后的深层原因则是辽人与女真部族势力的此消彼长。按出虎水完颜部的权威逐渐取代辽中央政府的权威,而凌驾于生女真诸部族之上。

---

〔1〕此事详见《金史》卷1《世纪》,第13页。
〔2〕参见《辽史》卷27《天祚帝本纪》,"乾统二年冬十月、十一月"条,第319页。
〔3〕《金史》卷1《世纪》,第15页。

## 4.4　生女真政治体的基本结构

穆宗盈歌时期，按出虎水完颜部兼并其他生女真部族，形成统一的生女真政治体。学界已经意识到此时的女真社会具有地缘性复杂社会结构，但对《金史·世纪》及其相关传记的释读仍有不同意见。一种看法认为血缘关系仍在政治活动中发挥作用，所以生女真政治体应是部落社会范畴内的军事大联盟或者酋邦，政治体内部存在具有职能的部落官属。[1] 另一种看法则根据《金史·世纪》中景祖乌古乃的"官属"，以及穆宗盈歌时期的"号令统一"等语汇，认定生女真存在统一的官署机构，盈歌时期生女真政治体具备国家的基本要素，但因社会内部还存在氏族残余，所以是不成熟的国家。[2] 两种学说都关注到生女真社会中的血缘、地缘、上层建筑等几个方面的基本要素，但根据相同的文献信息却得出相反的结论。究其原因，实为多数学者在释读文献过程中仅抓住个别字句简单比附经典作家的理论概念，并没有解答上述基本要素如何构成社会的基本结构。事实上，无论是部落社会，还是国家，都存在血缘、地缘性的组织，关键是要确认哪种社会关系在政治体发育中起到主要作用。所以，在理论阐释上又仅凭一个或两个要素存在的证据，无法判定生女真政治体的基本特性。

本节仅从穆宗盈歌时期按出虎水完颜部与其他部族的实际政治关系入手，探讨此时生女真政治体的基本特征，至于核心部的政治体制需要另行研究。

---

〔1〕参见陶晋生：《金代的政治结构》，载《历史语言研究所集刊》第41本第4分册，1969年；张博泉：《金史简编》，辽宁人民出版社1984年版，第37-43页；王可宾：《女真人从血缘组织到地缘组织的演变》，载陈述主编《辽金史论集》（第2辑），书目文献出版社1987年版，第211-225页；何俊哲等著：《金朝史》，中国社会科学出版社1992年版，第38-39页；谢维扬：《中国早期国家》，浙江人民出版社1995年版，第520页。

〔2〕参见华山、王赓唐：《略说女真氏族制度的解体和国家的形成》，载《文史哲》1956年第6期；韩茂宗：《阿骨打建国前女真族的社会形态》，载《宋辽金史论丛》（第1辑），中华书局1985年版；孙进己等著：《女真史》，第50页。

·欧·亚·历·史·文·化·文·库·

### 4.4.1 生女真的核心部与直属部

按出虎水完颜部对其他地区部族进行控制的主要方式是军事打击与政治支配,两种手段的效能在古代社会是完全不同的。迈克尔·曼曾指出古代社会军事征服的成功是通过集中兵力在几个点上取得成功,军事权力能够直接控制的只有其侧后区域,并使行军沿途无法逃走的人在形式上暂时归顺。军事权力能够直接影响的范围与后勤补给的最大区域成正比,一旦军队退却,被征服地区可能重新归于独立。所以,军事征服的范围往往要大于稳固政治支配的区域。[1] 笔者已经证明生女真社会的兼并战争过程中存在迈克尔·曼提出的现象[2],故可将按出虎水完颜部的领地范围划分为存在牢固政治支配的核心部,以及直属军事力量所能影响的最大范围为边缘区。穆宗盈歌之前的世祖劾里钵最为重要的举措就是在苏素海甸构筑城寨,直接派员实行领土控制,即"城苏素海甸以据之"[3]。城寨是女真人的军事防御设施,亦是其军事组织谋克的有效载体,劾里钵将这种城寨建在新征服的战略要地,其间必然存在从按出虎水向该地区的军事移民,于该地长期驻守,这就将原来的边缘区变成能够有效控制的直属区了。

在被占领区驻守军事力量,将核心部的军事威慑长期留驻在被占领地,亦见于世祖劾里钵对暮稜水(今拉林河支流牤牛河)的经略。劾里钵在击败纥石烈部腊醅、麻产兄弟后,遣斜钵抚定暮稜水之部族,"斜钵不能训齐其人,蒲察部故石、跋石等诱三百余人入城,尽陷之。世祖治鹰道还,斜列来告,世祖使欢都为都统,破乌春、窝谋罕于斜堆,故石、跋石皆就擒。"[4]《金史·欢都传》:"欢都为都统,往治斜钵失军

---

〔1〕相关论述参见 Michael Mann, *The Sources of Social Power: A History of Power from the Beginning to A.D. 1760*, Cambridge University Press, 1986, pp. 137 – 146.

〔2〕参见拙文:《女真建国前社会组织研究》,吉林大学 2011 年博士毕业论文。

〔3〕《金史》卷 67《乌春传》,第 1579 页。

〔4〕《金史》卷 67《乌春传》,第 1579 页。《〈中国历史地图集〉释文汇编》(东北卷)称斜堆为今吉林蛟河县城与新站镇、前进乡间的三角地,斜堆甸亦为此地[《〈中国历史地图集〉释文汇编》(东北卷),第 184 页],斜堆应为山名,斜堆甸应属于平地,所以本书认为斜堆应为其附近老爷岭。

之状,尽解斜钵所将军,大破乌春、窝谋罕于斜堆,擒故石、拔石。"[1]斜钵作为派驻之军事首领,并没有完成对暮稜水的有效控制,劾里钵派遣欢都进行经略。从"大破乌春、窝谋罕于斜堆"来看,欢都绝不仅仅是"尽解斜钵所将军",而是率核心部主力来平定暮稜水斜堆附近的反抗。

其次,雅达澜七水集团与暮稜水、苏素海甸被征服的状况不同,是在长期的发展中自然成为按出虎水完颜部的直属区域的。"(雅达澜酋长娄室)祖洽鲁直……以财雄乡里。枝属浸蕃,乃择广土徙雅挞濑水(雅达澜水)。拿邻、麻吉等七水之人皆附丽焉。父白答……事世祖为七水部长。时乌蠢谋寇乱者构为凶恶,金紫公与同部人阿库德协心一力拒之,以附世祖。"[2]拿邻即拉林,雅达澜水临近今拉林河流域,白达与阿库德的居地当在乌春的行军路线上,其地应在拉林河上游附近。乌春进攻时,阿库德、白达(白答)坚壁自守,对乌春采取不合作的态度,但并没有直接出兵支援劾里钵所部[3]。辽道宗寿隆四年(1098)"(娄室)年二十一,代父白答为七水部长","阿拍、留可、蒲余罕等相继逆命,王(娄室)从之征,屡立战功受赏"[4]。撒改伐留可即在辽寿隆四年,娄室"代父为七水部长"实际上应指娄室统帅七水之军跟随撒改参与对留可诸部的战争。类似用法亦见于《金史·石土门传》,"太祖入燕京,迪古乃出德胜口,以代石土门为耶懒路都勃堇"[5]。当时石土门居留金源上京,迪古乃随太祖出征,担任耶懒路部队的最高统帅,故称"代",娄室之例应同理。

娄室21岁率领七水之兵跟随撒改等人征讨留可,随后又参与平定萧海里之乱,以及与高丽进行曷懒甸之战。可见以雅达澜水完颜部为首的七水之民由"坚守自保"对劾里钵形成支持,到穆宗时期以娄室为

---

〔1〕《金史》卷68《欢都传》,第1593页。

〔2〕张中澍校注:《完颜娄室神道碑校注》,载李澍田主编《金碑汇释》,吉林文史出版社1989年版,第6页。

〔3〕详情参见《金史》卷65《始祖以下诸子传》,第1539页。

〔4〕张中澍校注:《完颜娄室神道碑校注》,第7页。

〔5〕《金史》卷70《石土门传》,第1623页。

代表的七水集团成为按出虎集团军事力量的重要组成部分。整体趋势是由异地集团逐渐融合为同一集团,雅达澜七水集团逐步演化成完颜部直属区的一部分。

与暮稜水、苏素海甸不同,雅达澜水七水集团原来就与按出虎完颜部存在密切关系,因此完颜娄室等人保留了对其部众的领导权。娄室"收国元年,擢授猛安。奉命总督银术可、蒙刮、麻吉等往平系辽籍女直诸部"[1]。时间是在雅达澜水人徙屯黄龙府之前,"太祖取黄龙府……(天辅二年)仍合诸路谋克,命娄室为万户,守黄龙府"[2]。娄室之子活女等人多袭其父之猛安"合扎奥吉猛安",又称"亲管奥吉猛安"[3]。张博泉认为奥吉猛安旧籍在雅达澜水。[4] 娄室对其部众的领导权后来演变成亲管猛安而被其子世袭,正是金朝对其地位的承认。

综观之,按出虎水流域南部的来流水(拉林河)中上游、暮稜水(牤牛河),以及今苏素海甸(蚂蜒河流域)在穆宗盈歌时期完全成为按出虎完颜部的直属区。其中七水集团娄室亦称"七水诸部长"[5],按照《金史》逻辑或可称为"雅达澜都孛堇",该集团因历史因素,其酋长对部众的统属关系得以保留,但其身份已转化为按出虎核心部的附属酋长。其他两个地域应受到核心部派驻人员的支配或监督,较对雅达澜水集团的控制模式更为直接。

无论是附属酋长还是核心部派驻被征服地域的军事首领,其支配权威并非因个人威望获得,而是作为按出虎水完颜部最高统治者支配力的延伸而长期存在的。同时,已经实现对直属区的长期占领,支配的主客体之关系并非继嗣集团的血缘纽带,而是以军事暴力组织为中介,以地域为基本载体进行的。这符合马克斯·韦伯提出的"领土控

---

〔1〕张中澍校注:《完颜娄室神道碑校注》,第13页。

〔2〕《金史》卷72《娄室传》,第1650页。

〔3〕《金史》卷72《谋衍传》,第1654页。

〔4〕张博泉:《完颜娄室史事考实》,载《女真新论》,吉林文史出版社1993年版,第238页(原刊《东北地方史研究》1990年第3期)。

〔5〕《金史》卷72《娄室传》,第1649页。

制"的基本界定。[1] 辽代女真以河流为聚居中心,其地域区划自然以河流为基本标准,在《金史》中多用"路"来指称以河水流域为中心的小地域。[2] 如"太祖因致穆宗,教统门、浑蠢、耶悔、星显四路及岭东诸部自今勿复称都部长"[3]。"都部长/都孛堇"在《金史》的叙事体系中指对一路或多路区域内控制各部、族的女真酋长的称号,能够形成一个被称作"路"的地域集团。直属区各路都孛堇演化为按出虎流域的依附酋长,在空间上形成了基本的地域性等级结构,即按出虎水(中心区)—下属诸路(直属区)—路下诸部的三级结构。维持地域性等级结构的并不是血缘纽带,而是赤裸裸的政治权力。

### 4.4.2 征服区与行政体制的萌芽

在穆宗盈歌之前,按出虎完颜部已经跨过张广才岭,平定阿跋斯水(今牡丹江上源)温都部乌春集团,控制了战略要地姑里甸(今黑龙江宁安至沙兰站之间的平原),由此向东可以进抵苏滨(今绥芬河流域)、耶懒(今俄罗斯游击队河流域)两地。世祖劾里钵攻陷阿跋斯水流域后,有苏滨水乌延部[4]、耶懒路完颜部石土门来会,其势力已深入苏滨、耶懒地区。由姑里甸南向则可深入统门、星显等路(今图们江流域)。穆宗盈歌时继承了劾里钵等人开创的业绩,不仅确立了对苏滨、耶懒两路的支配地位,还对统门水流域(今图们江流域)进行了征服。但东南部的苏滨、耶懒、统门水等地已经超出了按出虎核心部本部军队的稳定控制范围,在进军时必须经由阿跋斯水等中间地带作为暂时的后勤根据地实施威慑。

由于受到此种客观条件的限制,按出虎水完颜部对这些地区采取了不同的支配方式,并且其间存在一个变化过程。按出虎完颜部对苏滨水的支配方式由如下事例可见:

---

〔1〕参见 Max Weber,*Economy and Society*:*An Outline of Interpretive Sociology*, edited by Guenther Roth & Claus Wittich, University of California Press , 1968,pp. 901 – 902.

〔2〕参见三上次男:《金朝初期の路制について》,载《金代政治·社会の研究》,中央公論美術出版 1973 年版,第 124 – 125 页(原刊《金初の路制》,《北アジア学報》第二号,1943 年)。

〔3〕《金史》卷 1《世纪》,第 14 页。

〔4〕《金史》卷 86《乌延蒲离黑传》,第 1919 页。

斡准部人冶刺勃堇、海葛安勃堇暴其族人斡达罕勃堇及诸弟屋里黑……侵及纳根涅所部。穆宗使纳根涅以本部兵往治冶刺等。行至苏滨水,辄募人为兵,主者拒之,辄抄略其人。遂攻乌古论部敌库德,入米里迷石罕城。及斡赛、冶诃来问状,止苏滨水西纳木汗村,纳根涅止苏滨水东屋迈村。纳根涅虽款伏而不肯征偿,时甲戌岁(1094)十月也。明年八月,纳根涅遁去,斡赛追而杀之,执其母及其妻子以归,而使钝恩复其所。[1]

纳根涅即阿里民忒石水纥石烈部孛堇,阿里民忒石又可称为阿里门河,即今天乌苏里江上游地区。从这段史料可以看出按出虎核心部通过纳根涅的势力来控制苏滨水流域,而不是派遣直属军队经略。由于纳根涅所部地域远离按出虎中心区,其自主性较强,能够依靠其军事威慑招募他部兵员作战,这就是辽代女真社会传统的都孛堇——孛堇体制。后来纳根涅的势力膨胀,已发展到不受按出虎核心部管制的地步。穆宗盈歌派遣斡赛、冶诃之军对其进行惩罚,杀祸首而留取人质,令其子钝恩复其所。

由此事可知,按出虎核心部以军事威慑作为后盾,已经成为凌驾于当地部族之上的仲裁者,有意识地维护该地区的秩序。这与辽人对东北生女真的控制方式接近,辽人在女真部族纠纷中往往充当最高仲裁者的角色,其使者对女真来说具有绝对的权威性。穆宗盈歌时期则开始取代辽人的作用,在该地区发挥了权威的功能。

但按出虎核心部并不满足于通过代理人在当地维系支配地位,在平定统门水流域诸部之后,"太祖因致穆宗,教统门、浑蠢、耶悔、星显四路及岭东诸部自今勿复称都部长",与此类同的表述又作"初,诸部各有信牌,穆宗用太祖议,擅置牌号者置于法,自是号令乃一,民听不疑矣"。[2]以往都孛堇能够利用自己的专有信牌动员下属孛堇。"擅置牌号者置于法"意味着将都孛堇对其下属诸部的支配权统一到按出虎

---

〔1〕《金史》卷67《钝恩传》,第1583页。
〔2〕《金史》卷1《世纪》,第14-15页。

核心部,割裂了都孛堇与其下属部族的上下从属关系。原有都孛堇的权威亦丧失殆尽,再没有募集其直属部以外部族军力的合法性,即所谓"勿复称都部长"。这种支配方式的实质就是从体制上将当时最重要的军事征发权转移到按出虎核心部手中,剥夺原来流域集团(诸路)的独立性。

从文献上看,该政策的实行区域是"统门、浑蠢、耶悔、星显四路及岭东诸部"。统门水流域的统门、浑蠢、耶悔、星显四路在天会九年(1131)之前,都归速频路统属[1],"速频"即"苏滨"(今绥芬河流域),岭东诸部当系苏滨水流域的部族。可知,在做出"自今勿复称都部长"的命令后,按出虎核心部将这些部族划为同一区域。本书将"统门、浑蠢、耶悔、星显四路及岭东诸部"统称为苏滨(速频)路地区。

康宗二年,苏滨水之民不听命,康宗乌雅束派遣斡带等至活罗海川(今牡丹江流域)撒阿村,征发临近诸部。"含国部斡豁勃堇不至。斡准部狄库德勃堇、职德部厮故速勃堇亦皆遁去,遇坞塔于马纪岭,坞塔遂执二人以降。于是,使斡带将兵伐斡豁,募军于苏滨水,斡豁完聚固守,攻而拔之。进师北琴海阚登路,攻拔泓忒城,取畔者以归。"[2]《金史·世纪》中亦有对应记载,不过将"召诸部"改为"召诸官僚告谕之"[3]。这次斡带的行动是在活罗海川屯驻,召集诸部处理苏滨水不听命之事,从文献记述来看,唯有动乱地苏滨水含国部斡豁没有响应其命令,其他诸部皆至活罗海川听命。在通过制度性手段消除割据性的都孛堇势力之后,地区内诸部地位相对平等,互相牵制,才会有"坞塔遂执二人降"的现象出现。

此外,按出虎集团在与高丽的曷懒甸之战中,康宗乌雅束"使斜葛经正疆界,至乙离骨水、曷懒甸活祢水,留之两月。斜葛不能听讼,每一事辄至枝蔓,民颇苦之。康宗召斜葛还,而遣石适欢往。石适欢立幕府

〔1〕三上次男:《金朝初期の路制について》,第133页。
〔2〕《金史》卷65《斡带传》,第1546页。
〔3〕《金史》卷1《世纪》,第16页。

于三潆水,其尝阴与高丽往来为乱阶者,即正其罪,余无所问"[1]。《金史·高丽传》亦载:"康宗嗣,遣石适欢以星显统门之兵往至乙离骨岭,益募兵趋活涅水,徇地曷懒甸,收叛亡七城。"[2]可知,在经略曷懒甸期间,石适欢主要是以星显、统门为根据地,招募当地军队,在三潆水地区进行经略的。

这两例都可以体现出穆宗时期建立起对速频路地区进行有效控制的方式。其主要特点是由按出虎核心部直接遣人调动、指挥当地部族军力,或可以认为该地区的最高领导者是核心部派遣的孛堇。按出虎核心部借由信牌的授予,逐渐发展出中央向地方的权力分配与代理机制,是中央在地方设置行政机构的雏形。"有警则下令部内,及遣使诣诸孛堇征兵,凡步骑之仗糗皆取备焉"的主体,不再是因个人能力获得部众支持的强势人物,而是手中握有中央授权信牌的使者或地方某个孛堇,其对地方部众支配的权威来自按出虎核心部,而不是其本人。

穆宗盈歌改革以后,若要成为"都孛堇"(统数部者),需由核心部授予的信牌。"孛堇"称号一方面因袭传统,仍代表某部内之权贵称号;一方面这种称号开始发展为履行核心部授权职责的职位称号。金朝初年,孛堇已经转变为职官的名称。[3]"天辅三年正月丙辰,诏鳖古孛堇酬斡曰:'胡鲁古、迭八合二部来送款,若等先时不无交恶,自今毋相侵扰。'"[4]酬斡为宗室子,"率涛温路兵招抚三坦、石里很、跋苦三水鳖古城邑,皆降之"。[5]"鳖古孛堇"不再表示鳖古本部的酋长,而是指由中央派遣,专守经略鳖古之地的官员。这与穆宗盈歌改革后的状况非常接近,可以认为孛堇称号的性质发生转变是在穆宗盈歌改革之后。

与直属区相对应,我们可以将速频路地区(包括今图们江流域)视作征服区。因为尚无证据表明按出虎核心部可以直接干涉该地区部

[1]《金史》卷135《高丽传》,第2883页。
[2]《金史》卷135《高丽传》,第2882页。
[3]参见程妮娜:《金初孛堇初探》,载《史学集刊》1986年第2期。
[4]《金史》卷2《太祖本纪》,第32页。
[5]《金史》卷121《酬斡传》,第2636页。

族内部的社会经济事务,所以不能称其为行政统治地区。按出虎核心部消除了征服区都孛堇一级的支配核心,等于是取消了流域性政治集团(路)的存在。所以按出虎核心部与该区域的政治关系是按出虎核心部—核心部孛堇或使者—当地部族。

### 4.4.3 政治体中的血缘因素与政治关系

《金史·世纪》及其相关文献记述了金始祖函普以来至太祖阿骨打六代人的宗族(Lineage group)世系,以及他们的婚姻关系,较为完整地展现了 11 世纪按出虎水皇室完颜一族的亲属关系。女真史学界多据这些亲属关系认为生女真社会的基础是父系氏族或"大家族"组织[1],另一部分学者则强调姻亲关系的基础性作用,认为生女真政治体的本质是联族性质的婚姻联盟。[2] 这些观点都没有考虑到继嗣与姻亲这两种血缘关系在生女真政治体中的地位与具体功能,就先入为主地判定其在生女真政治体中的基础性质。据笔者研究,11 世纪女真社会并不存在诸如氏族、胞族甚至联族这样的血缘组织,共同的部姓并没有引起社会的,甚至是情感上的认同关系。[3] 从现存辽代女真记述中能够看出生女真社会的政治互动是以地域关系为基础的,文献中所反映的继嗣与姻亲两方面亲属关系,都在政治体活动中发挥了重要功能。在此有必要对生女真政治体中的两种血缘关系进行讨论。

一般而言,"宗族"属于世系群(Lineage group)的范畴,其成员自认为从一个共同祖先繁衍而来,并通过相应的世系计算来定位自身在该群体中的身份与地位。宗族世系的计算往往成为决定成员的财产继承、等级或者头衔传承的基本依据。[4] 宗族法则可以成为分配统治阶

---

〔1〕陶晋生:《金代的政治结构》,第 567 - 592;张博泉:《金史简编》,第 37 - 43 页;王可宾:《女真人从血缘组织到地缘组织的演变》,第 211 - 225 页;韩世明:《辽金时期女真氏族制度新论》,载《东北亚论坛》1994 年第 2 期,第 82 - 87 页。

〔2〕三上次男:《遼末に於ける金室完顏家の通婚形態》,載《東洋學報》第 27 卷 4 号,1940 年,第 467 - 552 頁;增井宽也:《初期完顏氏政権とその基礎の構造》,載《立命館文學》418 - 421 号,1980 年,第 217 - 249 頁。

〔3〕参见孙昊:《女真建国前社会组织研究》,吉林大学 2011 年博士毕业论文;本书附录《完颜部邑屯村二题》。

〔4〕W. H. R. Rivers, *Social Organization*, Kegan Paul, Trench & Trubner, 1924, pp. 85 - 86.

层政治利益、特权与身份的基本原则。[1] 钱杭曾发现中国历史上存在两个同姓集团为某种现实需要,形成共祖认同,互相之间并不需要有其他形式确定的世系关联,其本质是一个松散的地缘同姓网络,他将这种现象称为"同姓联宗"。[2] "同姓联宗"现象实为地缘社会运用宗族法则调整社会关系之确证。

在生女真政治体中,宗族意识主要被用于构建按出虎水完颜部与地方部族的政治联盟,至于宗族谱系真实与否,并不被当事人所在意,有时甚至是拟制的。池内宏即指出《金史·世纪》中三始祖传说是辽东半岛曷苏馆女真酋长胡十门伪造的,其中耶懒水完颜部一支的共祖谱系当在 11 世纪与劾里钵所部接触后产生。[3] 11 世纪生女真政治体中苏滨水以东的耶懒水完颜部与按出虎完颜部即属于为建立稳固的政治联盟而进行"同姓联宗"。《金史·石土门传》载:

> 石土门……耶懒路完颜部人,世为其部长。父直离海,始祖弟保活里四世孙,虽同宗属,不相通问久矣。景祖时,直离海使部人邈孙来,请复通宗系……久之,耶懒岁饥,景祖与之马牛,为助余费,使世祖往致之。会世祖有疾,石土门日夕不离左右,世祖疾愈辞归,与握手为别,约它日无相忘。[4]

此段文字有两点不合常理:其一,按照引文逻辑,直离海是按出虎水完颜三祖之一保活里四世孙,与昭祖石鲁属于同辈人。[5] 那么他们的儿子石土门与乌古乃在谱系上应当属于同辈。但是这样的谱系却与石土门的履历矛盾。石土门天辅六年(1122)去世,享年 61 岁,则其出生时间为辽清宁七年(1062),阿骨打生卒年为 1068—1123 年,石土

---

[1]Ladislav Holy,*Anthropological Perspectives on Kinship*, Pluto Press, 1996, p.75.

[2]钱杭:《关于同姓联宗组织的地缘性质》,载《史林》1998 年第 3 期。

[3][日]池内宏:《金史世纪の研究》,载《满鲜地理历史研究报告》第十一,东京帝国大学文学部 1926 年版,第 200 – 226 页。

[4]《金史》卷 70《石土门传》,第 1621 页。

[5]类似"四世孙"计算方式参见奔睹、宗浩父子事迹。《金史·宗浩传》:"内族宗浩……昭祖四世孙,太保兼都元帅汉国公昂之子也。"(《金史》卷 93《宗浩传》,第 2072 页)昂即奔睹,"景祖弟孛黑之孙,斜斡之子"(《金史》卷 84《奔睹传》,第 1885 页),那么昭祖四世孙即昭祖向下数(包括昭祖)第 5 代人。

门与阿骨打为同龄人。劾里钵"袭位"时（辽咸雍十年，1074），石土门应为 12 岁，为乌古乃的孙子辈。耶懒水完颜部与按出虎水完颜部共祖传说拟制宗谱之粗糙可见一斑。其二，"会世祖有疾，石土门日夕不离左右，世祖疾愈辞归，与握手为别，约它日无相忘"，一个不满 12 岁的儿童与一个成年人互相以兄弟身份相称"约它日无相忘"，有些令人不解。井黑忍对这种现象的解释是，耶懒路完颜部在与按出虎完颜部接触后创造的继嗣谱系，将直离海说成是与昭祖平辈的四世孙。[1] 这种拟制的继嗣关系注重共祖意识，但并没有制定太明确的传承谱系，其原因在于双方不需要根据实在的传承谱系来明确地划分政治利益，只是为政治上的联盟而寻找一个亲近的理由。

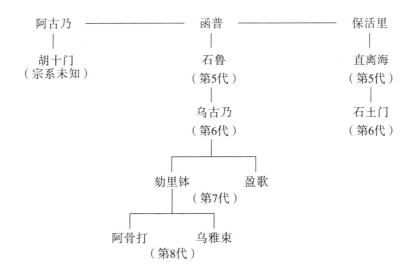

**图 4-1　与本书叙述相关的金宗室部分拟制谱系**

耶懒完颜与按出虎完颜发生直接联系的时间不早于劾里钵打通阿跋斯水交通线之时，而后来石土门所部势力逐渐为按出虎集团所倚

〔1〕〔日〕井黑忍：《耶懒と耶懒水—ロシア沿海地方の歴史的地名比定に向けて—》，载臼杵勲编集《北東アジア中世遗跡の考古学的研究平成 17 年度研究成果报告書》，札幌学院大学人文学部平成十八年（2006）版，第 54 页。

重,成为其军力的重要组成部分[1]。双方通过拟制的共祖关系而结成政治上的紧密关系,这等于在按出虎核心部军事势力相对薄弱的速频路附近,赢得了一支重要的威慑力量。阿骨打计划反辽时,曾征求石土门与其弟迪古乃的支持[2],耶懒完颜在随后的对辽战争中发挥了重要作用。从总体发展趋势看,耶懒完颜部在按出虎集团壮大后,逐渐成为其重要的附属部族。金建国后,石土门一系成为耶懒路都孛堇,或称耶懒路万户[3],其都孛堇之号是从建国前即已存在。可知,按出虎核心部对于这样的地区部落则采取联宗的方式进行拉拢,并保持该地酋长贵族势力的原有权力。这体现出通过拟制的宗族世系,地方的酋长可以与按出虎集团核心家族建立起比中心—附属模式更为紧密的政治关系,并在此后建立的金王朝中维系其既得政治利益;另一方面,通过拟制的宗族世系,按出虎集团核心部也可以利用这种联宗关系,使地方势力为其所用,迅速地平定新控制地区。

联姻关系是学界所重视的另一种血缘因素。与按出虎水完颜部居地仅隔松花江的"率、胡刺温之地"[4],又称"率督畔窟之地"[5]的部族与按出虎水完颜部有着密切的社会联系。昭祖威顺皇后是活刺浑水敌鲁乡徒单部人,景祖乌古乃之妻为帅水隈鸦村唐括部人。[6] 三上次男认为皇室完颜一族与其他部族的通婚以邻近地区部族为主,且与呼兰河地区的女真部族联姻带有政治结盟意味(形成所谓北满集团)。[7] 增井宽也认识到联姻单位是"八姓十一部",与完颜部一同构成政治联盟性质"完颜十二部"。[8]

---

〔1〕关于耶懒路石土门的研究参见〔日〕三上次男:《金室完颜家の始祖説話について》,载《金代政治・社會の研究》,中央公論美術出版1973年版,第29–35页。

〔2〕《金史》卷70《完颜忠传》,第1622页。

〔3〕"太宗天会二年,以耶懒路都孛堇所居地瘠,遂迁于此。以海陵例罢万户,置节度使,因名速频路节度使。"(《金史》卷24《地理志》,第552页)

〔4〕《金史》卷44《兵志》,第996页。

〔5〕《金史》卷8《世宗本纪》,第188页。

〔6〕《金史》卷63《后妃传》,第1500页。

〔7〕〔日〕三上次男:《遼末に於ける金室完顔家の通婚形態》,第467–552页。

〔8〕〔日〕增井宽也:《初期完顔氏政権とその基礎的構造》,第223页。

如果考察当时这些通婚部族对按出虎水完颜部的政治倾向,即可发现通婚关系并不是可靠的政治纽带。在纥石烈部腊醅、麻产与按出虎水完颜部敌对期间,率、胡刺温地区内跟按出虎水完颜通婚者政治立场并不一致。"(腊醅)乃约乌古论部骚腊勃堇、富者挞懒、胡什满勃堇"[1],"乌春、窝谋罕据活刺浑水,世祖既许之降,遂还军。于是骚腊勃堇、富者挞懒观胜负不助军。而(乌古论)骚腊、挞懒先曾与腊醅、麻产合,世祖欲因军还而遂灭之"[2]。此处乌古论部人与穆宗盈歌有联姻关系,在政治斗争过程中并没有站到按出虎水完颜一侧。通婚关系带有一定的政治目的,但婚姻关系无法带来可靠的政治联盟。此外,脱豁改原之战中,习不失的外兄乌葛名为桓赧、散达作战,习不失"以弓弰击马首而去"[3],可证当时女真社会中联姻亦可以变为敌对关系。与此形成鲜明对照的是唐括部。"桓赧、散达之乱昭肃皇后父母兄弟皆在敌境,(按出虎蒲察)斛鲁短以计迎还之。"[4]昭肃皇后后人唐括德温,"曾祖石古,从太祖平腊醅麻产,领谋克。祖脱字鲁,领其父谋克,从太祖伐辽,攻宁江、泰州战有功"[5],表明率水唐括与按出虎水完颜关系紧密,是在呼兰河地区较为稳定的、带有政治意义的联姻集团。

由此可知,按出虎水完颜部与外部族的婚姻关系并非纯粹的血缘纽带,其本质是地域性的政治联姻。联姻各方会根据自身的利益而进行不同的抉择,这与部落时代的婚姻氏族属于完全不同的性质。因此,按出虎水完颜部的婚姻圈并不能构成任何所谓的"北满集团"的政治联盟。

〔1〕《金史》卷67《腊醅、麻产传》,第1581页。

〔2〕《金史》卷68《欢都传》,第1592-1593页。至于"乌春、窝谋罕据活刺浑水,世祖既许之降,遂还军"一句记载有误。《金史·世纪》:"腊醅等复略穆宗牧马,交结诸部。世祖复伐之,腊醅等给降,乃旋。"(《金史》卷1《世纪》,第9页)《金史·腊醅、麻产传》:"腊醅、麻产使其徒旧贼秃罕及驼朵剽取户鲁不添牧马四百……过青岭东,与乌春、窝谋罕交结。世祖自将伐之,腊醅等伪降,还军。"(《金史》卷67《腊醅、麻产传》,第1581-1582页)这里以《金史·世纪》《金史·腊醅、麻产传》记载为准。

〔3〕《金史》卷70《习不失传》,第1618页。

〔4〕《金史》卷120《世戚传》,第2614页。

〔5〕《金史》卷120《唐括德温传》,第2618页。

·欧·亚·历·史·文·化·文·库·

实际上,所谓的"世婚"是在按出虎集团平定敌对势力,并在呼兰河形成优势之后形成的。原来摇摆不定的通婚部族转而坚定协助按出虎水完颜部。例如,曾不助军的乌古论部人派兵多次参加按出虎水完颜的军事行动,肃宗颇剌淑在平定麻产势力时,有乌古论壮士活腊胡[1]。"乌古论粘没曷,上京胡剌温屯人也,移屯河间。祖唤端,太祖伐辽常侍左右。"[2]呼兰河地区的乌古论之族通过与按出虎核心部的联姻关系来强化自身在呼兰河地区的政治地位。同时,按出虎完水颜部也有目的地利用联姻集团作为代理者经略当地部族。穆宗三年丙子,"温都部跋忒杀唐括部跋葛,穆宗命太祖伐之。太祖……与乌古论部兵沿土温水过末邻乡,追及跋忒于阿斯温山北泺之间"[3]。

率、胡剌温之地的女真部族,因地域邻近,与按出虎水完颜一族多有联姻关系。按出虎水完颜在率、胡剌温之地取得强势地位后,联姻各族成为按出虎核心部在该地的主要代表者,但是他们在按出虎集团中并没有太高的政治地位。如乌古论窝论,"皇朝方兴……公输财助军,愿充行伍。每侍左右,谨愿寡言,太祖善之。尚第二女毕国公主,拜驸马都尉。征辽之役,公密有赞画,然性谦退不伐,未及大用而又卒捐馆舍,故无人知者"[4],像乌古论窝论这样的通婚之家,在按出虎核心部需要时,提供相应的军力与物资,没有达到类似直属区娄室等人的政治地位,"未及大用而又卒捐馆舍,故无知者",应大有人在。

由上述讨论可见,按出虎水完颜部以及率、胡剌温之地的部族构成一个婚姻圈,换句话说,按出虎水流域与率、胡剌温两个区域很早以前已经建立了社会交往关系,这与政治联盟和血缘社会的联族关系都不相同。在颇剌淑击败率、胡剌温之地的敌对势力,进而控制该地域之后,传统的通婚圈开始向以皇室完颜家族为中心的"世婚"转变。增井宽也倾向于认为"世婚"是原始社会外婚制的遗存,然而他对金宗室通

---

〔1〕《金史》卷 67《腊醅、麻产传》,第 1582 页。

〔2〕《金史》卷 120《乌古论粘没曷传》,第 2619 页。

〔3〕《金史》卷 2《太祖本纪》,第 20 - 21 页。

〔4〕《大金故赠金紫光禄大夫乌古论公墓志铭》,载高景春主编《新中国出土墓志·北京》(一),文物出版社 2003 年版,第 54 页。

婚法则的研究结果似乎并不支持他的假设。他的研究结果有两方面内容:第一,金朝皇室从 11 家世婚家族迎娶女子,遵循父系交表婚法则,确保两代皇室男子的妻室来自不同家族。第二,11 家世婚家族从金皇室家族迎娶女子,遵循母系交表婚法则,确保每家男子世代迎娶皇族中同一支系的女子。[1] 显然,增井宽也的研究表明,"世婚"法则是为了保持金皇室家族在王朝中相对其他贵族的优势地位而制定的,是国家机器的产物,并非原始社会联族的残余。因此,在按出虎集团统一生女真各部之后,传统的姻亲关系转变为一种主从关系的政治形式,并最后发展为王朝政治体制中的"世婚"制度。总而言之,所谓世婚之家在按出虎集团中一开始就属于边缘角色,从不是像娄室那样值得按出虎水完颜家族信任的力量。

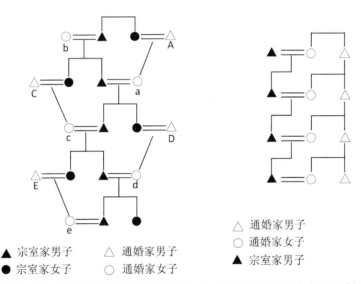

▲ 宗室家男子　　△ 通婚家男子
● 宗室家女子　　○ 通婚家女子

△ 通婚家男子
○ 通婚家女子
▲ 宗室家男子

金宗室与 11 家世婚家族的父系交表婚法则　11 家世婚家族与金宗室的母系交表婚法则

（两表均引自增井宽也:《初期完顔氏政権とその基礎的構造》,载《立命館文學》418-421 号 1980 年,第 238 页、第 241 页。）

**图 4-2　金代世婚法则**

〔1〕增井宽也:《初期完顔氏政権とその基礎的構造》,第 244 页。

通过对 11 世纪生女真政治体按出虎集团的分析可知,按出虎水完颜部在穆宗盈歌时期已经形成地域控制的等级性结构。其内部结构主要由核心部、直属区、征服区以及保留一定传统关系的区域而构成。核心部是按出虎水完颜部本部,在生女真政治体内居于最顶端,核心部向其他部族发布号令。直属区是按出虎核心部能够长期实施直接控制的区域,其内部包括与皇室完颜关系亲密的雅达澜完颜,在常态化的战争过程中,逐步成为按出虎水完颜常规军力的一部分,但雅达澜完颜保留了自身的部众,享有都宇菫的身份。此外,直属区亦包括按出虎核心部派驻军队进行长期控制的地区,如苏素海甸地区。按出虎核心部以军力征服的地区,如统门、浑蠢、耶悔、星显四路及岭东诸部,这些地区则完全取消当地的都宇菫,采取核心部信牌授权的方式进行控制,这些地区应最先发展出中央—地方意义上的行政方式。

生女真政治体内存在的血缘因素包括继嗣关系与通婚关系,但由上述讨论可知,这些血缘性因素是地缘政治关系的产物,属于政治支配的手段,与传统部落社会的血缘组织有着本质区别。

总的来看,穆宗盈歌时期的生女真政治体对各下属部族的支配并非借助氏族部落时期的血缘纽带与酋长的个人魅力,而是通过对军事暴力的威慑,以及相应的政治手段来实现的。在这种政治体中,产生了地域统治等级的分化,出现了领土控制的模式,这样的政治支配结构与成员松散平等的部落联盟,以及依靠圆锥世系群支撑社会阶等制的酋邦都不相同。穆宗盈歌时期的生女真政治体已经具备国家的基本要素,但是并不意味着政治体已经存在官僚机构。

## 4.5　小结

渤海灭亡后,其境内主要被统治族群靺鞨发展为辽宋文献中记录的生女真,生女真与前述的熟女真一样,都是国家经略的产物。辽人无法对原渤海领地实施直接统治,在强行迁移渤海上层族群以后,即退居拉林河以西,设置边镇进行固守。同时运用属国、属部体制,对生女真地区进行羁縻控制。在此体制下,受职女真酋长要定期朝贡,随时受命助辽讨伐邻近区域的反抗部族。同时,女真自身享有部族事务的自决权,辽朝并不干涉。

广大生女真地域可分为拉林河以东的松花江流域、牡丹江流域,以及南部长白山的图们江流域三大区域。各地皆有受辽朝节制的女真部族,其中松花江流域的按出虎水完颜部女真以辽朝属部体制为掩护,通过为辽朝经略鹰路而崛起,并将势力扩展出原有居地,向其他地域进行扩张,最终兼并各大流域的女真部族,使得辽朝的属部体制名存实亡。按出虎水完颜部在穆宗盈歌时期形成了统一的政治体。该政治体内部实行不同的控制方式,使原有的自然河流聚居区整合为等级性的区域。按照与中心部按出虎水完颜部的关系,可分为直属区、征服区,以及传统关系区。穆宗盈歌时期的生女真政治体已经属于地缘性结构,其稳定主要依靠政治、军事手段来维系,从这点看,生女真的政治体已具备早期国家的基本特征。

综合来看,因地处偏僻,不受辽人重视,生女真地区留下的族群分异的记录较少。另一方面,因金皇室崛起于生女真社会,《金史》留存了较多政治斗争的信息,但其文本叙事是在形成女真中心意识之后产生的,对原有生女真内部的族群分化的状况进行了有目的的过滤与遗忘,使我们不能如愿进行系统梳理。但可以确认的一点是,生女真长期被辽人隔绝在堑壕之外,原有的族群观念已经逐渐被流域认同观取代。文献中时常提及的某某河某某部,以地望区分同名部族即是显证。这也有利于地域政治集团的出现,最终形成一致对外的生女真政治体。当这个政治体在阿骨打时期冲破宁江州的堑壕时,已经使用"系辽籍女真"来称呼辽东地区的女真人,显然已经形成了政治性的族群认同差异。另一方面,从一些蛛丝马迹也可以看到女真传统的族群认同逻辑,如文献时常提及的"三十部女真",极具特色,其发展、消失的过程,就是生女真社会以地域性识别观念取代传统族群识别观念的过程。下一章即以"三十部女真"为个案,探讨女真族群传统意识的形成,以及与其社会组织的动态关系。

# 5　三十部女真的族群变迁

三十部女真是 10 至 11 世纪东北亚地区极具特点的一支女真人,亦是理解辽代女真史不可或缺的问题。但是,直接相关的史料不超过 10 条,且所记述的史事分散在多个时段与地域,很难构成较为完整的证据链,这决定了对三十部女真的研究多集中于族群源流、社会性质,以及对外交往活动等几个点进行讨论。总的来看,前人的研究对这些问题都有一定的梳理,但对于关键史料的理解仍有进一步探讨的空间,已有观点有待于重新认识。本章拟结合前人的研究,在重新释读相关记事的基础上,围绕三十部女真的来源、族群离散等问题进行再讨论,尝试勾勒出该族群与其社会组织的动态关系。

## 5.1　三十部女真非"黑水"后裔

学界多认为三十部女真与新罗末、高丽初期的黑水、达姑、铁勒诸族群存在渊源关系。[1] 其主要依据是《高丽史》中存在"黑水"与"女真"族称混用的现象,且卷 9《文宗世家》的小字注文亦称"东蕃黑水人其种三十,号曰三十徒"[2],所以他们认为女真即是"黑水"的后裔。笔者以为,朝鲜半岛东北部的民族格局错综复杂,又时逢 9—10 世纪东北亚政治格局的变动期,族群迁徙分化频繁,似不能将三十部女真简单地视作"黑水"的延续,其形成过程应更为复杂。

"黑水"是新罗末、高丽初常见于东北边界的族群名称,其第一次

---

〔1〕〔日〕小川裕人:《三十部女眞に就いて》,载《東洋學報》卷 24 第 4 号,1937 年,第 579 – 590 页;三上次男:《新羅東北境外における黑水·鐵勒·達姑等の諸族について》,载《高句麗と渤海》,吉川弘文館 1989 年版,第 246 – 247 页(原刊《史學雜誌》卷 52 第 11 號,1941 年)。

〔2〕〔朝鲜〕郑麟趾:《高丽史》卷 9《文宗世家》,"文宗二十七年五月丁未"条,国书刊行会 1908 年版,第 128 页。

出现于朝鲜半岛国家的史籍中,是在新罗宪康王十二年(886):"狄国人入镇,以片木挂树而归,遂取以献。其木书十五字云:'宝露国与黑水国人共向新罗国和通。'"[1] 史书上并没有留下关于"黑水""宝露"较为确切的记载。目前学界对"狄国""黑水"人族属的认识主要有两说并存。津田左右吉认为罗末丽初的黑水、达姑、铁勒等部族都是原居于江原道的秽人,后来靺鞨人出现,高丽史家又以"靺鞨""黑水"之名称之[2]。另一说则以小川裕人等人为代表,认为"黑水"即南迁的黑水靺鞨人,达姑、铁勒也都是渤海西北境的达卢古、铁利的后裔[3]。近年以黑水靺鞨说影响较大,持此说的学者多认为《三国史记》的编撰者能够看到较为详尽的新罗文献资料,区分北方部族的身份,"黑水"当是黑水靺鞨。

"黑水靺鞨说"通过分析渤海与黑水靺鞨的复杂关系,论证了黑水靺鞨在8至9世纪被强制迁徙渤海南海府的可能性[4],但是,他们并没有令人信服地阐明秽貊人的最终流向。杨军通过对渤海境内秽貊人分布的考察,认为秽貊一直居于朝鲜半岛东北部,没有融入渤海民族[5]。天显元年(926),辽太祖灭渤海,驻跸忽汗城,有"高丽、濊貊、铁骊、靺鞨来贡"[6]。秽貊在渤海灭亡后仍作为一支族群存在,应没有问题。那么新罗末的"狄国人"中也应该存在秽貊人的成分。

新罗宪康王十二年记事中与"黑水国"并称的是"宝露国"。"黑水

〔1〕〔高丽〕金富轼:《三国史记》卷11《新罗本纪》,"宪康王十二年春"条,影印韩国首尔大学藏朝鲜英祖年间刊本,《域外汉籍珍本文库》第二辑,西南师范大学出版社、人民出版社2011年版,第97页。

〔2〕参见〔日〕津田左右吉:《〈三國史記〉高句麗紀の批判》,载《滿鮮地理歷史研究報告》第九,東京帝國大學文學部1922年版,第10页。

〔3〕〔日〕小川裕人:《三十部女眞に就いて》,第579-590页;〔日〕三上次男:《新羅東北境外における黑水・鐵勒・達姑等の諸族について》,第250-251页;〔日〕赤羽目匡由:《新羅末高麗初における東北境外の黑水・鐵勒・達姑の諸族——渤海・新羅との關係において》,载《朝鮮學報》197辑,2005年,第4页。

〔4〕〔日〕三上次男:《新羅東北境外における黑水・鐵勒・達姑等の諸族について》,第251页;〔日〕赤羽目匡由:《新羅末高麗初における東北境外の黑水・鐵勒・達姑の諸族——渤海・新羅との關係において》,第25-34页。

〔5〕杨军:《渤海国民族构成与分布研究》,吉林人民出版社2007年版,第156页。

〔6〕《辽史》卷2《太祖本纪》,"天显元年二月丁未"条,中华书局1974年版,第22页。

鞈鞨说"视"宝露"为"勃利州刺史"之"勃利"的对音[1],将其与"黑水国"一同当作南迁后的黑水靺鞨。此说无法解释"黑水""勃利"两个不同层次的族称并列使用的缘由,未免有牵强之感。另一种可能,"宝露"与《高丽史》卷28《兵志·站驿》瑞谷之奉龙驿音近,池内宏据此认为"宝露国"居地在今朝鲜安边西30里处(高丽登州)[2],则"宝露"是本地族群,又与黑水人的称号有别,其族应由秽貊人一部构成。黑水靺鞨一小部南迁,与当地秽貊人杂居新罗北界外,才形成"黑水""宝露"的不同族称。这样的认识,似乎更符合实际情况。

乾宁四年(897)新罗真圣王的《让位表》[3]称:"是以直至臣兄赠大傅臣晟(宪康王),远沐皇泽,虔宣诏条,供职一终,安边万里。而及愚臣继守,诸患并臻。始则黑水侵疆,曾喷毒液,次乃绿林成党,竞簸狂氛。"[4]从文中可知,在国王宪康王时期"安边万里","黑水侵疆",主要是从真圣王即位以来开始的。"宝露国与黑水国人共向新罗国和通"事恰好发生于宪康王末年。"黑水国"在宪康王十二年刚进入新罗北界外不久,需要本地如宝露国之类的族群作为中介与新罗建立联系。从"宝露国"在前的表述顺序看,当是宝露国人代为书写木牌上的汉字。此后的12年内,黑水人逐渐壮大,成为新罗东北边界的最大威胁,才会有《让位表》中"黑水侵疆"的表述。而宪康王十二年所见"宝露国"昙花一现,之后再也不见于史册,或已被蓬勃发展的"黑水"人所吞并。

新罗末期见于文献中的"黑水"人是在9世纪中后期逐渐南徙至新罗东北界,与当地秽貊人杂居。"黑水"应源自黑水靺鞨,一部分黑水靺鞨在南徙过程中,经历族群分裂与重组的复杂过程,吸收了本地

---

[1]金毓黻:《渤海国志长编》卷19《杂考》,辽阳金氏千华山馆1934年版,第40页b面;马一虹:《靺鞨、渤海与周边国家、部族关系史研究》,中国社会科学出版社2011年版,第186页。

[2][日]池内宏:《眞興王の戊子巡境碑と新羅の東北境》,朝鮮總督府1929年版,第59页。

[3][日]赤羽目匡由:《新羅末高麗初における東北境外の黑水·鐵勒·達姑の諸族——渤海·新羅との關係において》,第13页。

[4][新羅]崔致远:《让位表》,收于[朝鮮]徐居正编《东文选》卷43《表笺》,日本内阁文库藏本,第1页b面。

其他族群,形成新的"黑水"人范畴。渤海末年内外交困,逐渐失去了对内部族群以及边疆地区的控制,其西部的一些族群也开始南下朝鲜半岛。新罗景明王五年(921)二月,"靺鞨别部达姑众,来寇北边,时太祖将坚权镇朔州,率骑击大破之,匹马不还"[1],达姑,即唐代的达姤,辽代的达卢古部,其居地在今吉林扶余嫩江与松花江合流地附近[2],地处渤海西部边界地带。此段史料称达姑为"靺鞨别部",一定是达姑刚刚迁徙至东北界,报告者特地标出其来源。

在北方族群南下的同时,新罗松岳土豪王建立高丽王朝,开始进行统一朝鲜半岛的战争。向北拓展疆域,打击所谓的"北狄",成为高丽王朝战略重要的构成部分。《高丽史》卷92《庾黔弼传》:"太祖以北界鹘岩镇数为北狄所侵,会诸将议曰:'今南凶未灭,北狄可忧,朕寤寐忧惧。'"[3]同书卷82《兵志·镇戍》:"太祖三年(920)三月,以北界鹘岩城数为北狄所侵,命庾黔弼率开定军三千至鹘岩,于东山筑一大城以居,由是北方晏然。"[4]鹘岩镇,应在铁岭、三防两关外的安边境内,今朝鲜新垈里山城[5] 北狄是新罗末对北方族群的泛称,此处主要指黑水人。高丽对北部边疆附近的黑水人进行打击,成功地瓦解了北界黑水人的威胁。太祖十九年(936)秋九月,南征甄萱治下的天安府,"大相庾黔弼、元尹官茂、官宪等,领黑水、达姑、铁勒诸蕃劲骑九千五百"[6] 文中"黑水、达姑、铁勒"应是新罗末期威胁东北边界的黑水势力的一部分,在庾黔弼经略北疆时归附高丽。

高丽太祖的北进政策为后代国王继承。光宗二十年(969),"城长平镇五百三十五间……二十四年城和州一千十四间,门六,水口三,重

〔1〕〔高丽〕金富轼:《三国史记》卷12《新罗本纪》,第101页。
〔2〕〔日〕津田左右吉:《遼の遼東經略》附《渤海の東平、懷遠、鐵利三府について》,載《満鲜地理歴史研究報告》第叁,東京帝國大學文學部1916年版,第276页。
〔3〕〔朝鲜〕郑麟趾:《高丽史》卷92《庾黔弼传》,第54页。
〔4〕〔朝鲜〕郑麟趾:《高丽史》卷82《兵志·镇戍》,第652页。
〔5〕〔日〕池内宏:《高麗太祖の経略》補考《鶻巖城の所在》,載《満鲜地理歴史研究報告》第七,東京帝國大學文學部1920年,第92页。
〔6〕〔朝鲜〕郑麟趾:《高丽史》卷2《太祖世家》,"太祖十九年秋九月"条,第24页。

城一百八十间。城高州一千十六间,门六"[1],和州,在今朝鲜永兴,地邻龙兴江。光宗时期在今龙兴江一线开始构筑城堡,设立州城,将高丽东北界由登州(安边)一带向北推进至龙兴江流域。疆域的北拓,势必将居于登州边外的黑水、达姑等族群吞并或者驱散,新罗末期的"黑水国""宝露国"地域也被纳入高丽的统治范围,只是因史料所限无法获知其具体情况而已。在高丽靖宗以前,高丽的东北部边界一直稳定在龙兴江沿线,和州成为东北界对北方族群交通的边防重镇。经过高丽持续的军事高压,在新罗末期活跃的"黑水"人已失去原有的活动地域,部族离散分化,逐渐淡出历史;取而代之的则是渤海灭亡前后,在各地的女真人。

《高丽史》中使用"女真"一词,最早见于《定宗世家》"定宗三年秋九月"条:"东女真大匡苏无盖等来献马七百匹及方物。"[2]这并不能说明女真在定宗以后才出现于高丽北方边境,只是高丽对北方族群知识的更新速度要略晚于实际情况。《高丽史》卷1《太祖世家》:"平壤古都荒废虽久,基址尚存,而荆棘滋茂,蕃人游猎于其间,因而侵掠边邑为害大矣,宜徙民实之以固藩屏为百世之利。"[3]成宗元年(982)崔承老上书称:"自新罗之季至我国初,西北边民每被女真蕃骑往来侵盗,太祖断自宸衷,遣一良将镇之,不劳寸刃,反令蕃众来归,自是塞外尘清,边境无虞。"[4]高丽太祖元年(918)西北界平壤一带已有女真人活动,只是当时"女真"的族称还没有为高丽人所知晓而已,事后追述时才称女真。

联系上述事实可知,女真最初是在朝鲜半岛西北部较有影响力,这部分女真控制鸭绿江口,发展为《辽史》中所见的鸭绿江女真。而在东北界,因有黑水势力的存在,直至定宗以后才见到"东女真"来献土物的活动。此后"女真"的族称出现在高丽人的官方记录当中,主要被

---

〔1〕〔朝鲜〕郑麟趾:《高丽史》卷82《兵志·城堡》,第662页。

〔2〕〔朝鲜〕郑麟趾:《高丽史》卷2《定宗世家》,"定宗三年秋九月"条,第30页。

〔3〕〔朝鲜〕郑麟趾:《高丽史》卷1《太祖世家》,"太祖元年九月丙申"条,第15页。

〔4〕〔朝鲜〕郑麟趾:《高丽史》卷93《崔承老传》,第63－64页。

分为"东女真""西女真"两大类。这种划分的标准主要是根据女真通过东西两界辖境进入高丽的不同方向而定的,通过东北界辖区者即被称为"东女真",与此相应则被称为"西女真"。[1]

高丽显宗22年间(1010—1031),在东北界外活动的族群除女真外,还有15次黑水或者黑水靺鞨来投、来朝、献方物,同期有"女真靺鞨群豆等七十余人来献土马"[2],表明此时高丽人还将"女真"视作与"黑水"不同的靺鞨分支。显宗时期距光宗北拓疆域的时间不到50年,见于记载的黑水靺鞨应是前述黑水人余部,与女真分属不同族群。黑水人与高丽的联系在显宗朝以前应一直没有中断,只是高丽显宗以前的官方记录毁于兵火,《高丽史》太祖至穆宗时期的记事是根据显宗时期黄周亮撰集的太祖至穆宗三十六卷事迹撰写的[3],前代国王的黑水记事有缺漏之处亦在情理之中。文宗三十五年(1081),礼宾省奏曰:"旧制,本国边民曾被蕃贼所掠,怀王自来者,与宋人有(木)[才]艺者,外若黑水、女真并不许入。"[4]"旧制"区分黑水、女真,亦可证明高丽曾经区分对待黑水、女真人。

三十部女真第一次与高丽接触就在显宗时期。显宗三年(1012),"女真酋长麻尸底率三十姓部落子弟来献土马",并通告高丽30个姓氏之名。同年闰十月,"女真毛逸罗、鉏乙豆率部落三十姓诣和州乞盟"。[5] 高丽应是第一次获知"三十姓部落"的情况,才详细地记录了30个姓氏的名称,不可能将其与长期接触的黑水人混淆。另外,鉏乙豆在显宗二年(1011)已率其属70人至高丽献方物,被称作"东北女真"。[6] 毛逸罗之名于1012—1030年间凡6见,其中被冠称东女真5次、西女真1次,或有重名的女真酋长,但足可以证明毛逸罗、鉏乙豆所

〔1〕〔日〕三上次男:《新羅東北境外における黒水・鉄勒・達姑等の諸族について》,第246页。

〔2〕〔朝鲜〕郑麟趾:《高丽史》卷5《显宗世家》,"显宗十四年夏四月"条,第67页。

〔3〕〔朝鲜〕郑麟趾:《高丽史》卷95《黄周亮传》,第100页。

〔4〕〔朝鲜〕郑麟趾:《高丽史》卷9《文宗世家》,"文宗十九年八月己未"条,第138页。

〔5〕〔朝鲜〕郑麟趾:《高丽史》卷4《显宗世家》,"显宗三年春二月甲辰"条,第55页。

〔6〕〔朝鲜〕郑麟趾:《高丽史》卷4《显宗世家》,"显宗二年五月乙亥"条,第54页。

代表的"三十姓部落"是女真人,与"黑水靺鞨"属于不同族群。

《高丽史》卷9《文宗世家》,西北面兵马使奏报引平虏镇近境蕃帅(女真酋长)之语称"告谕化内三山村中尹夜西老等三十徒酋长",后附小字注文"东蕃黑水人其种三十,号曰三十徒"[1] 从字面上看,注文似乎认定三十部女真即黑水人之后裔,不支持本书的看法。然而,考察显宗至文宗时期"黑水"概念的转换,即可以对此做出圆满的解释。

显宗时期,已有"东女真"与"黑水"连用、混用的现象。显宗九年(1018)有"东女真仇陁啰"来献土马的记载,次年则记作"东黑水国酋长仇突罗"[2] "仇突罗""仇陁啰"属同名异写,"东黑水国""东女真"都是对同一人的冠称。"黑水国"原居地在高丽东北界,其前加"东"字没有实际意义。显宗十二年(1021),有"东女真黑水酋长居蔚、摩头盖来"[3] 的称谓方式,可知"东黑水国"应是"东女真黑水"的省称。"黑水靺鞨""东女真"混用者主要有三例:十二年的"黑水靺鞨苏勿盖"与二十一年(1030)的"东女真奉国大将军苏勿盖",十三年(1022)的"黑水酋长沙逸罗"与十九年(1028)的"东女真酋长沙逸罗",十八年的"黑水靺鞨归德大将军阿骨"与十九年的"东女真归德将军阿骨"。连用、混用者都是对"东女真黑水"的不同体现方式。

三上次男、日野开三郎都认为咸兴平原的黑水余部被视作东女真的一部分,才有女真与黑水混用的现象。[4] 然而,遍检《高丽史》,正式记录黑水人来朝、来献的,以及与东女真混用者皆集中在显宗二年至二十一年之间,显宗以后已无可证实的黑水、黑水靺鞨活动的记录,很难认定"东女真"与"黑水"连用、混用是规律性的。"东女真黑水"从文字表述看,义指东女真内的黑水人,应是部分黑水人刚被融合到女

〔1〕〔朝鲜〕郑麟趾:《高丽史》卷9《文宗世家》,"文宗二十七年五月丁未"条,第128页。

〔2〕〔朝鲜〕郑麟趾:《高丽史》卷4《显宗世家》,"显宗三年春二月甲辰"条、"显宗九年四月辛巳"条、"显宗十年十二月庚寅"条,第61-63页。

〔3〕〔朝鲜〕郑麟趾:《高丽史》卷4《显宗世家》,"显宗十二年七月癸巳"条,第64页。

〔4〕〔日〕三上次男:《新羅東北境外における黑水・鐵勒・達姑等の諸族について》,第247页。日野开三郎据"东女真黑水",认为居于朝鲜半岛咸兴的"黑水"是东女真的分支,与三上次男的理解略有不同(参见日野开三郎著:《宋初女真の山東來航の大勢とその由來》,载《朝鮮學報》33辑,1964年,第40页)。

真人内部,同时保留了两种身份的一种过渡状态。"黑水靺鞨"与"东女真"混用的三例,都是由前者转变为后者,也是身份转换过程中的特殊现象。显宗之后,"黑水""黑水靺鞨"来朝、来献土物之类的正式记录消失,表明高丽东北界外的黑水余部向女真的融合过程基本完成。"黑水国"或"黑水"正式退出朝鲜半岛的历史舞台。

显宗以后使用"黑水"之例凡 4 条,其中 3 条在文宗二十七年(1073),1 条在肃宗八年(1103)。见于文宗二十七年者,一是上述五月丁未条的小字注文;二是七月丙午的制书,"黑水译语加西老谕东蕃为州县,可授监门卫散员赐名高孟"[1];三是十一月辛亥,"设八关会,御神凤楼观乐。翼日大会,大宋、黑水、耽罗、日本等诸国人各献礼物名马"[2]。"黑水"之名消失 50 多年后又集中于一年闪现,表明此时"黑水"的概念已不再像显宗以前那样,作为常见族称而为人所熟知,其内涵已发生变化。

通过肃宗八年记事可以获知其意义:

> 有本国医者居完颜部,善治疾。时盈歌戚属有疾,盈歌谓医曰:"汝能治此人病,则吾当遣人归汝乡国。"其人果愈,盈歌如约遣人送至境上。医者至言于王曰:"女真居黑水者,部族日强,兵益精悍。"王乃始通使,自是来往不阻。[3]

此段文字是对"甲辰,东女真太师盈歌遣使来朝"条的补充说明。完颜部盈歌是金皇室先祖,他在位期间,按出虎水完颜部已经基本统一长白山以北的女真各部。此处称完颜部为"女真居黑水者",应是根据宋人记事中女真源于黑水靺鞨的传闻而叙述的,文中"黑水"与"女真"相对应,与显宗以前的"黑水"意义完全不同。文宗二十七年与肃宗八年相去不远,认知概念近似,可以认为出现于文宗二十七年之内的"黑水"是"女真"的别称。小字注文"东蕃黑水其种三十,号曰三十徒"之"黑水"与新罗末期的黑水人并无直接的渊源关系,仅是"女真"

[1][朝鲜]郑麟趾:《高丽史》卷 9《文宗世家》,"文宗二十七年七月丙午"条,第 129 页。
[2][朝鲜]郑麟趾:《高丽史》卷 9《文宗世家》,"文宗二十七年十一月辛亥"条,第 130 页。
[3][朝鲜]郑麟趾:《高丽史》卷 12《肃宗世家》,"肃宗八年秋七月甲辰"条,第 172 页。

另一种表述方式。

综上可知,高丽显宗以前的"黑水"是中国东北地区的黑水靺鞨在 8 至 10 世纪定居于朝鲜半岛东北部的分支族群,在 9 世纪末对新罗、高丽构成严重威胁。因高丽的北拓政策的打击,"黑水"日渐式微,在显宗以后融入其他族群之中。女真人与黑水人存在亲缘关系,但两者并非像学界通说所认定的那样,属于同一族群的不同名称。10 世纪渤海灭亡前后,女真人才占据了高丽东北部原黑水人的地区。三十部女真应是在这样的大环境下登上历史舞台的,其早期历史应从 9 世纪末开始,但因相关文献匮乏,已无法了解三十部女真兴起的详情。从最早记录三十部女真活动的宋人文献,或可以寻得早期发展的轨迹与流变状况。

## 5.2  三十部女真早期记事辨析

对女真三十部最早的记述见于北宋文献,但北宋人往往进行泛化性的理解,多将其视作整个女真的状况来叙述。这严重地误导了女真史学界,使得相关研究出现了两种错误倾向。第一种错误倾向是将文献中的女真皆看成是发源于朝鲜半岛,那么据宋人记述就会认为 10 世纪至宋朝贡的女真都是三十部女真,至此又可以存在两种不同的结论:其一,三十部女真衍生出其他地区的女真,具有女真母体的意义[1];其二,其他地区的女真独立发展,但兴起时间较晚[2]。第二种错误倾向是完全相信宋人之说,将文献中的相关记述都视作是女真的整体,认为女真曾经历唐初三十部落的发展阶段。[3] 这两种倾向的共

---

[1]〔日〕小川裕人:《三十部女真に就いて》;〔韩〕李東馥:《東北亞細亞史研究——金代女真社會의構成》,一潮閣,1986,23 - 114 等;韩世明:《辽金时期女真氏族制度新论》,载《东北亚论坛》1994 年第 2 期。

[2]孙进己:《东北民族史研究》(一),中州古籍出版社 1994 年版,第 432 页。

[3]参见王可宾:《女真人由血缘组织到地缘组织的演变》,载《辽金史论集》第 2 辑,书目文献出版社 1987 年版,第 214 页;王可宾著:《女真国俗》,吉林大学出版社 1988 年版,第 93 - 95 页;程民生:《海上之盟前的宋朝与女真关系》,载《社会科学战线》2012 年第 3 期。

同之处是相信北宋人的泛化记述,认定"三十部"在女真发展史中的原初地位。本节欲厘清北宋记事中相关史事,进而对其早期流变状况进行探讨。

女真三十部最早见于《宋会要辑稿》蕃夷三之二,"女(贞)[真]来寇白沙寨,略官马三匹,民百二十八口。诏止其贡马者,不令还。未几,女真酋长渤海郏三人入贡,奉木(该)[刻]言'三十东部落',令送先被为恶女真所虏白沙寨人马"[1]。《续资治通鉴长编》将此事系于宋太祖开宝五年(972):"首领渤海那(郏)等三人复来贡,言已令部落送先所掠白沙寨民及马。"[2]晁说之追述此事称:"在祖宗时,尝来寇我白沙寨路,略官马三疋,民一百二十八口。适其贡马之使在京师,遂执之,不得还。无几何,渤海入贡,而渤海之酋为谢女真之过。遂诏还女真之使。"[3]晁说之虽将女真酋长"渤海郏"之名误作渤海人,但据此已能理清基本事实。宋开宝五年,"恶女真"寇略白沙寨,宋人将其他女真人视作责任者,扣押于京师。此后,女真酋长渤海郏归还"恶女真"寇略人口,对宋人自称"三十东部落",同寇略白沙寨的"恶女真"进行区别,以证明自身无辜。

宋初多有女真通过鸭绿江口寇泛海经登州,进行朝贡贸易活动,其中与宋交往最为频繁的是辽东至朝鲜半岛西北的鸭绿江女真人。[4]渤海郏强调"东"字,是要表明其居地偏东,与位于西部的鸭绿江女真撇清关系。宋太宗淳化二年(991)契丹封锁鸭绿江口,五年(994),与高丽瓜分鸭绿江女真地域[5],切断了女真经由鸭绿江口通往宋朝的交

---

〔1〕〔清〕徐松辑:《宋会要辑稿》蕃夷三之二,中华书局1957年版,第7712页。此文亦见于《文献通考·四裔考四·女真》,唯所略官马数不同(参见〔元〕马端临:《文献通考》卷327,中华书局2011年版,第9005页)。

〔2〕〔宋〕李焘:《续资治通鉴长编》卷13,"宋太祖开宝五年六月"条,中华书局2004年版,第285页。

〔3〕〔宋〕晁说之:《嵩山文集》卷2《靖康元年应诏封事》,四部丛刊续编本第380册,第12页a面。

〔4〕程妮娜:《女真与北宋的朝贡关系研究》,载北京大学中国古代史研究中心《邓广铭教授百年诞辰纪念论文集》,中华书局2007年版,第941页。

〔5〕参见第二章鸭绿江女真之内容。

·欧·亚·历·史·文·化·文·库·

通线。同年,女真首领罗野里鸡至宋求兵,上言:"契丹怒其朝贡中国,去海岸四(伯)[佰]里置三栅,栅置兵三千,绝其贡献之路。故泛海入朝,(来)[求]发兵与三十首领共平三栅。"[1]结合上下文语境可知,前来求兵者是面临被分割瓦解的鸭绿江女真人,他们计划要联系的"三十首领"是之前的"三十东部落"。从表述的语境看,至宋求救兵的女真人与"三十东部落"显然分属不同族群。

自991年各部女真失去鸭绿江口的控制权后,再也不能独立至宋朝贡、贸易,《续资治通鉴长编》在野里鸡(罗野里鸡)至宋求兵事后称"其后遂归契丹"[2],女真与宋的交往被迫中断。需要注意的是,宋人并不了解女真内地的情况,将辽东半岛至鸭绿江口附近地区的女真归附契丹作为女真整体的事件来记述,易使读者造成整个女真民族都已归属契丹的误解。

实际上,圣宗时期辽人对女真的经略行动才刚刚开始,其控制的女真地是有限的。因渤海遗民势力占据鸭绿江中上游地区[3],使得辽人无法顺利东进。直至辽统和、开泰之际,才解决了这一问题。统和十三年(995),奚王和朔奴、东京留守萧恒德讨伐兀惹不利,回军过程中"掠地东南,循高丽北界而还"[4]。十四年(996)夏四月,"奚王和朔奴、东京留守萧恒德等五人以讨兀惹不克,削官"[5]。《辽史》卷88《萧恒德传》:"和朔奴不得已,进击东南诸部,至高丽北鄙,比还,道远粮绝,士马死伤者众,坐是削功臣号。十四年,(萧恒德)为行军都部署,伐蒲卢毛朵部。"[6]池内宏认为,此处"高丽北鄙之东南诸部"即指蒲卢毛朵部[7],无疑是正确的。蒲卢毛朵部的居地虽有一定的争议,但

---

〔1〕〔清〕徐松辑:《宋会要辑稿》蕃夷三之二,第7712页。

〔2〕〔宋〕李焘:《续资治通鉴长编》卷322,"宋太宗淳化二年"条,第728页。

〔3〕〔日〕和田清:《定安國に就いて》,载《東洋學報》六卷一號,大正五年(1916),第114－141页。

〔4〕《辽史》卷85《奚王和硕奴传》,中华书局1974年版,第1318页。

〔5〕《辽史》卷13《圣宗本纪》,第148页。

〔6〕《辽史》卷88《萧恒德传》,第1342－1343页。

〔7〕〔日〕池内宏:《蒲盧毛朵部について》,载《滿鮮地理歷史研究報告》第九,東京帝國大學文學部1922年版,第236－238页。

一般被认为是在今延边海浪河以南地区[1]。可证,辽人的势力在此时方深入长白山地区,还谈不上对当地部族有稳定的控制,宋人"(女真)其后遂归契丹"的说法并不准确。

北宋与女真的直接联系被辽朝所阻隔,直到宋真宗大中祥符七年(1014),女真跟随高丽使团再次入贡。时年十二月丁卯,"权知高丽国事王询遣奏告使尹证古及女真将军太千机已下凡七十八人,以方物来贡",高丽王询即显宗,上表言:"契丹阻其道路,故久不得通。请降皇帝尊号、正朔。"[2]次年(1015)十一月,"高丽进奉告奏使、御事民官侍郎郭元与东女真首领何卢太来贡"[3]。《宋会要辑稿》蕃夷三之二将此事系于八月,同书"历代朝贡"与《长编》同,"八月"系"八年"之误。由"东女真"这种典型特征的用语来看,高丽在对宋朝贡活动中主导了话语权,自然给宋人造成来贡女真从属高丽的印象。天禧元年(1017),高丽徐讷率女真首领梅询至宋朝贡[4],称:"昨高丽国定以为蕃长兼从名目,望许令敢赴殿宴及赐予如蕃长之例",宋真宗"许之"[5]。这种做法是要向宋朝宣示高丽对女真的统属关系,并获得了成功。

北宋史臣将女真历次朝贡活动的记录编纂形成官方文献,但在成文过程中却多夹杂主观判断,对女真的各支族群指涉不清,其后的文献又以讹传讹,对后代治史者产生了负面的影响。此处有必要系统检讨北宋女真民族志的形成过程,以澄清一些长久以来被学者视为定论的误区。

《宋会要辑稿》蕃夷三之二《女真》:"女(贞)[真],东北别国也,盖渤海之别种,本姓𡙸。唐(正)[贞]观中靺鞨来朝,中国始闻女真之名

---

〔1〕《吉林通志》认为其地在今长白山以北、珲春以西的海兰河[参见〔清〕长顺修,李桂林纂:《吉林通志》卷11《沿革一》,影印光绪十七年(1891)刻本,吉林文史出版社1986年版,第194页]。池内宏则认为在咸兴平原(《蒲盧毛朵部について》,第235–242页)。

〔2〕〔宋〕李焘:《续资治通鉴长编》卷83,"宋真宗大中祥符七年十二月丁卯"条,第1906页。

〔3〕〔宋〕李焘:《续资治通鉴长编》卷85,"宋真宗大中祥符八年十一月癸酉"条,第1957页。

〔4〕〔宋〕李焘:《续资治通鉴长编》卷90,"宋真宗天禧元年十一月癸亥"条,第2087页。

〔5〕〔清〕徐松辑:《宋会要辑稿》蕃夷三之三,第7712页。

……今有首领三十,分领其众。地多良马,常至中国贸易。旧隶契丹,今归于高丽。"[1]省略号部分主要抄自胡峤《陷虏记》,因与本书关涉不大,不予展开。这段文字是《宋会要·女真》的内容,行文逻辑连贯,当出自同一文本。"今有首领三十","旧隶契丹,今归于高丽"等带有明显的时代特征,应是宋人大中祥符、天禧之际受到高丽影响后的认识。后文则追溯宋太祖、宋太宗、宋真宗三朝历年女真朝贡的记事,这些记事多在《续资治通鉴长编》等文献中可以找到,当抄自于宋官方记录。其中,宋太宗淳化二年女真求兵记事后附文字"其后遂归高丽"[2],与《续资治通鉴长编》记事的"其后遂归契丹"不同。可以认为,在行文过程中,文本作者为了与时代相合,对前朝实录略做修改,《宋会要辑稿·女真》主体部分为宋真宗时期的文献无疑。

宋真宗天禧二年(1018)二月癸未,"著作佐郎、集贤校理陈宽上高丽、女真风土朝贡事仪二卷"[3],这是宋人第一部系统介绍女真风土与活动的官方文献。从书名可以看出,该书是因高丽、女真复通宋朝而做。《宋会要辑稿·女真》应是本于陈宽之书,其信息来源主要是宋太祖、太宗、真宗三朝的档案文献,并在此基础上进行编辑加工,形成前后逻辑完整的女真民族志,在内容上更侧重于对宋真宗时期来贡女真的记录。联系前述文字可知,"今有首领三十,分领其众。地多良马,常至中国贸易。旧隶契丹,今归于高丽"之语当指三十部女真人。关键是宋人还分不清女真内部族群的划分状况,将其从各处得到的信息综合起来,泛化为女真整体的情况来叙述。

这种错误为北宋的文献所沿袭。宋仁宗时期成书的《武经总要》亦称"女真者,渤海之别种也,契丹谓之虏真。地多山林,俗勇悍善射。后有首领三十,分领其种"[4] 至南宋成书《三朝北盟会编》卷3的女真记事列举女真30个姓氏,后附小字注文云:"唐时初称姓挐。至唐末

---

[1] 〔清〕徐松辑:《宋会要辑稿》蕃夷三之一,第7711页。
[2] 〔清〕徐松辑:《宋会要辑稿》蕃夷三之二,第7712页。
[3] 〔宋〕李焘:《续资治通鉴长编》卷90,"宋真宗天禧元年十一月癸亥"条,第2101页。
[4] 〔宋〕曾公亮等:《武经总要前集》卷22《女真》,影印明万历金陵书林唐富春刻本,解放军出版社、辽沈书社1988年版,第1127页。

部落繁盛,共有三十酋领。每酋领有一姓,通有三十姓。"[1]通过比照文字不难看出,《三朝北盟会编》小字注文是对《宋会要·女真》进行的改编,但删掉了"有首领三十"前的"今"字,以及"旧隶契丹,今归于高丽"之语,不仅延续了北宋史臣泛化记述的错误,还通过删字将三十首领事迹置于唐末。由此形成的唐末女真有三十部落之说,在女真史学界影响极大,普遍被奉为信史,但当代学者并没有意识到这种说法在南宋已经失去了市场。

《三朝北盟会编》小字注文"唐末部落繁盛,共有三十酋领"与同篇正文"五代时始称女真"之说不合,两句并非出自同一作者之手。五代始称女真之说最早见于《松漠记闻》[2],该书多是洪皓被囚金朝15年的见闻。洪皓曾教授希尹等女真上层贵族子弟,有机会获知女真的史事。《松漠记闻》并没有相信唐末女真有部落三十的观点是有一定根据的。《东都事略》[3]、《资治通鉴》胡三省注[4]、《文献通考》[5]不仅皆因袭"五代始称女真"说,还删掉"三十酋领"的文字,可知宋元之际因对女真了解增多,逐渐在更正北宋的一些看法。《三朝北盟会编》小字注文的观点完全是传抄北宋文献,以讹传讹所致,不足为征。当代学者多没有考虑到宋人对女真认识的信息来源与文本的传抄过程,才出现过一些普遍性的错误。

至此,基本可以认定北宋关于"三十东部落""三十首领"的记事仅是三十部女真早期活动的一些片段,并没有证据能证明该族群曾北向发展,成为其他地区女真的祖源。北宋记事的意义在于指示了三十部女真早期活动的时段与范围,与《高丽史》《辽史》《金史》等文献相结合,可以探知其发展轨迹。

北宋文献记录的三十部女真是经由鸭绿江至宋朝贡的,其居地应

〔1〕〔宋〕徐梦莘:《三朝北盟会编》卷3,政宣上帙三,上海古籍出版社2008年版,第18页。

〔2〕〔宋〕洪皓:《松漠记闻》卷1,辽海丛书本,辽沈书社1985年版。

〔3〕〔宋〕王偁:《东都事略》卷125,文海出版社1979年版,第1921页。

〔4〕〔宋〕司马光:《资治通鉴》卷274,后唐纪三,"明宗天成元年正月戊辰"条,中华书局1956年版,第8956页。

〔5〕〔宋〕马端临:《文献通考》,第9004页。

临近鸭绿江。辽圣宗开泰元年(1012)正月癸未,"长白山三十部女直酋长来贡,乞授爵秩。"[1]可见 10 至 11 世纪之交三十部女真已在长白山鸭绿江源不远处发展。金世祖劾里钵曾对星显水纥石烈部酋长阿海说"吾与汝等三十部之人,自今可以保安休息"。[2] 劾里钵平定乌春所部后旋即去世,其时间是辽大安八年(1092)[3],这段对话应在 1092 年之前不久。星显水纥石烈部即三十部之一,且星显、禅春、统门诸水在辽金时期已被视作长白山区内的河流。[4] 可以认为,三十部女真在长白山区居留时间较为稳定,近 100 年的时间内没有大的迁徙活动。

高丽方面见到三十部女真时,是在辽封锁鸭绿江 21 年后,远远晚于北宋记事。1011 年有酋长毛逸罗、鈤乙豆"进献"方物,次年即显宗三年(1012),闰十月,才以"三十姓部落"的名义至高丽和州"乞盟"。[5] 上文已经指出,高丽人在这次活动中第一次获知"三十姓部落"的情况。对其较为合理的解释是三十部女真的一部分在西向发展受辽阻遏之后,转向南扩张,进入高丽东北界外地区,与高丽建立联系。此后,见于《高丽史》中的三十部落都是在文宗年间出现的,分别是文宗元年(1047)"蒙罗骨、仰果只村等三十部落蕃长"[6]、文宗二十七年(1073)"三山村中尹夜西老等三十徒酋长"。蒙罗骨、仰果只村、三山村都地近高丽东北界外。经过若干年的发展,三十部女真已在当地定居、发展,此时才能说三十部女真的分布地域到达高丽东北界外。

由以上论述可知,因史料匮乏,无法清晰地说明三十部女真的早期活动状况,从文献中可以析出的史事大致如下:10 至 11 世纪之交,三十部女真在长白山地区形成势力,沿鸭绿江而下,与其他地区的女真一起至宋进行朝贡贸易活动,其间对外自称三十东部落。辽朝在统和年间切断了女真独立泛海入宋的唯一渠道,并且进军长白山地区。

---

[1]《辽史》卷 15《圣宗本纪》,"开泰元年正月癸未"条,第 170 页。

[2]《金史》卷 67《阿疎传》,中华书局 1975 年版,第 1585 页。

[3]《金史》卷 1《世纪》,第 10 页。

[4]《金史》卷 46《食货志》,第 1034 页。

[5]〔朝鲜〕郑麟趾:《高丽史》卷 4《显宗世家》,"显宗三年春二月甲辰"条,第 55 页。

[6]〔朝鲜〕郑麟趾:《高丽史》卷 7《文宗世家》,"文宗元年八月乙巳"条,第 97 页。

三十部女真在辽的压力下南向发展,分布地域北达长白山,南至高丽东北界外。目前学界传统观点多受北宋史臣的泛化叙事误导,没能对宋代文献记事中的女真进行准确的定位与区分,将三十部女真视作女真民族的母体看待。经过对宋人记事的辨析,已证明这种观点毫无根据,应当重新思考三十部女真的族群流变问题。

## 5.3  三十部女真的族群与社会

10 世纪初是"三十部"集中出现的时期,这显示此时该族群正处于一个发展的高峰期。进入 11 世纪以后,三十部、三十姓的族称逐渐消失于各方视野之中,亦表明族群离散与消亡的趋势。本节即从族群与社会内部结构的角度分析三十部女真变迁的动因所在。

"三十部"是《辽史》《金史》的记述方式,宋人则记作"三十东部落""三十首领",高丽人有"三十姓部落""三十徒"的表述。这些词汇都是对女真语不同的汉译形式,展现了族群的一些特征。目前来看,高丽人留下对三十部女真最为详细的记述,可以由此进行释读。

《高丽史》卷 4《显宗世家》载,"女真酋长麻尸底率三十姓部落子弟来献土马",文后附有 30 个姓氏之名,是据女真自述而得。学界已认定这 30 个姓氏与《金史》中的部分姓氏音译相合[1],"三十姓"当是目前所见最为接近女真本义的译法。女真人最初没有姓氏观念,他们意识中的"姓"多为所属氏族或部落的族姓、部姓,平时称名而不称"姓"。在女真语中应有一个专有名词来指代"姓",只是因存世辽金女真语文献极其匮乏,尚没有发现这个词汇。满语中与此相当的应是 hala,且其指涉范围多涵盖金代已有的女真姓氏[2],该词是否在辽代女真语中就已存在,还无法得到证实,此处暂以"姓"称之。

---

〔1〕〔日〕小川裕人:《三十部女眞に就いて》,第 564 页;陈述:《金史氏族表初稿八卷》,载《中央研究院历史语言研究所集刊》5 本第 3 分册,1935 年;王民信:《高丽史女真三十姓部落考》,载《政治大学边政研究所年报》第 16 期,1985 年。

〔2〕金启孮:《满族的哈喇(hala)和冠姓》,载《爱新觉罗氏三代满学论集》,远方出版社 1996年版,第 188 页。

·欧·亚·历·史·文·化·文·库·

从理论上讲,女真的"姓"是从某一原始氏族的名号发展而来,后因频繁地迁徙分化,氏族的各个分支在各地独立发展,保留了原始的名号,成为部姓、族姓,但因记载早期女真情况的文献阙如,已不能通过实证来复原详细状况。文献记载的时段内,女真部族单位异地同名的现象已经十分普遍,他们之间失去了明确的谱系传承关系,仅保留共同的部姓或族姓。完颜勖《祖宗实录》标记原则为"凡部族,既曰某部,复曰某水之某,又曰某乡某村,以别识之"[1],这是对女真具有共同部姓的部族单位分布各地,形成独立的活动主体的现实反映。《金史》卷1《世纪》中记述各地的完颜部之间多有敌对关系,如昭祖石鲁时期[2],与按出虎水完颜部敌对者有孩懒水完颜部(居地在今牡丹江支流海浪河)[3];世祖劾里钵时期,则与婆多吐水邑屯村完颜部发生大规模战争[4]。共同部姓并没有引起社会的,甚至是情感上的认同关系,当时女真社会中,以部姓为团结纽带的胞族、联族意识已经消失。蒋秀松认为:"辽代女真的部姓,不再是某个居住在同一地区的血缘集团独有的名称,而是一些源于共同祖先,可早已分处各地、亲疏不一的氏族部落所保持的共同名号。"[5]共同名号已经向姓氏的意义转变,"姓"不再与特定的部族相对应,这反映在时人的意识中,就是"姓"作为相对独立的范畴被称呼、理解。

《高丽史》卷9《文宗世家》"告谕化内三山村中尹夜西老等三十徒酋长"中"三十徒"后附小字注文"东蕃黑水人其种三十,号曰三十徒"。[6]"种"是"姓"的另一种表述方式。从《金史》的记述情况看,在统门水流域有星显水纥石烈部、星显水乌延部、潺蠢水乌延部的部族,

---

〔1〕《金史》卷66《完颜勖传》,第1558页。

〔2〕昭祖石鲁之子景祖乌古乃生年是辽太平元年辛酉岁(1021),1021年前后是其生活的时代。

〔3〕《金史》卷67《阿疎传》,第1573页。

〔4〕学界多将邑屯村完颜部与按出虎水完颜部视作同一部落。笔者已经指出邑屯村完颜部位于婆多吐水附近,与按出虎水完颜部为不同的部落,此处不予展开论述,详见附录1。

〔5〕蒋秀松:《辽代女真诸部刍议》,载《学术研究丛刊》1992年第4期;蒋秀松:《东北民族史研究》(三),中州古籍出版社1994年版,第51页。

〔6〕〔朝鲜〕郑麟趾:《高丽史》卷9《文宗世家》,"文宗二十七年五月丁未"条,第128页。

较远的地方,有阿里门忒水纥石烈部。"纥石烈""乌延"都是"三十姓"之一,即"种"。"徒"字有"众""党""类"之义,代表群体、类别。在此处语境中,"三十徒"与"三十种"可以互换,那么可以认为"徒"即"姓"的引申义,是指代冠称某一女真姓氏(如"纥石烈""乌延"等)的所有部落单位的总和,本书称为姓氏群体。30个姓氏群体统称为"三十姓"或者"三十徒"。

女真使用"三十姓"这一词汇时,指涉范围大于部姓、族姓所统摄的部落单位,多是对30个姓氏群体内部落的泛称。"三十姓"在10至11世纪已被三十部女真用于对外交往过程中的自我标识,与其他女真族群进行区分,成为族群身份认同的符号。同时,其他地区的女真人也承认"三十姓"的独特身份。除鸭绿江女真承认"三十姓"与他们有别外,朝鲜半岛北部的女真亦是如此。前述称"三十徒酋长"者,正是"平虏镇近境蕃帅"。平虏镇即今朝鲜宁远东北13邦里处的古城[1],属于西北面兵马使辖境,居于附近的女真也使用"三十姓"称呼该族群。三十姓已成为族群内外所认可的族称,通过三十部女真的对外活动而散见于各方史籍之中。但是,三十姓及其背后的姓氏群体在女真社会中发挥的整合作用有限,其族群的发展主要是由内部的社会结构所决定的。

"三十姓部落子弟"中"部落"一词的用法可见《高丽史》卷3《穆宗世家》,"东女真寇登州,烧州镇、部落三十余所"[2],《高丽史节要》将"部落"记作"村落"[3],此处义指具有一定居住人口的居处群体。又高丽仁宗答宋使杨应诚语录书,"女真之始也,分居部落,未有定主"[4],用法与此同。高丽人还将"部落"引申为部落的住户,如"骨夫率部落五百户来附"[5]之例。"部落"标识的居处群体是与聚居的部

〔1〕〔日〕池内宏:《朝鲜高丽朝に於ける东女真の海寇》,载《满鲜地理历史研究报告》第八,东京帝国大学文学部1921年版,第273页。

〔2〕〔朝鲜〕郑麟趾:《高丽史》卷3《穆宗世家》,"穆宗八年春正月"条,第49页。

〔3〕〔朝鲜〕金宗瑞纂:《高丽史节要》卷2,亚细亚文化社刊1972年版,第64页。

〔4〕〔朝鲜〕郑麟趾:《高丽史》卷15《仁宗世家》,"仁宗六年六月丁卯"条,第230页。

〔5〕〔朝鲜〕郑麟趾:《高丽史》卷5《显宗世家》,"显宗十九年春正月"条,第70页。

·欧·亚·历·史·文·化·文·库·

落单位相联系,在女真语中可以直接找到与之对应的词汇**伭牛**(fama)。

《海龙女真国书摩崖》有**伭牛夭厐盃**[fama a xə bo (g)u][1],**伭牛**亦见于明代《女真译语》,其汉字表音为"法马阿"(＊famaǎa),汉译为"邦"[2] 金光平、金启孮据《女真译语》将**伭牛**(fama a)译为"部落"[3] 明代《奴尔干都司永宁寺碑》有**找并**"falia"一词,爱新觉罗·乌拉熙春认为是"满语的 falga(族、党),此处译为部落",与金代《海龙女真国书摩崖》属于同一词汇[4] 丹尼斯·赛诺认为 falga 源于乌戈尔语,其演变序列是乌戈尔＊palγV—突厥语 balïq—蒙古语 balγasun—满语 Falga。在突厥语、蒙古语中义指城镇、村落等定居点[5]

女真语**伭牛**继承了聚居点的原始意义,并逐渐引申出定居点之内的部众、居民的含义。《海龙女真国书摩崖》所记大体内容为金太祖收国二年(1116),南路系辽籍女真番安儿必罕的阿素鲁(其姓不详)率领家和邦[fama a xə bo (g)u]归附,被设为谋克。《金史》所载系辽籍女真归附的汉语记述方式为:"收国二年,曷速馆来附,祕剌(独吉义之父)领户三百,遂为谋克。"[6]将此条记事与《海龙女真国书摩崖》比照可知,**伭牛**与"领户三百"有对应关系,**伭牛**应指代女真酋长统领的地域及其之内的人口部众,规模应在 300 户左右。《奴尔干都司永宁寺碑》女真文为**厐夈夈 釆 找并**"nurgən ni falia",即汉字碑文的"奴尔干国",汉字碑文第四行:"惟东北奴尔干国,道在三驿之表,其民曰吉列

---

〔1〕《海龙女真国书摩崖》文本见于金光平、金启孮:《女真语言文字研究》,文物出版社 1980 年版,第 328 页;乌拉熙春认为该国书摩崖初刻于天会元年(1123)(〔日〕爱新觉罗·乌拉熙春:《女真大字石刻总考前编》,载《爱新觉罗乌拉熙春女真契丹学研究》,松香堂书店 2009 年版,第 76 页)。

〔2〕Wilhelm Grube, *Die Sprache und Schrift der Jučen*, Leipzig, 1896, p. 3.

〔3〕金光平、金启孮:《女真语言文字研究》,第 330 页。

〔4〕〔日〕爱新觉罗·乌拉熙春:《明代の女真人〈女真訳语〉から〈永宁寺记碑〉へ》,京都大学学术出版会 2009 年版,第 179 页。

〔5〕Denis Sinor, "The Origin of Turkic balïq 'town'", in *Central Asiatic Journal XXV*, 1981, pp. 95–102.

〔6〕《金史》卷 67《独吉义传》,第 1917 页。

迷及诸种野人杂居焉。"[1] 碑文记载的是明永乐年间在奴尔干地区设立女真万户衙门之事,至于吉列迷及诸种野人在《金史·地理志》中称"金之壤地封疆,东极吉里迷兀的改诸野人之境"[2],则此 falia 所指远大于《海龙女真国书摩崖》的单位,指涉一个区域的部落。

由此可知,女真语**俍斗**主要指涉部落单位。在女真意识中,这个单位首先是以共同居地为依托,其内部成员能够协调一致的活动,**俍斗**的地域和人口规模不限大小。如上文所述,杨应诚语录书所云"女真之始也,分居部落未有定主",即是描述三十部女真多个**俍斗**并立的情况。《三朝北盟会编·女真记事》中也称生女真"散居山谷间,依旧界外野处。自推雄豪为酋长,小者千户,大者数千户"[3] 两条史料都是外界对**俍斗**的一种形象的描述。本书为表述方便,暂将**俍斗**称为部落,但并不代表该语汇与摩尔根所称的部落等同。

女真的部落与代表姓氏群体的"姓"完全属于不同范畴的语汇,两者不可随意替换。"三十姓"与"部落"连用的译法当出自女真"译语",用于泛称三十姓族群内的部落单位。在实际应用过程中往往出现省称现象。如"蒙罗骨、仰果只村等三十部落蕃长"之例,即省略"姓"字,全称当作"三十姓部落蕃长"。宋人记事中的"三十东部落""三十首领"都源于女真自述,那么亦应符合省称的对译原则,已略去"姓"字。北宋史官在编纂女真传时,不懂女真语用规则,望文生义,将"三十首领"误解为"今有三十首领,分领其众"。从北宋文献中所能读取的信息仅是三十部女真的酋长至宋朝贡而已。另外,《辽史》《金史》中"三十部"的"部"是对译"姓",但该词用法较为灵活,用于"部人""部众"时,即对译上述的"部落"(**俍斗**)。

在"蒙罗骨、仰果只村等三十部落蕃长"中存在"部落"与"村"两个层次。前述"三山村中尹夜西老等三十徒酋长"中亦是如此记述。

〔1〕〔日〕爱新觉罗·乌拉熙春:《明代の女真人〈女真訳语〉から〈永宁寺记碑〉へ》,第170页。

〔2〕《金史》卷24《地理志》,第549页。

〔3〕〔宋〕徐梦莘:《三朝北盟会编》卷3,政宣上帙三,第16页。

"部落"应属于较为抽象的范畴,而"村"则是"部落"下具体的聚居单位。"村"在女真语中作 **乣舍**(ga ra),金光平、金启孮将其释为"村"[1]。《金史》中有"曷懒兀主猛安敌骨论窟申谋克"[2],"大名府海谷忽申猛安"[3],"窟申""忽申"即 **乣舍** 之音译。《高丽史》中记载"东蕃大齐者、古河舍等十二村蕃长昆豆、魁拔等一千九百七十户"[4],则平均每村为164户。三山地区有由战村、海边山头以及罗竭村。在与觅害村、那复其村、骨面村以及三山村谷中尹(高丽乡职阶)夜西老等联军作战过程中,"贼(海边山头)一百五十户筑石城于川边,置老小男女财产于城中,以步骑五百余人逆战"[5],其内共计150户,大体与十二村的平均数等同,这应是"村"的平均规模。

"村"内有"里"。如"小支栟前里蕃长阿反伊"[6],小支栟为村名,"里"为村下一级单位,既称"前",可知村内之里或可按方位排定。高丽靖宗四年(1038),"威鸡州女真仇屯、高刀化二人与其都领将军开老争财,乘其醉欧杀之……况其邻里老长已依本俗法出犯人二家财物输开老家以赎其罪"[7]。"威鸡州"实为女真的一村,"都领"是归附高丽的女真归化州最高首领的称号,即一村之长[8]。开老被杀,有"邻里老长"作为协商仲裁者出面协调。"里"之内还有首领,则一村之内存在多个蕃长式的人物。

据以上分析可知,女真的部落存在部落、村、里三级结构,每个层级都有相应的酋长存在,但是这样的层级结构仅是地域意义上的,并非上下隶属的科层式等级。如上述一村的首领开老被杀案,里的"老长"具有同等的权威。女真称酋长作"孛堇",从《金史》的记述情况看,一

〔1〕金光平、金启孮:《女真语言文字研究》,第340页。

〔2〕《金史》卷82《颜盏门都传》,第1844页。

〔3〕《金史》卷16《宣宗本纪》,第365页。

〔4〕〔朝鲜〕郑麟趾:《高丽史》卷9《文宗世家》,"文宗二十七年六月乙未"条,第129页。

〔5〕〔朝鲜〕郑麟趾:《高丽史》卷9《文宗世家》,"文宗二十七年五月丁未"条,第128页。

〔6〕〔朝鲜〕郑麟趾:《高丽史》卷9《文宗世家》,"文宗二十七年六月戊寅"条,第129页。

〔7〕〔朝鲜〕郑麟趾:《高丽史》卷95《黄周亮传》,第100页。

〔8〕参见〔日〕江原正昭:《高麗の州県軍に関する一考察——女真人の高麗軍への編入を中心にして》,载《朝鲜学报》28辑,1963年,第59-72页。

部之内有多个孛堇,若有能够"统数部"者,则称"都孛堇"。景祖乌古乃虽然称都部长(孛堇),但对他部主要依靠"为人宽恕,能容物,平生不见喜愠。推财与人,分食解衣,无所吝惜。人或忤之,亦不念",其次是"得铁既多,因之以修弓矢,备器械,兵势稍振,前后愿附者众"[1]。女真酋长完全是靠个人能力团结他人,缺乏强制性的权威约束"愿附者"。如斡勒部杯乃,"自景祖时与其兄弟俱居安出虎水之北"[2],加入按出虎水完颜部,后与乌古乃之子劾里钵交恶,"徙居吐窟村,与乌春、窝谋罕结约"[3]。一个部落或村内的酋长及其部属可以根据自身的利益自由迁徙,而不受其他酋长的约束。

同时,部落能够独立决定自身的政治行为,不必受制于族群内的其他部落。高丽文宗元年(1074),八月己巳,"蒙罗骨村、仰果只村等三十部落蕃长率众内附",同年冬十月丁未,"东女真蒙罗等村古无诸等三百十二户来附"[4]。"蒙罗"即"蒙罗骨",前者八月己巳应是蒙罗骨村等酋长至东北界扣关,而后者则是来附酋长至高丽京城的记录。可知,"三十部落蕃长率众内附"实为包括古无诸等多位酋长在内的320户,其规模仅为2个村大小的部落,而不是"三十部落"的整体。部落事务应是由内部的酋长共同决定,但缺乏绝对的权力中心。与之同理,辽太平元年(1021)夏四月戊申,"女直三十部酋长请各以其子诣阙祗候"[5],其原因仍是没有一个酋长能够起到绝对的代表作用。

女真"分居部落、未有定主",缺乏中心协调的社会特征,决定了三十部女真族群内各部落间无法实现有效的集中,族群成员对三十部的认同仅停留在身份识别的层面,还没有上升到共同体意识的层面。在周边复杂的政治形势下,族群内部展现出较强的不稳定性和离散性,使得三十部女真的族称在10世纪闪现后,迅速地消失在各方的视野之中。

---

〔1〕《金史》卷1《世纪》,第6页。

〔2〕《金史》卷68《欢都传》,第1592页。

〔3〕《金史》卷67《乌春传》,第1579页。

〔4〕〔朝鲜〕郑麟趾:《高丽史》卷7《文宗世家》,"文宗元年八月乙巳"条,第97页。

〔5〕《辽史》卷16《圣宗本纪》,第189页。

# 5.4  三十部女真的离散与消亡

1012 年三十部女真同时与辽、高丽进行联系,向辽称臣,乞授爵秩,对高丽"乞盟",体现出三十部女真北南分途的发展趋势。

北部长白山区是三十部女真的主要聚居区,其酋长多受辽册封,发展成辽朝的属国、属部。较为著名者就是星显水纥石烈部,据《金史》卷 67《阿疎传》载,金世祖劾里钵平定阿跋斯水温都部乌春后,在回师途中见到星显水纥石烈部酋长阿海,并称"吾与汝等三十部之人,自今可以保安休息"。[1] 阿海之子即阿疎,在宋辽文献中或称阿鹘产。[2]《辽史》卷 28《天祚帝纪》称其为"顺国女直阿鹘产",[3]《三朝北盟会编》卷 3 所列女真与辽议和之条件第十条就是"送还女真阿鹘产、赵三大王"。[4] 阿疎是辽末顺国女真大王,顺国女真大王的起源可以前溯至辽统和八年(990)册封女真阿海为顺化王。[5] 星显水纥石烈部是辽所封部族大王,在地区内具有相当的影响力,应是长白山地区三十部女真较具代表性的部落集团。除此之外,还应有其他部落集团,但因文献匮乏,尚不能获知 10 至 11 世纪初该地区三十部女真的发展状况,直至金朝在记录先祖功业时,才提及 11 世纪末按出虎水完颜部攻打长白山地区时的一些部落集团的情况。

11 世纪末,按出虎水完颜部已吞并了长白山以北的大部女真地区,穆宗盈歌开始经略长白山地区,与以星显水纥石烈部为代表的三十部女真发生战争。按出虎水完颜部撒改在进军途中,乌延部斜勒孛董曾献计称:"闻国相将与太师会军阿疎城下,此为深入必取之策,宜先抚定潺蠢、星显之路,落其党附,夺其民人,然后合军未晚也。"撒改

---

〔1〕《金史》卷 67《阿疎传》,第 1585 页。

〔2〕唐长孺:《〈辽史〉天祚纪证释》,载《山居存稿》,中华书局 2011 年版,第 468–470 页(原刊国立师范学院史地学会编:《史地教育特刊》,1942 年)。

〔3〕《辽史》卷 28《天祚皇帝本纪》,第 333 页。

〔4〕[宋]徐梦莘:《三朝北盟会编》卷 3,政宣上帙三,第 22 页。

〔5〕《辽史》卷 13《圣宗本纪》,第 139 页。

听从其建议,进攻位于阿疎城之南的钝恩城。[1]

潺蠢、星显两路,以及钝恩城都属于星显水纥石烈部的势力范围,但这并不意味着纥石烈集团能够掌控地区内所有部落。"阿疎既为勃董,尝与徒单部诈都勃董争长,肃宗治之,乃长阿疎。"[2]在纥石烈部之外,还有诸如"徒单部诈都"之类的部落势力存在。

《金史》卷67《留可传》:

> 留可,统门、浑蠢水合流之地乌古论部人忽沙浑勃董之子。诈都,浑蠢水安春之忽沙浑之子也,间诱奥纯、乌塔两部之民作乱。敌库德、钝恩皆版,而与留可、诈都合。两党扬言曰:"徒单部之党十四部为一,乌古论部之党十四部为一,蒲察部之党七部为一,凡三十五部。完颜部十二而已。以三十五部战十二部,三人战一人也。胜之必矣。"[3]

统门、浑蠢、苏滨水流域诸部起兵抵抗按出虎水完颜部,是在穆宗盈歌占领星显水流域,围困阿疎城之后,大体是穆宗四年至七年(1097—1100),距金建国之时(1115)相去不远。该段文字应是据当事人的记忆写进《祖宗实录》,反映金建国前当地女真的实际状况,是第一手资料。这段传说被当成穆宗盈歌的主要业绩上升为官方记忆,《皇统五年增上祖宗尊谥》:"穆宗孝平皇帝,法令归一,恢大洪业,尽服四十七部之众。"[4]所谓"四十七部"即上述"徒单""乌古论""蒲察""完颜"部数之和。而自元代史官起,就误读金人的这段记述,将"两党扬言曰"中的部族之数理解为整个女真社会的情况。如《金史》卷59《宗室表》序、《金史》卷66《宗室传》赞皆称"金人初起完颜十二部"[5]、"完颜十二部"[6]。当代学界皆认可元代史官的观点,认为辽代女真完颜部有12个分支,徒单部、乌古论部各有14个分支,蒲察部

---

〔1〕《金史》卷70《撒改传》,第1613–1614页。

〔2〕《金史》卷67《阿疎传》,第1585页。

〔3〕《金史》卷67《留可传》,影印百衲本,台湾商务印书馆2010年版,第659页。

〔4〕〔金〕张暐:《大金集礼》卷3,广雅书局1895版,第17页a面。

〔5〕《金史》卷59《宗室表》,第1359页。

〔6〕《金史》卷66《宗室传》,第1570页。

有 7 个分支。虽然对"徒单部之党十四部为一"的两个层次的"部"的理解有一定差异,但普遍倾向于将两个"部"都释读为血缘性质的氏族或氏族分支。[1]

然而,联系这段记事的前后背景,即可发现元代以来的理解属于以讹传讹,不足为征。金人已经指出穆宗盈歌"尽服四十七部之众",其指涉范围已经明确,是指穆宗时期的活动,并不包括其前代酋长的功绩。那么其在位期间主要事件就是经略图们江流域,"四十七部之众"当是图们江流域的部落。从史事上看,11 世纪末的按出虎水完颜部在进取长白山地区之前已经吞并了北至今呼兰河、东至牡丹江流域、西至拉林河、南至长白山脉的生女真大部地区,并对图们江流域形成战略包围之势。留可等人所能号召和鼓动的部族力量应不超出图们江和绥芬河流域(统门与苏滨),则所谓"徒单部之党十四部为一,乌古论部之党十四部为一,蒲察部之党七部为一",实际上应指当时区域内以徒单、乌古论、蒲察为首的三个较大的部落集团。其中钝恩为阿里民忒石水纥石烈部人,原是星显水纥石烈部集团的"党附",参与到这三大集团的反抗活动中。另外,本章已指出,女真社会的氏族组织很早以前即已消亡,演化为姓氏群体,同姓无法形成各部团结的纽带。留可等人的形势分析中提及的两个层次的"部"不可能指氏族及其分支,而是能够形成战略联盟,对抗区域外完颜部强大势力的部落(**猛斗**)。留可两党的叙述逻辑与《海龙女真国书摩崖》有相同之处,即 11 世纪末女真在进行政治、军事活动中,往往以**猛斗**作为行动单位,而不是姓氏群体。

按照此段文字叙述者的逻辑理解,"完颜部十二"即完颜部之党十二部为一的省称,是指按出虎水完颜部用于攻打图们江流域所征调的 12 个部落,其中包括区域内依附于完颜部者。如"当是时,惟乌延部斜勒勃堇及统门水温迪痕部阿里保勃堇、撒葛周勃堇等皆使人来告难

---

[1]陈述:《金史氏族表初稿八卷》,第 375 页;陶晋生:《金代的政治结构》,第 568 页;王可宾:《女真人由血缘组织到地缘组织的演变》,第 213 页;王可宾:《女真国俗》,第 89 – 92 页;孙进己:《东北民族史研究》(一),第 422 页。

……既而以其甲来归。阿里保等曰:'吾等必不从乱,但乞兵为援耳。'"[1]文中所见乌延、温迪痕都属于完颜部之党。此外,较为著名者还有术吉水斜卯部,穆宗时,"鹘谋琶内附"[2],鹘谋琶佺斜卯阿里,"年十七从其伯父胡麻谷讨诈都"。[3] 术吉水斜卯部自归附穆宗以来,一直是完颜部在该地区有力的支持者。

由以上梳理可知,长白山地区的三十部女真人在定居之后,形成了多个小的部落集团,其中以星显水纥石烈部集团最为强大,但这些集团并没能进一步集中与整合,即已受到北部更为强势的按出虎水完颜部的打击,分崩离析,最后被吞并,融入按出虎水完颜部所主导的生女真集团之中。

南向发展的一部在显宗三年(1012)与高丽盟誓,随后的十年(1019)即有"东女真毛逸罗率众来朝,增阶职"[4],十六年(1125)"女真酋长毛逸罗来朝。以有功边围,加授大匡,优赐衣物"[5],"大匡"即高丽所增的"阶职",属于二品的乡职。江原正昭认为高丽沿袭太祖对归顺豪族的处置办法,对"贡献""质子""来朝",但没有被编入归顺村、归顺州的女真人授予乡职阶。[6] 乡职阶对女真的意义主要是针对酋长个人的,并不代表女真酋长本人或者所代表的部众归属于高丽,这一点从高丽对待契丹治下的女真部族酋长的处置方式更能明显地看出来。

靖宗二年(1036),"东北女真首领太史阿道闲等五十九人来朝,有司言:'太史,契丹职名也,阿道闲今既归化,请改授正甫。'"[7]"太史"在《金史》中称"太师",是辽朝册封的女真部族节度使的别称,对所在部族具有相当的权威,"正甫"是高丽五品乡职,仅是授予女真酋长个

---

[1]《金史》卷67《留可传》,第1584页。

[2]《金史》卷81《鹘谋琶传》,第1815页。

[3]《金史》卷80《斜卯阿里传》,第1798页。

[4]〔朝鲜〕郑麟趾:《高丽史》卷4《显宗世家》,"显宗十年八月壬子"条,第62页。

[5]〔朝鲜〕郑麟趾:《高丽史》卷5《显宗世家》,"显宗十六年正月辛亥"条,第68页。

[6]〔日〕江原正昭:《高麗の州県軍に関する一考察——女真人の高麗軍への編入を中心にして》,第54页。

[7]〔朝鲜〕郑麟趾:《高丽史》卷6《靖宗世家》,"靖宗二年夏四月乙丑"条,第82页。

·欧·亚·历·史·文·化·文·库·

人的一种象征性的虚职,两者并不存在对等性。阿道闲属于辽朝册封的女真部族节度使,其"来朝"仅仅是与高丽建立一定的联系,没有脱离辽朝而归属高丽,只是被高丽人记作"来朝""归化"而已。

文宗时期西女真骨于夫及觅害村要结等酋长称:"我等曾居伊齐村为契丹大完,迩者再蒙招谕,于己酉年(1069)十一月赴朝厚承恩赉,且受官职,不胜感戴。顾所居去此四百里往复为难,请与狄耶好等五户引契丹化内蕃人内徙觅害村附籍,永为藩屏。"[1]伊齐村的骨于夫、要结等酋长被辽授予大王称号,在1069年曾受高丽官职,若如阿道闲例,可称为归化或化内。"契丹化内蕃人"即指契丹管辖下的,曾至高丽接受乡职阶的女真人。这段话中的女真酋长想脱离契丹归附高丽,则需要南徙高丽北界附籍。可见,当时的高丽人并没有认为"来朝",受乡职阶的女真人受其统属。

由此可知,显宗至文宗以前,三十部女真的一些部落南下至高丽东北界后,欲与高丽建立一定的联系,部分酋长以个人身份接受高丽乡职,但这些酋长及其部众仍然有自主行动的身份,因此,三山村内的"化内"女真酋长才保留了"三十徙"的族称。

高丽靖宗十年(1044),"命金令器、王宠之城长州、定州及元兴镇"[2],据池内宏考证,长州,今朝鲜定平西约三邦里半,金津川左岸的丰阳里古城;定州,今朝鲜定平郡治;元兴镇,金津川河口左岸的道兴里古城。高丽于此年以定州为中枢修筑了新的长城。[3] 这实际上是将东北边界由和州(永兴)龙兴江一线北拓至鼻白山一带,与咸兴平原相邻。

此后的文宗时期出现了女真较大规模的内附活动,其中就有三十部女真。高丽文宗元年(1047),"蒙罗骨村、仰果只村等三十部落蕃长率众内附","内附"意味着附籍于高丽,接受"朱记"、归顺州号,向高丽

---

〔1〕〔朝鲜〕郑麟趾:《高丽史》卷9《文宗世家》,"文宗二十七年五月丁未"条,第128页。

〔2〕〔朝鲜〕郑麟趾:《高丽史》卷82《兵志·城堡》,第663页。

〔3〕〔日〕池内宏:《咸鏡南道咸興郡に於ける高麗時代の古城址 附定平郡の長城》,载《大正八年度古蹟調查報告》第一册,朝鮮總督府1919年版,第58页。

缴纳赋税,但保留社会管理方面的自主权。[1] 实际上等于在政治上归属高丽,很多情况是"化内"女真发展为"内附",三山村地区的三十部女真是其中之一。

文宗二十七年五月,三山村谷的"化内三山村中尹夜西老等三十徒酋长"率部与平虏镇的西女真击败了本地区的由战村、海边山头以及罗竭村。其中"中尹"与"大匡"同属乡职阶,三山村的三十部女真与显宗时期的毛逸罗情况等同,所以被称作"化内"。此役之后的六月,东北面兵马使奏:

> 三山、大兰、支栟等九村及所乙浦村蕃长盐汉、小支栟前里蕃长阿反伊、大支栟、与罗、其那、乌安、抚夷州骨阿伊蕃长所隐豆等一千二百三十八户来请附籍。自大支栟至小支栟、裹应浦海边长城凡七百里。今诸蕃络绎归顺不可遮设关防,宜令有司奏定州号且赐朱记。[2]

同年九月甲辰,翰林院奏:"东女真大兰等十一村内附者请为滨、利、福、恒、舒、湿、闽、戴、敬、付、宛十一州各赐朱记,仍隶归顺州。"[3]三山村中尹夜西老为代表的三十部女真也应在此次"请附籍"的部落之中,由"化内"变成高丽的附属部落。三山是一个范围较大的地区,西与平虏镇临界,东至海边长城方圆700里。津田左右吉认为,三山地区即元代的三撒,今朝鲜咸镜南道北青平原。[4] 按三山之地当地邻"裹应浦海边长城",池内宏通过实地探查,已经确认其城址在咸兴平原退潮湾一带,由此认定,三山村在咸兴平原城川江河口附近,[5]应更符合实际。可知,文宗时期通过对定州的经略,将其东北界长城外包括蒙罗骨、三山村等地的三十部女真在内的女真诸部,吸纳为归顺州,这

---

〔1〕〔日〕江原正昭:《高麗の州県軍に関する一考察——女真人の高麗軍への編入を中心にして》,第59-72页。

〔2〕〔朝鲜〕郑麟趾:《高丽史》卷9《文宗世家》,"文宗二十七年六月戊寅"条,第129页。

〔3〕〔朝鲜〕郑麟趾:《高丽史》卷9《文宗世家》,"文宗二十七年九月甲辰"条,第130页。

〔4〕〔日〕津田左右吉:《朝鲜历史地理》第二卷,南满洲铁道株式会社1913年版,第110-112页。

〔5〕〔日〕池内宏:《朝鲜高麗朝に於ける東女真の海寇》,第264-281页。

使得三十部女真南迁至高丽东北界的一部与其他地区的三十部女真离散,其身份转变为高丽归顺州的编氓,此后再也未见其以三十部之名出现于高丽史书之中。

综合上述分析可知,闪现于《辽史》《金史》《高丽史》中的三十部女真因其自身的分散性,各部落散居于长白山至咸兴平原之间的区域,形成南北两向的发展态势,无法构成较为统一的力量去应对辽、高丽,以及后来崛起的按出虎水完颜部的压力。因此,在11世纪末,长白山地区的三十部女真被按出虎水完颜部吞并,融入统一的女真政权之中,而居于咸兴平原的一部分成为高丽的附庸。康宗乌雅束时期,统一的女真势力与高丽发生曷懒甸之战,这场战役遏制了高丽的北进势头,将女真与高丽的边界稳定在定州长城之外。自此,三十部女真居住地皆成为女真政权的统辖地域,域内居民在阿骨打时代被按照国家的行政机器进行组织与管理,原有的三十部认同意识亦随之消失。

## 5.5 小结

本章通过对9至10世纪朝鲜半岛东北部族群变迁的分析,认为这一时期存在频繁的迁徙浪潮,打破了原有的族群构成,促成新的族群认同意识。先后有"黑水"和"女真"前后不同的族群出现在长白山至高丽东北边界的地区。三十部女真即是以姓氏观念为依托而形成的一支女真族群,兴起于9至10世纪之交,并在长白山地区稳定居住。三十部女真在10世纪初蓬勃发展,频繁至宋朝贡、贸易。此后辽朝开始经略鸭绿江流域,迫使西向发展的三十部女真转而南向发展,进至高丽东北边界之外的咸兴平原。

由三十部女真的族群与社会特征来看,其族称与社会组织并非一致,缺乏集中机制协调族群行动,使得三十部女真出现了南北分途的发展趋势。11世纪中后期,南向发展的部分逐渐以村为单位归属高丽;居于长白山的部分出现一定程度的集中,形成几个较大规模的部落集团。三十部女真与后来以地域集团认同为主的北部松花江流域女真群体形成鲜明对比。这种族称与社会组织相对脱离的族群，无法在当时激烈竞争的环境下取得优势地位。北方的按出虎水完颜部逐渐统一了长白山以北的女真地区，成为权力集中度更高的部落集团，南向吞并了长白山至咸兴平原的女真部落。三十部女真至此融入新兴的生女真政治体的认同之中。

# 完颜部邑屯村二题

　　东北族群迁徙浪潮之中本文关于完颜部邑屯村的议题有二。其一，学界通常认为完颜部邑屯村与按出虎水完颜部同部，故将其比定在今阿什河附近。然而这种说法与《金史》记述的态势相左。本文考析相关记述，认定完颜部邑屯村桓赧、散达兄弟与按出虎水完颜部劾里钵前后发生的两次战争，通过梳理其间的行军路线与按出虎完颜部周边的敌对部族分布态势，认定完颜部邑屯村居地位于婆多吐水（今黑龙江五常境内），与按出虎水完颜部是两个敌对的部族，双方并非同部或同氏族关系。其二，完颜部邑屯村曾将"国相"之号卖给按出虎完颜部乌古乃，先后由颇剌淑与撒改领用此号。"国相"属于汉译词汇，在不同的语境中分别对译两个不同范畴的语汇"国论勃极烈"和**朱夫挙**（＊omir），乌古乃所购得之"国相"当为后者。从完颜部邑屯村"国相"之号的传递与功能看，该称号与部族职能无涉，或为荣誉称号，或与对辽交涉有关。

　　《金史·桓赧、散达传》："桓赧、散达兄弟者，国相雅达之子也。居完颜部邑屯村。雅达称国相，不知其所从来。景祖尝以币马求国相于雅达，雅达许之。景祖得之，以命肃宗，其后撒改亦居是官焉。"[1]完颜部邑屯村雅达之家曾将"国相"称号出售给按出虎水完颜部长景祖乌古乃。此后雅达之子桓赧、散达势力成为乌古乃之子劾里钵的主要敌

---

[1]《金史》卷 67《桓赧、散达传》，中华书局 1975 年版，第 1574 页。

人。"完颜部邑屯村"雅达之家与按出虎水完颜部的关系,事涉辽代女真两方面的重要问题。其一,女真同姓各部之关系。"部"这一单位是否起到整合社会关系的功能,或仅剩标志地域集团名称的作用。"完颜部邑屯村"即是很典型的实例,其名称又与常见的"凡部族,既曰某部,复曰某水之某,又曰某乡某村,以别识之"[1]的标识原则相异,引发学界种种猜测。有的学者认为完颜部邑屯村与按出虎完颜部都属于同一完颜部,他们双方的斗争是完颜部内部的斗争。[2] 有的学者则认为完颜部邑屯村是邑屯村完颜部,居地在松花江上游以东,与按出虎完颜实为两部。[3] 其间种种疑问尚未得到明确的解答。其二,"国相"是辽代女真酋长的名号,首见于完颜部邑屯村雅达家族,但因记述模糊,学界亦对其性质有不同认识。有的观点认为"国相"是按出虎完颜部内具有实际职能的称号。[4] 有的观点则认为"国相"属于族内成员的尊号,与勃极烈之号性质不同。[5] 他们立论的前提皆将"国相"的传递视作完颜部内政治名号在不同家族之间的传递。这又回到第一个问题,即完颜部邑屯村与按出虎完颜部能否构成同部关系?笔者打算从完颜部邑屯村这一微观问题切入,梳理《金史·世纪》的相关记载,力求管窥全豹,对辽代女真的同姓部族的关系做出一定的理解,进而对辽代女真"国相"的性质发表自己的看法。

一

考察完颜部邑屯村的关键在于理清其与按出虎完颜部的互动关

〔1〕《金史》卷66《完颜勖传》,第1558页。

〔2〕张博泉:《金史论稿》第1卷,吉林文史出版社1986年版,第198页。

〔3〕孙进己据《金史》卷67《桓赧、散达传》"(桓赧、散达)遂与不术鲁部卜灰、蒲察部撒骨出及混同江左右匹古敦水北诸兵皆会"之语,将匹古敦水比定在今天松花江上游的古洞河,桓赧、散达所居应在附近(孙进己、孙泓:《女真民族史》,广西师范大学出版社2010年版,第123页)。

〔4〕对"国相"含义的解读,诸家观点略有不同。池内宏认为"国相"由完颜部邑屯村转移到按出虎完颜部,是完颜部内家族权力之间的转移,"国相"代表完颜部内最高权力,即后来的国论忽鲁勃极烈[参见〔日〕池内宏:《金の建國以前に於ける完顏氏の君長の稱號について—〈金史世紀の研究〉補正—》,载《満鮮史研究》(中世篇第一册),吉川弘文館1979版]。张博泉则认为"国相"即部落联盟内的辅佐酋长之官职,"国相"的转移,是辅佐之职转移到联盟长的家族(参见张博泉:《金史简编》,辽宁人民出版社1984年版)。

〔5〕〔日〕三上次男:《金代政治制度の研究》,中央公論美術出版1970年版,第100页。

·欧·亚·历·史·文·化·文·库·

系,双方的空间位置又是其中的基本问题。"(世祖)袭位之初,内外溃叛,缔交为寇"[1],这里的"内外溃叛"当指景祖乌古乃时代就已经与其有交往的部族,且按出虎水流域的诸部地理位置在世祖初期当不会有所变化,其地缘政治形势的重新洗牌大体上是在世祖之后。所以,由《金史·世纪》相关记事考订出的完颜部邑屯村与按出虎水完颜部的相对位置,在景祖世祖两代以内是有效的。

世祖劾里钵即位之初,桓赧、散达与乌春夹击按出虎水完颜部。按出虎完颜分兵两路抵挡,劾里钵对抗乌春所部,一方颇刺淑"以偏师拒桓赧、散达。……至斡鲁绀出水,既阵成列,肃宗使盆德勃堇议和。桓赧亦恃乌春之在北也,无和意"[2]。随后颇刺淑战败,但乌春所部因天气原因撤退,劾里钵立即"以偏师涉舍很水,经贴割水,覆桓赧、散达之家。明日,大雾晦冥,失道,至婆多吐水乃觉。即还至舍很、贴割之间",方才"至桓赧、散达所居,焚荡其室家"[3]。则可以说桓赧、散达所居之邑屯村当在舍很水、贴割水之间,与婆多吐水接近。此次进攻乌春与桓赧、散达的配合态势为"乌春兵在北,桓赧兵在南"[4],则桓赧、散达所居之舍很水、贴割水及附近之婆多吐水当在乌春兵锋所至之南部。

乌春进攻按出虎完颜时,"道斜寸岭,涉活论、来流水,舍于术虎部阿里矮村滓布乃勃堇家。是时十月中,大雨累昼夜不止,冰渐覆地,乌春不能进,乃引去"[5]。之后不久,乌春再次度岭进攻,"世祖驻军屋辟村以待之,进至苏素海甸"[6],击溃乌春所部之后,在苏素海甸筑城防御。乌春是从今天敦化境内的牡丹江河源向西北的阿什河流域进军,其间的交通路线为:阿跋斯水温都部—斜寸岭(或称为斜堆)—活论水—来流水—苏素海甸—屋辟村—按出虎完颜。苏素海甸,在今黑龙

---

〔1〕《金史》卷1《世纪》,第10页。

〔2〕《金史》卷67《桓赧、散达传》,第1575页。

〔3〕《金史》卷1《世纪》,第8页。

〔4〕《金史》卷1《世纪》,第8页。

〔5〕《金史》卷67《乌春传》,第1578页。

〔6〕《金史》卷67《乌春传》,第1579页。

江省哈尔滨境内大青山以东,尚志市中部的平原地带[1],劾里钵所驻守的屋辟村应在今大青山南麓一带的战略要点上,乌春第一次进攻最远所至当离此地不远,术虎部阿里矮村也应在此附近。所以,完颜部邑屯村的居地当在阿什河源大青山以南寻找。

此外,世祖劾里钵以偏师偷袭桓赧、散达所居,是在颇剌淑两次连败的间隙,则劾里钵进攻邑屯村当是从劾里钵抵御乌春进攻之地出发,而非按出虎完颜的根据地。在劾里钵进攻桓赧、散达之地的过程中,"旧将主保亦死之"[2],"胜昆、主保皆术虎部人"[3],从史料的行文来看,主保与胜昆诸人当为一地之术虎部。劾里钵以偏师偷袭桓赧、散达所居时,是直接调动抵御乌春方面的术虎部的兵员。且从行进路线看,颇剌淑在按出虎水完颜—斡鲁绀出水—舍很、贴割水一线上抵御桓赧、散达所部,劾里钵偷袭邑屯村肯定是从另一路线进逼到婆多吐水一带,且婆多吐水距离劾里钵抵御乌春之地并不远,史载"明日,大雾晦冥,失道,至婆多吐水乃觉",可见路程之近。所以,在开战之初,劾里钵惧桓赧、散达与乌春之兵合势也,就是惧怕两方合兵一处。

## 二

目前学界多将婆多吐水比定在阿什河以北之地。三上次男认为婆多吐水是今天哈尔滨宾县东部的摆渡河[4],《〈中国历史地图集〉释文汇编》则将婆多吐水比定为宾县西部的蜚克图河,但没有说明出处

---

〔1〕苏素海甸因苏素海水得名,又有苏素海春,池内宏认为苏素海水是阿什河上游一支流(《金史世纪的研究》,载《满鲜地理历史研究报告》第十一,东京帝國大學文學部1926年版,第283页);《〈中国历史地图集〉释文汇编》(东北卷)认为苏素海甸在黑龙江尚志市马延乡东南、苇河、亮河一带[谭其骧主编,张锡彤等编:《〈中国历史地图集〉释文汇编》(东北卷),中央民族学院出版社1988年版,第184页],尚志市马延乡以东的平原地带身处阿什河源大青山的东麓,向西则为阿什河流域。

〔2〕《金史》卷1《世纪》,第8页。

〔3〕《金史》卷65《始祖以下诸子传》,1538页。

〔4〕[日]三上次男:《遼末における金室完顔家の通婚形態》,载《東洋学報》第27卷4号,1940年,第529页。

和理由。[1] 目前中国学界多采用的说法,将婆多吐水比定为蜚克图河。学界将其比定在宾县境内的缘故在于《桓赧、散达传》将婆多吐水与匹古敦水联系起来记载,匹古敦水自清人以来就被认为是今天宾县的蜚克图河[2],所以很多学者认为婆多吐水也在宾县境内。若按三上次男与《〈中国历史地图集〉释文汇编》之说,则邑屯村桓赧、散达居地在阿什河东北,其进攻的方向应是自北南下,方位当在乌春兵之北,这就与"乌春兵在北,桓赧兵在南"[3]的记载矛盾,劾里钵若要到蜚克图河或者更远的摆渡河偷袭对方,需要翻越大青山并穿越几条河流,在短时间内是不可能返回颇剌淑的前线的。所以这种将婆多吐水比定在宾县境内的观点既与史料相佐,又于史实逻辑不通。我们还需进一步解释匹古敦水与婆多吐水诸部之间的关系,以理清传统观点的误区。

劾里钵偷袭邑屯村之后与颇剌淑会合,再次向桓赧、散达提出议和,"桓赧、散达欲得盈歌之大赤马、辞不失之紫骝马,世祖不许,遂与不术鲁部卜灰、蒲察部撒骨出及混同江左右匹古敦水北诸部兵皆会,厚集为阵,鸣鼓作气驰骋","于是婆多吐水裴满部斡不勃堇附于世祖,桓赧等纵火焚之"。[4] 这里提到三件事,一是议和破裂,二是大会诸部,三是焚掠婆多吐水裴满部。事件三在《金史·世纪》的记载为"桓赧、散达大会诸部来攻,过裴满部,以其附于世祖也,纵火焚之"[5],表明议和破裂后"大会诸部来攻"是桓赧军从居地附近出发攻击按出虎水的,而非斡鲁绀出水的战役的持续。在《金史·桓赧、散达传》有"桓赧军复来"[6]的文字,也能说明同样的问题,表明斡鲁绀出水战役后,桓赧、散达曾退兵,这可以视为桓赧、散达与乌春联合进攻的结束。

双方后来因谈判破裂,桓赧、散达再次进攻,这次进攻桓赧、散达的

---

〔1〕谭其骧主编,张锡彤等编:《〈中国历史地图集〉释文汇编》,第183页。在《中国历史地图集》中蜚克图河则被标为匹古敦水(《中国历史地图集》第6册,第76页),与《〈中国历史地图集〉释文汇编》蜚克图河为婆多吐水的观点有异。

〔2〕参见〔清〕屠寄:《黑龙江舆图说》,辽海丛书本,辽沈书社1985年版,第1026页。

〔3〕《金史》卷1《世纪》,第7页。

〔4〕《金史》卷67《桓赧、散达传》,第1575页。

〔5〕《金史》卷1《世纪》,第8页。

〔6〕《金史》卷67《桓赧、散达传》,第1575页。

结盟对象是"不术鲁部卜灰、蒲察部撒骨出及混同江左右匹古敦水北诸部"。其中不术鲁部卜灰、蒲察部撒骨出在第一次进攻时就已经站在邑屯村完颜一边,居地在婆多吐水与按出虎水之间的斡鲁绀出水。此次新出现的势力是"混同江左右匹古敦水北诸部",混同江左右匹古敦水北是一个泛称的地理范围,若认定匹古敦水是今天黑龙江宾县的蜚克图河,匹古敦水北当在蜚克图河东北。

史载"桓赧、散达之乱昭肃皇后父母兄弟皆在敌境,(按出虎蒲察)斛鲁短以计迎还之"[1],昭肃皇后为帅水隈雅村唐括部人[2],帅水又称率水,其地在今天哈尔滨东流松花江以北之地[3],可知桓赧、散达之乱时,帅水地区已经成为"敌境",则此地区应处于"混同江左右"范围之内。区内有与按出虎完颜敌对的活刺浑水纥石烈部腊醅、麻产兄弟,"及乌春、窝谋罕等为难,故腊醅、麻产兄弟乘此结陶温水之民,浸不可制"[4] 这里"乌春、窝谋罕等为难"即是桓赧、散达与乌春连兵夹击之时,劾里钵等人无暇北顾,腊醅、麻产侵掠周边野居女真,势力膨胀。可以说从桓赧、散达与乌春第一次联军进攻时开始,活刺浑水到陶温水的范围内的部族一直与按出虎完颜处于敌对状态。活刺浑水一般认为是呼兰河或付拉荤河,陶温水是汤旺河,其间的区域属于"混同江左右"并无不妥。

至于"混同江左右匹古敦水北"诸部是否与桓赧、散达所部构成有效的攻势尚不得而知,但有记载称"(按出虎完颜)斜列以轻兵邀击腊醅等于屯睦吐村,败之"[5] 按出虎完颜部以轻兵制胜,一方面表明按出虎完颜部无法以主力全歼活刺浑纥石烈,另一方面也能说明当时活刺浑纥石烈尚没有给按出虎完颜部以致命的压力,使得按出虎完颜部

---

〔1〕《金史》卷 120《世戚传》,第 2614 页。

〔2〕《金史》卷 63《后妃传》,第 1500 页。

〔3〕屠寄认为帅水是硕罗河即今天哈尔滨巴彦境内的少陵河,隈雅村是其支流隈鸦河(今巴彦富江乡境内的五岳河)附近的小城子古城,地方志多从此说。《〈中国历史地图集〉释文汇编》则认为帅水是今天绥化市境内的通肯河,但不知据何得出。

〔4〕《金史》卷 67《腊醅、麻产传》,第 1581 页。

〔5〕《金史》卷 67《腊醅、麻产传》,第 1581 页。

仅以轻兵就能击败他。活刺浑纥石烈部与按出虎完颜部此时都没有将对方视为主要敌人,直至劾里钵末期,在平灭桓赧、散达之后才开始进行主力角逐的。可以说自乌春、桓赧、散达进攻以来开始掌握混同江北主导权的活刺浑纥石烈部并没有在桓赧、散达第二次进攻当中全力施压于按出虎完颜,所谓"混同江左右匹古敦水北诸部"或为当时战略态势的反映,或真的与桓赧、散达结成军事同盟,但都没有采取有效行动配合邑屯村完颜。桓赧、散达所动员的实际参战主力为婆多吐水、贴割、舍很诸水之人,婆多吐水裴满斡不因站在按出虎完颜一方,才遭焚掠。战场主要在阿不湾、北隘甸一带展开,随后推及婆多吐水。战后"桓赧、散达俱以其属来降"[1],表明婆多吐水附近势力被按出虎完颜部平定,而"混同江左右"的势力仍然从北方威胁着按出虎完颜部。

通过以上考证可知,完颜部邑屯村所在地是婆多吐水一带,且位于大青山以南,则婆多吐水也应在大青山以南。婆多吐水,《满洲源流考》改为摩多图水[2],《吉林通志》据"摩多图"之音认为其地为索多库,在五常境内[3]。索多库在《吉林通志》中又称硕多库,为山名,俗称哨达户[4],即今天五常市境内蛤蟆塘以东的硕大户山[5]。此说更接近考证的结论,完颜部邑屯村的居地在硕大户山附近可备一说。

三

从这场战争中,我们还可以看到在完颜部邑屯村与按出虎完颜部之间,还有其他部族居住。桓赧、散达从贴割水附近进攻到斡鲁绀出

---

〔1〕《金史》卷67《桓赧、散达传》,第1576页。

〔2〕〔清〕阿桂等撰,孙文良、陆玉华点校:《满洲源流考》卷15,辽宁民族出版社1988年版,第293页。

〔3〕〔清〕长顺修,李桂林纂:《吉林通志》卷12《沿革二》,吉林文史出版社1986年版,第197页。

〔4〕民国《双城县志》,载《中国地方志集成黑龙江府志辑》1,凤凰出版社2006年影印本,第266页。

〔5〕硕大户山名见《五常县志》第二编自然地理《五常县境内主要山峰沟谷表》,黑龙江人民出版社1989年版,第40页。

水,遇到肃宗的抵抗。斡鲁绀出水是蒲察部撒骨出的据点,其地当在按出虎水与贴割水之间。后有斡勒部人杯乃"及乌春作难,将与乌春合,间诱斡鲁绀出水居人与之相结"[1]。斡勒部杯乃,"旧事景祖,至是亦有他志,徙于南毕恳忒村,遂以纵火诬欢都"[2],欢都居地在"安出虎水源胡凯山南"[3]。胡凯山即今天哈尔滨阿城区松峰山的老母猪顶子[4],斡勒部杯乃的居地应在其附近,则与其联系的斡鲁绀出水人应离按出虎河源之地不远[5]。又有按出虎水蒲察部,"石家奴,蒲察部人,世居案出虎水,祖斛鲁短,世祖外孙"[6],可见,在按出虎完颜部与完颜部邑屯村之间至少存在着按出虎蒲察、斡鲁绀出蒲察两部分,此外还有"蒲察部沙祇勃堇、胡补答勃堇"在第二次桓赧、散达进攻的时候暗中报告,并在世祖的授意下伪降桓赧、散达。这一蒲察居地当更靠近桓赧、散达所居。

综合上述讨论可知,完颜部邑屯村与按出虎完颜部并不存在地缘上的同一关系,且在政治斗争过程中桓赧、散达兄弟一派也并没有因为部姓相同而与按出虎完颜部势力有所妥协。在两者中间地带的蒲察诸部首领也大多依据政治利益认定其追随对象。有与完颜部邑屯村结盟的斡鲁绀出水蒲察,也有站在按出虎完颜部一方的按出虎蒲察。既然在地缘上没有直接联系,共同部姓也无法成为认同的纽带,依据拥有部姓名称来认定的同部关系只能是一种名义上的,并没有构成实体的社会单位,将完颜部邑屯村称为婆多吐水完颜部邑屯村或更准确一些。该部在景祖时应为独据一方的中心势力,"国相"名号最初并不是按出虎完颜部所有,此后通过币马交换,完成了在两部之间的转移。辽代女真"国相"的性质似有必要进行重新探讨。

〔1〕《金史》卷68《欢都传》,第1592页。

〔2〕《金史》卷67《乌春传》,第1577页。

〔3〕《金史》卷68《欢都传》,第1591页。

〔4〕张连峰:《金代胡凯山和陵考略》,载《黑龙江文物丛刊》1984年第4期,第75–77页。

〔5〕三上次男据《宾州府政书》以及十万分之一的宾州地形图,认为斡鲁绀出水即清代宾州境内的乌尔河(《辽末における金室完颜家の通婚形態》,第507页)。

〔6〕《金史》卷120《世戚传》,第2614页。"世祖外孙"当为昭祖外孙之误(〔日〕三上次男:《辽末における金室完颜家の通婚形態》,第510页)。

# 四

　　"国相"属于典型的汉语词,在当时被用来对译两种女真词汇。一是对译女真勃极烈官号。最早见于宋人的记载:"阿骨打意朝廷绝之,乃命其弟固论国相孛极列"[1]、"良嗣等至其国弟固论相国所居"[2]。这里"国弟"指的是阿骨打之弟斜也,当时称"国论忽鲁勃极烈"。宋人也将宗翰的官号"移赉勃极烈"对译为国相,如"彦通询粘罕国相……撒卢拇云兵马已起,更不须商量,元帅国相军马自河东路入"[3]、"靖康元年(1126)正月"条"河东国相二十万,皇子郎君一头项三十万"[4],宋人致《金人元帅皇子二书》称:"大宋皇帝致书大金国相元帅"[5],都属于这类用法。

　　从《金史》的记载看,金太祖收国元年(1115),"七月戊辰,以弟吴乞买为谙班勃极烈,国相撒改为国论勃极烈,辞不失为阿买勃极烈,弟斜也为国论吴勃极烈"[6]。《金史·撒改传》相应记载:"收国元年正月朔,太祖即位,撒改行国相如故……七月,太宗为谙版勃极烈,撒改国论勃极烈。……九月,加国论胡鲁勃极烈。"[7]可知,在金初原为国相的撒改,被改称为国论勃极烈,若在建国前国相就是国论勃极烈的汉译,那么建国后就没有必要再重新提及撒改更改官号之事,只能认为"国相"在金初并非国论勃极烈之汉译词。联系宋人文献可知,勃极烈被频繁地译作"国相"是在金宋交战期间。《金史·百官志》中称国相即国论勃极烈的说法,盖从金宋交战期间译人口中流传而得,属于后

---

〔1〕〔宋〕徐梦莘:《三朝北盟会编》卷5,"宣和三年十一月"条,上海古籍出版社2008年版,第33页。

〔2〕〔宋〕徐梦莘:《三朝北盟会编》卷12,"宣和四年十二月"条,影印如皋袁氏越东排印本,文海出版社1977年版,第94页。影印许涵度本作"至其弟国论相所居"。

〔3〕〔宋〕徐梦莘:《三朝北盟会编》卷23,"宣和七年十二月三日"条,第168页。

〔4〕〔宋〕徐梦莘:《三朝北盟会编》卷29,引《奉使录》,第213页。

〔5〕〔宋〕徐梦莘:《三朝北盟会编》卷50,引《宣和录》,第380页。

〔6〕《金史》卷2《太祖本纪》,第27页。

〔7〕《金史》卷70《撒改传》,第1614－1615页。

出的含义,不能将其用于理解辽代女真社会。

第二种与"国相"对译的词汇是《大金得胜陀颂碑》撒改的称号 **东夫荜**( ＊omir),爱新觉罗·乌拉熙春认为 **东夫荜**( ＊omir)的含义是永生的智者[1],就 ＊omir 本义而言,没有辅佐之意。与这一称号相对应的汉语碑文:"国相撒改与众仰望,圣质如乔松之高,所乘赭白马亦如岗阜之大",此段只字不见于《金史·太祖本纪》,或出于《太祖睿德神功碑》[2],《太祖睿德神功碑》建于金太宗天会十三年(1135),由韩昉所作。此时已有"国论勃极烈"的汉字词汇,碑文不称"国论勃极烈撒改"只称"国相撒改",撰述者应是据誓师实际情况行文的,可以认为在金太祖称帝之前,"国相"一词是与 ＊omir(智者)对译的,辽代女真的"国相"即指 ＊omir。汉语"国相"所对译的女真词汇随着女真社会发展的不同阶段而产生变化,其社会、政治上的意义也不尽相同,需要具体情况具体分析。

国相( ＊omir)从词义上来看,是对个人的一种尊称。在这一层面上理解时,氏族或者部落的人物(如氏族长,部落长,宗教祭祀人员)尊号是通过个人魅力(宗教性的或武力性的)来获得,并完全由个人的形貌特征或功德经历所决定,他人是无法通过购买或强力"获得"的。"国相"之号可以用"币马"购买而轻易获得,表明在景祖乌古乃时代"国相"之号已超越了个人魅力的性质,带有恒定的社会意义。

现以冠有"国相"之号的肃宗颇剌淑为例,对国相的社会功能进行分析。"在父兄时号国相。……景祖以币马求之于雅达,而命肃宗为之","当其兄(世祖劾里钵)时,身居国相,尽心匡辅"[3] 肃宗颇剌淑在世祖劾里钵时期被称为辅弼人物,史书并没有提及在景祖时代其地位如何。但并不难判断,景祖乌古乃时期肃宗颇剌淑并不具备第二号人物的地位。可知此时的国相,显然不是辅弼之人。从后文所称"凡

〔1〕〔日〕爱新覺羅·乌拉熙春:《〈大金得勝陀颂碑〉女真文新释》,载《女真语言文字新研究》,明善堂 2002 年版,第 159 页。

〔2〕张博泉:《大金得胜陀颂碑研究》,载《女真新论》,吉林文史出版社 1997 年版,第 204 页。

〔3〕《金史》卷 1《世纪》,第 11 页。

有辽事,一切委之肃宗专心焉"来看,景祖命肃宗颇剌淑为国相,应与负责辽事有关。世祖劾里钵"袭位"后,颇剌淑的地位上升,才具有"尽心匡辅"的资格,这种资格的获得并非因为国相之号,而是因其政治地位的上升。在颇剌淑"袭位"后,无人接任国相,直至穆宗盈歌才命撒改为国相。《金史·撒改传》称"继肃宗为国相,既贵且重,故身任大计,赞成如此"[1],可以说肃宗"袭位"之后仍然带有"国相"之号,在其去世之后由撒改来继承。总的来看,肃宗颇剌淑自拥有"国相"以来,政治地位与角色多有变更,在景祖时代其政治地位不应高于乌古乃的兄弟和其兄劾里钵,到世祖时代成为仅次于劾里钵的辅弼之人,直至后来成为按出虎集团都孛堇,都身负国相之号。可以认定,国相对女真部族内部而言,并无专守职责,仅是一个头衔而已,当事人的职能与权力是根据他在部族内的身份与地位而定,与国相称号无关。

综观之,景祖乌古乃以"币马"从雅达手中购买"国相",是按出虎水完颜部与婆多吐水完颜部邑屯村之间的交易行为,属于两个部族间称号的传递。在肃宗冠称这一头衔期间,它在女真社会组织内部没有体现出任何实际功能,景祖乌古乃之所以购买这一"虚衔",还应回到"凡有辽事,一切委之肃宗专心焉"一句来考虑,若肃宗专门负责与辽交涉,那么他必须具备某种身份和资格,但《金史》中并没有提及肃宗获得辽的封官,"国相"之号很有可能就是其对辽交涉的身份凭证。辽代女真社会属于辽朝东北地方,女真人多受辽封官,这些官称在中央王朝看来,标志着该地区女真对其臣服,带有典型的政治意义。由于辽代女真的材料稀缺,尚无法充分谈及其间原委,仅以明朝对东北女真的敕书制为例,略作类比。在明朝册封女真酋长为官时,往往要颁布官诰敕书,作为其朝觐中央王朝的凭证。在明代女真这种官诰敕书并非必须通过明朝的授权,而是可以通过战争、交易等多种途径从其他各部获得。努尔哈赤时代著名的敕书分配事件就是明证,这种敕书对女真酋长的意义主要在于经济上,获得敕书越多,代表着与明朝榷场贸

---

[1]《金史》卷70《撒改传》,第1614页。

易的准入权越多,其获得的利益越大。[1] 本文在此进行一个推测,尚不能作为结论:"以币马购得国相之号"是获得对辽交涉的某种资格,景祖乌古乃让颇剌淑冠称国相,是命其专任对辽交涉之责。虽然不敢确认景祖乌古乃时代国相的确切含义,但可以确认国相在当时尚不具有明确的管理职能,且与孛堇并非同一身份体系,所以可以用"币马"购买。

(本文原分两部分刊于《通化师范学院学报》2010 年第 9 期和《兰台世界》2012 年第 2 期)

---

[1]关于明代女真敕书的研究参见〔日〕三田村泰助:《清朝前史の研究》,東洋史研究会 1972年版。

# 说"舍利"

## ——兼论突厥、契丹、靺鞨的政治文化互动

　　突厥的"舍利"号源于中亚波斯语或粟特语的"国王"之号,后发展为对贵族阶层的泛称。契丹继承了突厥—回鹘的舍利传统,将其用于标识贵族身份,不属官称。靺鞨"大舍利"号并非源于契丹授职,也是源自突厥。"舍利"在契丹、靺鞨、突厥三族社会的流变,揭示了6—10世纪内亚草原帝国政治形式对契丹和靺鞨的影响。

　　中国北方族群在发展过程中存在广泛的政治互动现象,形成了一些相似的政治文化传统,探究政治名号的渊源与功能流变是理解这种互动过程的主要途径之一。论者多聚焦于北方民族政治体"可汗"等职能名号的研究,对于指称贵族阶层的身份名号则关注不足,甚至存在依照官制思维泛化阐释的现象。突厥、契丹、靺鞨(渤海)社会中共有的"舍利"即属于身份名号的范畴,能够展现三族政治互动与贵族阶层发育的关系。目前学界对辽朝国家体制下的舍利已进行了充分研究,普遍认为舍利是辽朝各部族子弟的尊称,并围绕舍利群体形成相应的管理机构与入仕制度。[1] 同时,学界认识到"舍利"并非契丹所独有,在靺鞨(渤海)、突厥、回鹘中也存在该名号。在讨论契丹、渤海舍

---

　　[1]参见费国庆:《辽朝郎君考》,载《上海教育学院学报》1991年第1期;李桂芝:《契丹郎君考》,载陈梧桐主编《民大史学》第1辑,中央民族大学出版社1996年版;陈述:《契丹舍利横帐考释》,载侯仁之、周一良主编《燕京学报》新八期,北京大学出版社2000年版;乐日乐:《辽金郎君群体研究》,北京大学历史系硕士学位论文,2010年。

156

利的渊源关系时,多数学者认为渤海舍利是由契丹授职而来。[1] 此外,还有的学者以"舍利"判定乞乞仲象的族属为契丹人或突厥人。[2] 本文拟在前辈学者研究的基础上,对突厥、契丹、靺鞨(渤海)三族"舍利"号的渊源关系试做说明,借此一窥北方民族社会政治文化的互动现象。

一

因"舍利"一词常见于契丹、渤海社会,故两个领域的学者对该名号语源多有讨论。白鸟库吉认为"舍利"为契丹语"查拉",义为帽子。[3] 魏特夫、冯家昇将"舍利"语源推至波斯、土耳其语中的头巾(sällä),且认为"沙里"是契丹的固有名词,并非"舍利"的异译。[4] 这两种说法都是据《辽史·国语解》"舍利"条立论,即"契丹豪民要裹头巾者,纳牛驼十头,马百匹,乃给官名曰舍利"。[5] 此文最初见于武珪《燕北杂记》:"契丹富豪民要裹头巾,纳牛驼七十头,马一百匹,以给契丹名目,谓之舍利。"[6]武珪于宋嘉祐六年(1061)入宋,其所记"裹头巾"者"谓之舍利"实为辽中后期幅巾制度。幅巾制度本于汉制,辽墓壁画中的契丹裹巾样式皆为唐、五代样式。[7] "裹头巾"者"谓之舍

〔1〕参见金毓黻:《渤海国志长编》卷19《杂考》,辽阳金氏千华山馆1934年版,第5页;张碧波:《渤海大氏考》,载《学习与探索》1998年第5期;张碧波:《渤海大氏续考》,载《北方文物》2001年第3期;魏国忠、郝庆云:《渤海建国前史事考》,载《学习与探索》2001年第1期;魏国忠、朱国忱、郝庆云著:《渤海国史》,中国社会科学出版社2006年版,第36页;马一虹:《靺鞨、渤海与周边国家、部族关系史研究》,中国社会科学出版社2010年版,第295页。

〔2〕[日]鸟山喜一著,船木胜马编:《渤海史上の诸问题》,风间书房1968年版,第31页。马驰:《〈唐两京城坊考〉中所见仕唐蕃人族属考》,载上官鸿南、朱士光主编《史念海先生八十寿辰学术文集》,陕西师范大学出版社1996年版,第623页;白寿彝总主编,史念海主编:《中国通史》(修订本)第6卷(上),上海人民出版社2004年版,第319页。

〔3〕[日]白鸟库吉:《东胡民族考》,载《白鸟库吉全集》(第四卷),岩波书店1970年版,第282页。

〔4〕Karl A. Wittfogel and Feng Chia-Sheng, *History of Chinese society: Liao (907–1125)*, American Philosophical Society, 1949, p.290, p.646.

〔5〕《辽史》卷116《国语解》,中华书局1974年版,第1536页。

〔6〕《说郛》卷4《燕北杂记》,中国书店1986年版,第9页a面。

〔7〕王青煜:《辽代服饰》,辽宁画报出版社2002年版,第16页。

利"体现了辽中后期杂糅汉制的情况,而"舍利"一词自契丹先世以来已经沿用,故不能据"裹头巾"探究"舍利"的语源。

卢泰敦据汉字音近,认为渤海"舍利"即柔然的"俟利",但不清楚具体语源[1] 学界一般认为此"俟"读若"奇","俟利"是柔然、突厥语汇"el/il"的对音汉字[2],义为国家、人民,又可写作"俟力""颉利"等形式。以"俟利"为词根的突厥官号主要有"俟利发"( eltäbär/iltäbär)[3]、"俟斤"(irkin),这两个词汇都是统治部族之外的部族酋长官号[4] 显然,卢说取"俟"字的"ʤɪə"音进行拟定,与通说相佐。在辽代,"俟斤"对应的音译汉字是"夷离堇"[5],与"舍利"无涉。

传世文献中"舍利"一词最早见于突厥社会,李桂芝曾指出契丹"舍利"源于突厥子弟领兵者所用的官号"设"(šad),但它已不似突厥之"设"具有掌兵之权,只有特别任命才可统兵[6] 认识到了"舍利"与"设"在用法上近似,并且发音声母相近,为"舍利"研究指出了方向,遗憾的是没有进一步展开讨论。

突厥有舍利吐利部,是颉利可汗十二部之一,唐太宗灭东突厥汗国后,曾以该部置舍利州,隶云中都督府[7] 后来舍利吐利部与其他11 部成为突厥第二汗国的中坚力量,发展为默啜可汗十二族之一。约

〔1〕〔韩〕盧泰敦:《高句麗遺民史研究:遼東唐内地및 突厥方面의 集團을 중심으로》,载《韓沽劤博士停年紀念史學論叢》,파주:知識產業社,1981,99 쪽。

〔2〕F. K. W. Müller, *Uigurica II*: *Abhandlungen der Berliner Akademie der Wissenschaften*, phil. -hist. KL., 1910, p. 94 – 96; Paul Pelliot, "Neuf notes sur des questions d'Asie centrale", in *T'oung Pao*, vol. 26, no. 4/5 (1929), P. 225 – 229; Alessio Bombaci, "On the Ancient Turkic Title Eltäbär", in *Proceedings of the IXth Meeting of the Permanent International Altaistic Conference*, Napoli, 1970, pp. 61 – 62.

〔3〕本文从阿莱西欧·包巴奇(Alessio Bombaci)等人的通说。另有普里查克将"俟利发"构拟为"ilig bäg",近年罗新又从突语对音角度进一步论证此观点。参见 Von Omeljan Pritsak, "Von den Karluk zu den Karachaniden", in *Deutsche Morgenländische Gesellschaft*, Bd. 101 (1951), p. 270; 罗新:《柔然官制续考》,载《中华文史论丛》2007 年第 1 期,第 76 – 82 页。

〔4〕〔日〕護雅夫:《鉄勒諸部におけるeltäbär、irkin 号の研究》,载《古代トルコ民族史研究》I,山川出版社 1980 年版,第 426 – 427 页。

〔5〕参见白鳥庫吉:《東胡民族考》,第 183 – 184 页;Paul Pelliot, "Notes sur le 'Turkestan' de M. W. Barthold", in *T'oung Pao*, Vol. 27 – 1(1930), p. 44.

〔6〕李桂芝:《契丹郎君考》,第 268 页。

〔7〕参见〔宋〕王溥:《唐会要》卷73《安北都护府》,上海古籍出版社 2006 年版,第 1558 页。

在 8 世纪成文的伯希和 1283II 号文书《北方王统记》中罗列了 12 族的名称,其中的"šar-du-li"被释作"舍利吐利"。[1] 这一词汇是由"舍利"与"吐利"构成的复合词。"吐利"(du-li)是突厥称号"törä",语义为屋子中的尊位,或是对显贵、王子的尊称。[2] 奚六部中有官号"吐里"(或秃里),也源于该词。[3] 突厥"舍利"的发音当为"šar",在唐至辽代的文献中常用"利"字对译突厥、契丹语中的 r 或 l 音,如"俟利"对应"el",夷里堇(irkin)中"里"对应"r",所以"舍利"的拟音作"šar"或"šal"。

"舍利"(šar)在突厥社会中一直是作为可汗近亲、贵族群体的尊称来使用的。如欧阳玄《高昌偰氏家传》称:"(偰氏)子弟以暾欲谷之后,世为其国大臣,号之曰设,又曰沙尔,犹汉言戚畹也。"[4] "沙尔"的罗马转写是"šar",为"舍利"的不同译字。12 世纪突厥后裔乃蛮社会中,有شال(šāl)号,被释作"王子",译字写作"沙勒"。[5] 该词与"舍利""沙尔"为同一名号,都是对"戚畹""王子"等可汗、酋长亲近人员的尊称。从语源看,"舍利"与"设"具有很大的相似性,都应源于中古波斯

〔1〕参见 Gérard Clauson, "À Propos du Manuscrit Pelliot Tibétain 1283", in *Journal Asiatique*, vol. 245 (1957), p. 18; K. Czeglédy, "On the Numerical Composition of the Ancient Turkish Tribal Confederations", in *Acta Orientalia Academiae Scientiarum Hungaricae*, Tomus XXV (1972), p. 280;〔日〕森安孝夫:《チベット語史料中に現われる北方民族:Dru‐Guと Hor》,载《アジア・アフリカ言語文化研究》第 14 号,1977 年,第 13 - 14 页。

〔2〕Manhmūd el-Kaşgarī, *Türk Şiveleri Lügati*, trans. by Robert Dankoff and James Kelly, Harvard University, 1984, p. 264; Sir Gerard Clauson, *An Etymological Dictionary of Pre-Thirteenth-Century Turkish*, Oxford at the Clarendon Press, 1972, pp. 528 - 529.

〔3〕《辽史》卷 74《耶律敌剌传》载:"代辖里为奚六部吐里。"《辽史》卷 116《国语解》载:"'吐里',官名。与奚六部秃里同。"语源考释参见 Karl H. Menges, "Titles and organizational terms of the Qytań (Liao) and Qara-Qytaj(Śi-Liao)", in *Rocznik Orientalistyczny*, Tomo XVII (1951 - 1952), p. 73。

〔4〕〔元〕欧阳玄:《圭斋文集》卷 11《高昌偰氏家传》,四部丛刊初编第 472 册,上海商务印书馆 1929 年影印本,第 5 页 b 面。

〔5〕〔伊朗〕拉施特主编,余大钧、周建奇译:《史集》第一卷第二分册,商务印书馆 2011 年版,第 276 页。

语"国王"（*šah*），或粟特语"君主"（*xšēδ*）。[1] 但是，从语音角度看，突厥语尾音中无法实现"d""r"之间的转变，两者并非同一词汇的音变。或因元代汉语"设"的收声-t 逐渐弱化，发音与"šar"接近，欧阳玄才将"舍利"（*šar*）比附为"设"。在语义方面，"舍利"与"设"也出现了分途演化。在突厥社会中，"设"逐渐演变为可汗一系子弟独立统兵者，或在外担任别部酋长者的官号[2]。"舍利"很早即已成为贵族身份的尊称得以广泛使用，并发展出"舍利吐利""*šar-du-li*"这样的复合名号，后用于部落名称。

"舍利"在使用过程中逐渐扩展至其他曾经受到突厥节制的族群。段成式《酉阳杂俎》："突厥之先曰射摩舍利，海神（神）在阿史德窟西，射摩有神异，海神女每日暮以白鹿迎射摩入海，至明送出。经数十年后，部落将大猎……至暮还，海神女报射摩曰：'尔手斩人血，气腥秽，因缘绝矣。'"[3] 在这段文字中存在两个"神"字，使得语义含混不清，诸家理解有异，点断方式也不同。方南生在"舍利海神"后点断，即"突厥之先曰射摩舍利海神，神在阿史德窟西"[4]。此种点断将射摩理解为海神。但从上下文叙事看，射摩仅是"有神异"能够通神（海神女）的部落酋长，后无法再与海神女见面。这表明射摩没有与海神女同等的神格身份。丹尼尔·塞诺则认为，若射摩为舍利海神，那么此传说暗示射摩与自己的女儿有染，这是讲不通的[5]。故"射摩舍利海神"的点断并不可取。此外，吴景山、芮传明都认为应在"射摩"与"舍利海神"之

〔1〕关于"设"语源的探讨，参见 Sir Gerard Clauson, *An Etymological Dictionary of Pre-Thirteenth-Century Turkish*, p. 866; Alessio Bombaci, "On the Ancient Turkish Title 'Šaδ'", in *Gururajamañjarika: studi in onore di Giuseppe Tucci*, Istituto Universitario Orientale, 1974, pp. 185 – 193; Adriano V. Rossi, "In Margine a On the Ancient Turkish Title 'Šaδ'", in *Studia Turcologica memoriae Alexii Bombaci dlicata*, Istituto Universitario Orientale, 1982, pp. 407 – 446。

〔2〕〔日〕護雅夫：《突厥第一帝国における šad 号の研究》，载《古代トルコ民族史研究》I，山川出版社 1980 年版，第 336 – 352 页。

〔3〕〔唐〕段成式：《酉阳杂俎》卷 4《境异》，四部丛刊初编第 468 册，商务印书馆 1929 年影印本，第 1 页 b 面。

〔4〕〔唐〕段成式撰，方南生点校：《酉阳杂俎》卷 4《境异》，中华书局 1981 年版，第 44 页。

〔5〕参见〔美〕丹尼斯·塞诺：《突厥的起源传说》，载《丹尼斯·塞诺内亚研究文选》，中华书局 2006 年版，第 61 页。

间点断[1],将两者视作"突厥之先",即"突厥之先曰射摩、舍利海神。神在阿史德窟西",如此点断实则认为传说暗喻突厥先世的两个通婚氏族。一般来说,某族群社会的始祖传说主要功能是利用拟制的亲近关系来加强成员的认同感,以凝聚族群。然而,此传说中射摩与海神女最终是缘绝义断,自然无法用于证明两个氏族之间的亲近关系,氏族通婚之说不可信。丹尼斯·塞诺疑此段误重"神"字,把这段话理解为"突厥之先曰射摩舍利,海(神)神在阿史德窟西"[2] 这样点断,意义较为明确,本文从之。"舍利"就是射摩的称号,并不是作为部名使用。

此传说中虽称"突厥之先",但其中海神女、白鹿、窟穴等元素皆带有铁勒始祖传说的特征。如《契苾明碑》:"原夫仙窟延祉,吞霓昭庆,因白鹿而上腾,事光图谍。"《契苾嵩墓志》:"公讳嵩,字义节。先祖海女之子,出于漠北,住乌德建山焉。"[3]海神女、白鹿等元素与突厥汗族的狼生传说不同,射摩舍利传说很大程度上是反映了铁勒社会的历史记忆。那么所谓"突厥之先"应指包括突厥、铁勒等曾在突厥帝国统治范围内的族群。由此可推知射摩舍利之"舍利"名号已被突厥汗国内多个族群用于贵族尊称。《辽史·后妃传》载:"太祖淳钦皇后述律氏,讳平,小字月理朵。其先回鹘人糯思,生魏宁舍利,魏宁生慎思梅里,慎思生婆姑梅里。"[4]继突厥兴起的回鹘也采用"舍利"作为贵族阶层的尊称使用,并进一步影响到契丹社会。

## 二

唐天宝四年(745),回纥杀突厥白眉可汗,取代突厥雄踞漠北草原,此后利用中原战乱之际,将契丹纳入自己的势力范围,授予附属各

---

〔1〕吴景山:《突厥人的居住、茶食及装束习俗述论》,载《甘肃民族研究》1990 年第 3－4 合期,第 64 页;芮传明:《故突厥先祖传说考》,载《西域研究》1994 年第 2 期,第 58 页。

〔2〕〔美〕丹尼斯·塞诺:《突厥的起源传说》,第 60－61 页。

〔3〕契苾明父子墓志整理本分别见于岑仲勉:《突厥集史》,中华书局 2004 年版,第 801、825 页。

〔4〕《辽史》卷 71《后妃传》,第 1199 页。

·欧·亚·历·史·文·化·文·库·

部酋长以官职印信[1] 9世纪契丹朝贡唐朝的酋长多冠有"达干""梅落"(梅里)等带有典型突厥—回鹘系特征的名号[2],表明源自回鹘社会的政治元素已经影响到契丹政治体制的发展。在契丹建国前后出现的政治名号中,学界已确认源自回鹘的有忒里蹇、惕隐、于越、梅里(梅落)、林牙、详稳、夷离堇、夷离毕、达剌干(达干)、挞马[3]。"舍利"也在这一过程中被契丹利用,成为契丹社会常见的名号。该词汇在文献中又作"沙里",汉译为"郎君"。

契丹社会中,"舍利"的运用与职官系统存在明显的区分。阿保机曾被称为挞马狨沙里。挞马狨为契丹扈从卫队职官名,该词由标识职守的挞马(tama)[4]和后缀"狨"构成。"狨"是蒙古语复数后缀"vowel + -t"的对音汉字[5],契丹人多以"狨"名官,如"闸撒狨""虎里狨"等[6]。"某某狨"是独立官称语汇,后面"沙里"标识阿保机当时的贵族身份,即职官加身份的表述方式。"国人号阿主沙里",则是对阿保机的荣称加身份的称呼,相当于阿主大人。"舍利"也可用于称呼没有职官的贵族。契丹小字《耶律玦墓志》第3行称耶律玦未赐官职的五世祖为霞马葛舍利。此霞马葛是鲜质可汗之孙,大体生活于辽太祖、太

---

〔1〕会昌二年(842)契丹酋长屈戌内附唐朝时,幽州刺史张仲武"易回纥所与旧印,赐唐新印"(《新唐书》卷219《契丹传》,第6172页)。

〔2〕详见《宋本册府元龟》卷972《外臣部·朝贡第五》,贞元十七年、元和八年十一月、九年十一月,第3856页;《旧唐书》卷99下《契丹传》,第5354页。

〔3〕参见 Karl H. Menges, "Titles and organizational terms of the Qytań (Liao) and Qara-Qytaj (Śi-Liao)", pp. 68 – 79;杨富学:《回鹘文献与回鹘文化》,民族出版社2003年版,第439 – 443页;〔日〕爱新觉罗·乌拉熙春:《契丹突厥札记》,载《辽金史与契丹、女真文》,东亚历史文化研究会2004年版,第127 – 139页。

〔4〕伯希和认为"挞马"即玄奘记录的突厥语"答摩支",其中"支"(či)为后缀成分(Paul Pelliot, "Neuf notes sur des questions d'Asie centrale", pp. 220 – 221)。

〔5〕参见 Karl A. Wittfogel and Feng Chia-Sheng, History of Chinese society: Liao(907 – 1125), p. 430; Karl H. Menges, "Titles and organizational terms of the Qytań (Liao) and Qara-Qytaj(Śi-Liao)", p. 76.

〔6〕杨志玖:《辽金的挞马与元代的探马赤》,载《元史三论》,人民出版社1985年版,第61 – 62页。

宗之世。[1] 契丹小字《萧图古辞墓志》第 3 行称团宁大王有儿子两个,大儿子是麽□舍利,少时夭折。[2] 两款墓志都称贵族为"舍利",无论他们是否成年、任官。这些都能说明契丹建国前后,"舍利"一直是贵族身份的尊称,并不属于职官系统的称号。

宋元之季的一些释诂与记述对契丹"舍利"的含义语焉不详,多认定"舍利"为契丹职官,误导了很多当代学者,有必要略做辨析。《资治通鉴》胡三省注称"舍利、惕隐皆契丹管军头目之称"。[3] 金毓黻等人受其影响,在探讨渤海"大舍利乞乞仲象"名号时,即称"(渤海)舍利为契丹先世特定之官,又以契丹语为名者也……仲象附于契丹,官大舍利"[4],"契丹授职"说后成为渤海史学界的一般认识。然而,这些学者忽略了宋初已在契丹"舍利"与职官系统之间做出了明确的区分与解释。

江休复《杂志》:"于越时为舍利郎君。契丹国中,亲近无职事者呼为舍利郎君,请兵十万救幽州。"[5] 此文是对辽乾亨元年(979)耶律休哥率军解南京(幽州)之围时的记述。休哥时任惕隐,并在次年(辽乾亨二年,宋太平兴国五年)升为北院大王。[6] 惕隐与北院大王都是辽

〔1〕参见〔日〕愛新覺羅·烏拉熙春:《遙輦氏迪輦鮮質可汗與陶猥思迭剌部——以契丹文〈故左龍虎軍上將軍正亮功臣檢校太師只兗昱敵穩墓誌〉為中心》,《거란 연구의 현황과 연구 방향》,서울,단국대학교북방문화연구소,2009 年,43 – 44 쪽;〔日〕愛新覺羅·烏拉熙春著:《国舅夷離畢畢帳と耶律玦家族》,載《立命館文學》621 号,2011 年,第 49 頁;吴英喆:《契丹小字新発見資料釈読問題》,東京外国語大学アジア·アフリカ言語文化研究所,2012 年,第 13 頁。契丹文拓片参见吴英喆:《契丹小字新発見資料釈読問題》,第 243 頁;〔日〕吉本智慧子:《契丹小字新発見資料の釈読及び相関問題》,載《立命館文學》632 号,2013 年,第 7 頁。

〔2〕参见刘凤翥、梁振晶:《契丹小字〈萧奋勿腻·图古辞墓志铭〉考释》,載《文史》2008 年第 1 辑,第 197 頁。

〔3〕〔宋〕司马光:《资治通鉴》卷 277,"后唐长兴三年二月甲辰"条,中华书局 1956 年版,第 9067 頁。

〔4〕金毓黻:《渤海国志长编》卷 19《杂考》,第 5 頁。

〔5〕〔宋〕李焘:《续资治通鉴长编》卷 20,"宋太宗太平兴国四年七月甲申"条,引江休复《杂志》,中华书局 2004 年版,第 457 頁。耶律休哥因瓦桥关之战有功,被封为于越。故江休复才称"于越时为舍利郎君"〔耶律休哥封于越事,参见《辽史》卷 9《景宗本纪下》,"乾亨二年(980)十二月庚午"条,第 104 頁;《辽史》卷 83《耶律休哥传》,第 1300 頁〕。

〔6〕参见《辽史》卷 9《景宗本纪下》,"乾亨元年九月己卯"条、"乾亨二年春正月丁亥"条,第 102 – 103 頁。

代职官之号，休哥一方面身负重要职任，一方面被"呼"作舍利郎君。余靖《武溪集》称"其宗室为横帐，庶姓为（摇）[遥]辇，其未有官者呼为舍利，犹中国之呼郎君也"。[1] 所以，宋人已经看到"舍利"是对契丹贵族的口头称谓，但此事至胡三省时已不为人所知，导致混淆了"舍利"与"惕隐"等职官的性质。

元史臣在修《辽史》时，同样也误将舍利视作职官。《辽史·皇子表》在耨里思之子葛剌、洽礼，萨剌德之子叔剌、裹古直，匀德实之子麻鲁的官职栏皆注为"舍利"。但又注明葛剌、叔剌、麻鲁为"早卒"，裹古直处则注为"年几冠，坠马卒"。[2] 这几人与麼□舍利的情况一样，属于夭折，将其说成是幼年任官于理不合。《辽史·皇子表》是元朝史臣按照中原王朝追尊高祖以下子孙为皇族的观念编成，存在多处错误[3]，将舍利注为官职即是其一。与之类似，《辽史·国语解》"挞马狨沙里"条："挞马，人从也。沙里，郎君也。管率众人之官。"此处漏释"狨"字，暗示沙里为职官。同卷"舍利"条："契丹豪民要裹头巾者，纳牛驼十头，马百匹，乃给官名曰舍利。"[4] 此处将《燕北杂记》的"以给契丹名目，谓之舍利"改作"乃给官名曰舍利"，实为曲解原意。

综上，契丹"舍利"名号直接借自回鹘社会，用于特指统治阶层的贵族身份。从辽建国以后历史来看，契丹舍利群体仍需要通过军功、随侍皇帝等途径入仕，获取职官，故渤海史学界将靺鞨（渤海）乞乞仲象的"舍利"号理解为契丹授职，实受宋元之际释诂的误导。至于文献中的汉人舍利，实为被契丹皇室接纳为皇族成员获得舍利身份。如辽太宗天显十年，"以舍利王庭鹗为龙化州节度使"。[5] 据向南考证，王庭鹗是五代时王郁之子。[6] 王郁于辽神册六年（921）冬十月癸丑"内

〔1〕〔宋〕余靖：《武溪集》卷18《契丹官仪》，载《宋集珍本丛刊》第3册，线装书局2004年影印本，第305页。

〔2〕本段皇子表内容均见《辽史》卷64《皇子表》，第962页。

〔3〕爱新觉罗·乌拉熙春、吉本道雅：《新出契丹史料の研究》，松香堂书店2012年版，第152页。

〔4〕"挞马狨""舍利"分别见于《辽史》卷116《国语解》，第1534页、第1536页。

〔5〕《辽史》卷5《太宗本纪》，"辽太宗天显十年五月癸丑"条，第37页。

〔6〕参见向南：《辽王氏二方墓志考》，载《考古与文物》1984年第3期，第95页。

附",同年十二月癸丑,"王郁率其众来朝,上呼郁为子,赏赉甚厚,而徙其众于潢水之南"[1]。《辽史·王郁传》记此事为"举室来降,太祖以为养子"[2],王郁被阿保机认为养子,进入契丹贵族行列,王庭鹗才具有舍利称号。这亦能够证明契丹"舍利"的身份特征。鸟山喜一曾跳出契丹授职的思维定式,以"舍利"名号辨族属,认为乞乞仲象是契丹人[3]。然而如前所述,北方族群政治文化交融频繁,共有名号的现象十分普遍,单以名号辨族属的思路亦不正确。所以,应当重新思考靺鞨(渤海)"舍利"名号的来源与意义。

# 三

关于靺鞨(渤海)"舍利"的记述较少,最显著者是乞乞仲象的"大舍利"号。由于再无更多直接的说明,学者一般将"舍利"称号与契丹联系在一起,因此有必要澄清"大舍利乞乞仲象"事迹产生的背景。

"大舍利乞乞仲象"最早见于《五代会要·渤海传》[4],之后为《新唐书·渤海传》《新五代史·四夷附录》《武经总要》所承袭。金毓黻曾认为《新唐书·渤海传》多取材于张建章《渤海国记》[5],然未注意到《新唐书·渤海传》与《五代会要·渤海传》的渊源。据宋《国史·王贻孙传》记载,王溥家藏张建章著《渤海国记》,其子曾据此答宋太祖妇人拜礼之问[6]。王溥在编撰《五代会要》时主要参考了《渤海国记》,《新唐书·渤海传》则综合包括《渤海国记》在内的多种资料连缀而成[7]。张建章唐大和九年(835)出使渤海后,"著《渤海记》,备尽岛夷风俗、宫

〔1〕两条王郁来附记事并见《辽史》卷2《太祖本纪》,第17页。

〔2〕《辽史》卷75《王郁传》,第1241页。

〔3〕〔日〕鸟山喜一著,船木胜马编:《渤海史上の諸問題》,第31页。

〔4〕〔宋〕王溥:《五代会要》卷30《渤海》,上海古籍出版社2006年版,第473页。

〔5〕金毓黻:《渤海国志长编》卷19《杂考》,第25页 a 面。

〔6〕〔宋〕程大昌撰,刘尚荣校证:《考古编续考古编》卷7"妇人拜",中华书局2008年版,第107页。

〔7〕〔日〕古畑徹:《渤海建国関係記事の再検討——中国側史料の基礎的研究》,载《朝鮮学報》113辑,1984年,第33–38页。

殿、官品,当代传之"[1]。"大舍利乞乞仲象"与《新唐书·渤海传》中的大彝震之前历代国王年号、谥号都属于渤海历代王系的内容,不见于《旧唐书》与《唐会要》,当是张建章出使获得的信息。

张建章出使之前,渤海已经与契丹形成敌对关系。《新唐书·渤海传》称"扶余故地为扶余府,常屯劲兵扞契丹,领扶、仙二州"[2]。唐人对渤海认识的形成要早于张建章《渤海国记》。贞元十七年(801),贾耽献《古今郡国县道四夷述》40卷[3],记录了唐边州通四夷之地理与交通[4]。《三国史记》曾引其书云:"渤海国南海、鸭渌、扶余、栅城四府,并是高句丽旧地也。"[5]贾耽之书记述的是757—801年之间的渤海政区情况[6],《新唐书》渤海扶余府记事也应是8世纪中叶以后的状况。至张建章出使前,渤海与契丹对峙已近百年,唐幽州(卢龙)节度使派遣张建章使渤海的主要目的就是联合渤海共同抵御契丹、奚人的威胁。[7]

当时的政治形势在历史表述中有所体现。《五代会要·渤海传》载:"有高丽别种大舍利乞乞仲象,与靺鞨反人乞四比羽走保辽东,分王高丽故地。则天封乞四比羽许国公,大舍利乞乞仲象震国公。乞四比羽不受命,则天命将军李楷固临阵斩之。"[8]《旧唐书·渤海靺鞨》载:"祚荣与靺鞨乞四比羽各领亡命东奔,保阻以自固。尽忠既死,则天命右玉钤卫大将军李楷固率兵讨其余党,先破斩乞四比羽,又度天门岭以迫祚荣。"[9]两书所述事迹略同,但笔法相异。《五代会要·渤

---

[1]《唐蓟州刺史兼御史大夫张府君墓志》,载北京图书馆金石组编《中国历代石刻拓本汇编》第34册,中州古籍出版社1989年版,第13页。

[2]《新唐书》卷219《渤海传》,第6182页。

[3]《旧唐书》卷13《德宗本纪下》,第395页;同书卷138《贾耽传》,第3784–3786页。

[4]《新唐书》卷43《地理志下》,第1146页。

[5]〔高丽〕金富轼撰:《三国史记》卷37《杂志六·地理四》,影印韩国首尔大学藏朝鲜英祖年间刊本,《域外汉籍珍本文库》第二辑,西南师范大学出版社、人民出版社2011年版,第309页。

[6]〔日〕赤羽目匡由:《渤海王国の政治と社会》,吉州弘文馆2011年版,第22–35页。

[7]参见〔日〕古畑徹:《渤海建国関係記事の再検討——中国側史料の基礎的研究》,第18–19页;马一虹:《靺鞨、渤海与周边国家、部族关系史研究》,第307页。

[8]〔宋〕王溥:《五代会要》卷30《渤海》,第473页。

[9]《旧唐书》卷199《渤海靺鞨传》,第5360页。

海传》将乞乞仲象、大祚荣父子与"反人"乞四比羽进行明确的区分,并把李楷固讨伐事与乞四比羽相联系,与《旧唐书》的观点明显不同。古畑徹认为其原因是9世纪初唐与渤海为保持紧密联系,张建章在行文时刻意强调渤海先祖乞乞仲象与大祚荣对唐朝的臣服关系,回避当时的叛唐行动。[1] 在近与契丹敌对、远向唐朝朝贡的政治背景下,渤海也要力图构建朝贡—册封关系和谐的政治语境,渤海大彝震对其王系的追述不可能体现出先祖臣附强敌契丹,或出身于契丹的暗示,由此也可证"大舍利"并非源于契丹。

作为政治名号的"舍利",当源自突厥社会,粟末靺鞨引入该名号可能要早于契丹从回鹘系统借用的时间。6—7世纪突厥汗国已经在与高句丽争夺粟末靺鞨的控制权,突厥木杆可汗"西破嚈哒,东走契丹,北并契骨,威服塞外诸国"。[2] 突厥又围高句丽在辽东之新城,并攻打白岩城[3],直接与高句丽在辽东地区对峙。日野开三郎认为朝贡北齐的靺鞨人是被突厥羁縻的粟末靺鞨[4] 尽管尚无直接证据能够说明粟末靺鞨与突厥的关系,但他对靺鞨境遇的猜测可能是对的。至隋末唐初,突厥以突利可汗主"契丹、靺鞨部,树牙南直幽州,东方之众皆属焉"[5],在一定时期内实现了对靺鞨人的控制。

《旧唐书·靺鞨传》称靺鞨"东至于海,西接突厥,南界高丽,北邻室韦。其国凡为数十部,各有酋帅,或附于高丽,或臣于突厥"。[6] 靺鞨诸部没有形成统一的政治体,政治取向各不相同,有的部族"臣于"突厥,有的则"附于"高句丽。突厥对臣属的靺鞨诸部派遣吐屯,并在战时征发靺鞨军队参战。[7] "舍利"名号应在突厥羁縻靺鞨时期传入

〔1〕〔日〕古畑徹:《渤海建国関係記事の再検討——中国側史料の基礎の研究》,第19页。
〔2〕《周书》卷50《突厥传》,中华书局1971年版,第909页。
〔3〕〔高丽〕金富轼:《三国史记》卷19《高句丽本纪》,"阳原王七年秋九月"条,第139页。
〔4〕参见〔日〕日野开三郎:《粟末靺鞨の对外関係》,载《東北アジア民族史》(中),三一書房1991年版,第151-152页。
〔5〕《新唐书》卷215上《突厥传上》,第6038页。
〔6〕《旧唐书》卷199《靺鞨传》,第5358页。
〔7〕参见《旧唐书》卷56《梁师都传》,第2280页;《旧唐书》卷199《渤海靺鞨传》,第5361页;《新唐书》卷219《渤海传》,第6180页。

粟末靺鞨地区,影响到当地靺鞨酋长阶层意识的变化,并逐渐演化为粟末靺鞨自身的语汇。突厥在隋初分裂为东西汗国,势力减弱,高句丽趁机北拓,引起粟末靺鞨的分化、迁徙[1]。"粟末靺鞨附高丽者"大舍利乞乞仲象一族即是在突厥势力暂时退出后,附于高句丽的一部,从其"舍利"号看,附于高句丽的粟末靺鞨仍然保持原有的传统。此后,传世文献再无渤海立国期"舍利"号的记述。

辽朝灭亡渤海之后,沿用渤海制度对其遗民进行管理[2],同时,其体制不在《辽史·部族志》所述范畴内,与辽代部族体制有别。《辽史·百官志》称"存其族帐",其贵族体制亦得以保留,所以,在辽初仍能看到冠有"大舍利"号的渤海遗民。宋琪《平燕蓟十策》称:"有渤海首领大舍利高模翰兵,步骑万余人,并髡发左衽,窃为契丹之饰。"[3]此处所云是辽太宗在石晋末年举兵南下时的情况。[4] 高模翰为渤海贵族,渤海亡后先避祸高丽,后辗转投辽,成为辽初名将。会同元年(938)任统军副使,与僧遏前驱,南攻石晋,"是冬,兼总左右铁鹞子军,下关南城邑数十"。[5] 高模翰在辽太宗南攻石晋的战争中,率军充当前锋,且左右铁鹞子军也包括在高模翰所率"步骑万余人"之内,可知"渤海首领大舍利高模翰兵"是一支以契丹人为主的军队。宋琪因高模翰渤海人身份,误以为其所率军队为渤海人,才称"窃为契丹之饰"。高模翰"大舍利"并非因契丹化而来,实为渤海传统的名号。辽代渤海人延续了"舍利"传统,其舍利军成为辽朝的军事力量。如辽太平九年(1029)舍利军详稳大延琳之乱,此舍利军应属于东丹国渤海体制内的组织,带有自身的特点。

综上,渤海"舍利"是由粟末靺鞨借自突厥,发展为渤海自身的名

---

〔1〕粟末靺鞨的分化迁徙,参见范恩实:《靺鞨兴嬗史研究——以族群发展、演化为中心》,黑龙江教育出版社2014年版,第174-182页。

〔2〕[日]高井康典行:《東丹国と東京道》,载《史滴》第18号,1996年,第40页。

〔3〕[宋]李焘:《续资治通鉴长编》卷27,"雍熙三年正月戊寅"条,第605页。

〔4〕邝又铭:《〈辽史·兵卫志〉中"御帐亲军"、"大首领部族军"两事目考源辨误》,载《北京大学学报》1956年第2期,第75页。

〔5〕《辽史》卷76《高模翰传》,第1249页。

号,至辽代已经存在一定规模的渤海舍利群体。从目前的资料看,"舍利"在靺鞨(渤海)社会不是承担具体职能的官号,而是贵族的身份称号,这与突厥、契丹社会对舍利的使用方式相同。

# 四

突厥—回鹘系族群在 6 至 10 世纪之间是支配内亚草原的主要政治势力,其影响最远东到靺鞨居地,与东北契丹、靺鞨等族群存在长期的政治互动关系。突厥、契丹、靺鞨的舍利名号即是这种关系的重要体现。中亚波斯语或粟特语的国王、君主一词,经突厥社会的发展,分化出用于专称可汗家族子弟在外领兵者,或演变为别部领主的"设"(šad),以及用于泛称贵族的"舍利"。后者被靺鞨、契丹等族群引入,成为指称统治阶层或贵族群体的词汇。在靺鞨、契丹政治名号发展进程中审视这一问题,则更有意义。

契丹大贺氏部落联盟时期,契丹、奚酋长使用"莫贺弗"或"莫弗"作为酋长称号。罗新结合相关研究,将"莫贺弗"构拟为"baγa bäg"。他指出"弗"是源于鲜卑传统的官称"bäg"。"莫贺"是用于称呼酋长的修饰性名号(appellation),后与"弗"(bäg)凝固成新的官称(official title),简称"莫弗",同时该词也用于修饰其他官称。[1] 在契丹社会中,"莫弗"是被当作酋长的基本称号而使用的。当时诸部关系较为散漫,互不统属,"莫弗"在北魏时是契丹、奚各部酋长的最高身份,尚无超越各部"莫弗"的政治名号出现。

《隋书·靺鞨传》称靺鞨有"大莫弗瞒咄"之号[2],此处"莫弗"则作为美称修饰酋长名号"瞒咄"。隋开皇中,粟末靺鞨突地稽与其兄"瞒咄率其部内属于营州,瞒咄死,代总其众"[3] 或突地稽兄"瞒咄"

---

〔1〕参见罗新:《可汗号之性质——兼论早期政治组织制度形式的演化》,载《中古北族名号研究》,北京大学出版社 2009 年版,第 15 – 19 页;《虞弘墓志所见的柔然官制》,同书第 119 – 122 页。

〔2〕《隋书》卷 81《靺鞨传》,中华书局 1973 年版,第 1821 页。

〔3〕〔宋〕王钦若等编:《宋本册府元龟》卷 970《外臣部·朝贡三》,第 3842 页。

号的全称即"大莫弗瞒咄",为统领数部首领的尊称。其中"瞒咄"（ma-ntur）是"莫贺咄"（baɣatur）的省称音转。[1]"莫贺咄"最早见于乌桓[2]，后被靺鞨、室韦等族固化为酋长称号使用。隋代北室韦，分为九部落。"其部落渠帅号乞引莫贺咄，每部有莫何弗三人以贰之。"[3]北室韦部落酋长群体分为莫贺咄与莫贺弗两个层级。在靺鞨后世女真社会，广泛存在孛菫（bögin）称号，即"弗"（bäg）的变形[4]，那么可以认为靺鞨社会也当存在类似的"瞒咄"与"弗"两个基本的酋长等级。

契丹、靺鞨早期政治组织中的酋长群体都具有相对稳定的基本名号"弗"（bäg），在此基础上出现附加修饰性美称的复合名号用以区分酋长群体层级的现象。从名号的性质看，两族政治组织内部的角色分化并不明显，还无法清晰辨识出标记身份与官职的两套名号。6 至 10世纪之间，两族在频繁地与周边国家、族群发生互动关系的同时，政治组织日益膨胀，其等级分层与角色分化也日趋复杂。"舍利"称号被吸收与应用，体现出新兴统治阶层利用外来政治文化符号强化群体身份的需要。

靺鞨社会分布地域广阔，各支族群发展并不均衡。最先西迁的粟末靺鞨较早地与突厥发生互动，并吸纳了"舍利"称号。在粟末靺鞨建立渤海国之后，参照唐制创建政体，并没有大量沿用突厥体制。但在身份等级方面，统治族群一直沿用"舍利"称号，而没有将其扩散到其他被统治族群，用以强化其统治者的特殊身份。概言之，渤海社会在上层建筑方面，引入唐制创建公共职能范畴的职官系统，与带有突厥因素的贵族身份体制并行不悖。由其他靺鞨族群发展而来的女真人继承了靺鞨、室韦"莫弗"（baɣa bäg）的 bäg 传统，广泛使用孛菫（bögin）作

---

〔1〕参见〔日〕白鳥庫吉：《室韦考》，载《白鳥庫吉全集》（第四卷），第 451 页。

〔2〕〔唐〕杜佑：《通典》卷 196《边防十二·北狄三·乌桓》载："后燕慕容盛时，有乌桓渠帅莫贺咄科教。"（中华书局 1988 年版，第 5367 页）

〔3〕《隋书》卷 84《室韦传》，1883 页。

〔4〕参见 Karl H. Menges, "Problemata Etymologica", in Herbert Franke ed., *Studia Sino-Altai-ca: Festschrift für Erich Haenisch zum 80. Geburtstag*, Franz Steiner Verlag, 1961, pp. 130 – 135; Ger-hard Doerfer, *Türkische und Mongolische Elemente im Neupersischen Bd.* Ⅱ, Franz Steiner Verlag, 1965, p. 404。

为酋长、贵族的称号,并结合突厥式的变形勃极烈(bögilar),形成金朝初年的孛堇—勃极烈体制,由此构成了靺鞨族群由渤海到金朝的递进型政治文化衍生模式。

契丹社会在发展过程中与突厥—回鹘系社会存在着更为紧密的互动关系。契丹大贺氏部落联盟时期,在突厥与唐朝之间多持两端,反复无常。突厥曾在契丹、奚部设吐屯进行统摄,但并没有改变契丹自身的"莫贺弗"传统。唐开元二十五年(737)以后,涅里以乙失活部、迭剌部为中心,集合其他大贺氏联盟残部形成新的遥辇氏部落联盟[1],并于9世纪以后在上层建筑系统地沿袭回鹘政治名号,形成较为明确的职能与身份两大称号系统,抛弃了大贺氏联盟时期的"弗"(bäg)传统。这反映了契丹遥辇氏部落联盟利用更高程度的回鹘政治文化形式来巩固上层建筑的发展成果。10世纪初,契丹在历经近500年的沉浮之后,建立辽朝,成为内亚东部的霸主。众所周知,辽王朝自建国伊始即开始大量引介中原的官僚体制对原有的部族体制加以改造,结合汉制将舍利身份与贵族入仕制度联系起来。这种由突厥到汉制的政治体制演变历程又与渤海、金朝有极大的相似性。

总之,隋唐时代突厥、回鹘崛起于北方草原,东北靺鞨、契丹等族群偏居一隅,夹在草原帝国与中原王朝两大势力之间,常持两端以自存。然而在此后的2至3个世纪内,东北族群先后建立了主宰内亚东部并入主中原的辽金王朝,开启了中国历史发展重心东移的序幕。辽金王朝统治族群的先人契丹与靺鞨,在与突厥、回鹘等草原帝国的政治互动过程中,吸纳了草原帝国的政治文化形式,借用大量既有政治称号以满足自身部族政治体的发展需要。东北族群在隋唐时代并非简单地局限于血缘社会的循环发展,而是在草原帝国与中原王朝的双重影响下,进行自身部族政治体的结构扩展。目前学界多重视中原体制在辽金王朝形成中的作用,对在此之前内亚草原帝国政治形式对东北族

---

〔1〕参见蔡美彪:《契丹的部落组织和国家的产生》,载《历史研究》1964年第5-6期,第174-176页。

群政治体的重要影响关注不足。本文所述"舍利"号，是源于中亚，经由突厥发展出的标识统治阶层身份的称号。"舍利"与靺鞨、契丹社会相结合，分别形成自身的贵族称号系统，是两族国家政体中与官制并行的贵族身份体制的具体表现。

（原刊于《中国边疆史地研究》2014 年第 4 期，收录于此略有增补、修改）

# 新时期日本的辽金史研究
## （2000—2012）

　　辽金契丹女真史研究在 20 世纪初曾是日本东洋史研究的热点领域,涌现出一大批优秀学者,并形成注重文献考据与实地探查相结合的研究传统。这一时段的研究受到当时政治局势影响,将辽金契丹女真史视作"满蒙"历史的一部分,并与中国历史相对立。在二战以后,因受到文献史料等各方面条件的限制,日本辽金契丹女真研究日渐式微,直至 20 世纪 90 年代以来,中国大量辽金时期新资料的发现与整理,扩展了相关研究资源,吸引了部分日本中青年学者进入该领域。日本学界于 2001 年成立辽金西夏研究会,每年定期开展学术活动,并出版会刊《辽金西夏研究的现在》3 期[1],辽金契丹女真史研究在日本已形成相对稳定的研究群体。

　　新时期日本辽金史研究者继承了早期研究者注重第一手文献与实地调查的优良传统,在语言文字、碑刻资料研究等方面都有大量成果涌现。同时,因新资料的使用,也有很多学者对老问题提出新见解。但是,目前中国辽金史研究者对日本同行的研究成果关注不多,这在信息交流发达的 21 世纪并非正常现象。本文拟对 2000—2012 年日本学界对辽金契丹女真史研究状况进行简要介绍,以推动我国辽金史学界对日本同行的了解与交流。

　　对于日本辽金契丹女真史研究的状况,日本《史学杂志》历年的回

---

　　〔1〕〔日〕荒川慎太郎、髙井康典行、渡辺健哉編:《遼金西夏研究の現在》1,東京外国語大学アジア・アフリカ言語文化研究所 2008 年版;〔日〕荒川慎太郎、髙井康典行、渡辺健哉編:《遼金西夏研究の現在》2,東京外国語大学アジア・アフリカ言語文化研究所 2009 年版;〔日〕荒川慎太郎、髙井康典行、渡辺健哉編:《遼金西夏研究の現在》3,東京外国語大学アジア・アフリカ言語文化研究所 2010 年版,第 347 - 380 頁。

顾与展望,以及饭山知保专门综述文章《辽金史研究》(2010 以前)[1]
都进行过梳理介绍。本文部分内容是对其有关部分进行编译与综合,
其余内容是笔者搜集整理所得。在此对 2000—2012 年《史学杂志》
"回顾与展望"辽金史、"内陆亚洲"契丹、女真部分的作者,以及饭山知
保先生致以最诚挚的谢意。综述正文仅是对日本辽金史研究观点择
要介绍,若要全面了解,请参阅笔者整理的《2000—2012 年日本辽金史
论著目录》(《辽金西夏研究 2012》,同心出版社 2014 年版)。

## 一、政治、制度、法律、军事

本部分是辽金契丹女真史研究的传统议题,新时期日本学者结合
新出土碑刻资料与传世文献,发表了若干新见解。

高井康典行在辽代政治史领域用力精深,20 世纪 90 年代已经对
辽代的斡鲁朵、藩镇问题进行了深入讨论。2002 年他发表的《斡鲁朵
与藩镇》一文[2]提出"斡鲁朵所属州县"并非皇帝的私人领域,而是受
到来自斡鲁朵、国家、藩镇三方面的控制,并将以往没有被关注的藩镇
置于一个较为瞩目的位置。同年高井康典行还发表《辽代武臣的升
迁》一文[3],运用《宋会要》、契丹小字碑刻等资料,讨论了辽代汉、契
丹两族武官不同的迁转途径。《头下军州官员》(2008)[4]利用墓志、
文献资料对头下州贱民和自由人两种不同身份的部曲由头下官入仕
国家官员的现象进行分析,指出契丹头下制度受到唐末藩镇割据以来
部曲制度的影响,并非契丹固有制度。

武田和哉在掌握大量墓志、碑刻资料的基础上,围绕辽代南北二
重体制等重要政治、制度史问题发表若干文章。《论契丹国(辽朝)北

〔1〕〔日〕飯山知保:《遼金史研究》,載遠藤隆俊、平田茂樹、淺見洋二編《日本宋史研究の現
狀と課題——1980 年代以降を中心に》,汲古書院 2010 年版,第 347 – 380 页。

〔2〕〔日〕高井康典行:《オルド(斡鲁朵)と藩鎮》,載《東洋史研究》61 卷 2 号,2002 年 9 月,
第 230 – 256 页。

〔3〕〔日〕高井康典行:《遼の武臣の昇遷》,載《史滴》24,2002 年 12 月,第 2 – 29 页。

〔4〕〔日〕高井康典行:《頭下軍州の官員》,載荒川慎太郎、高井康典行、渡辺健哉編《遼金西
夏研究の現在》1,東京外国語大学アジア・アフリカ言語文化研究所 2008 年版,第 51 – 70 页。

南枢密使制度与南北二重官制》(2001)[1]、《契丹国(辽朝)宰相制度与南北二元官制》(2009)[2]等文章对辽代的北、南院枢密使和北、南府宰相的任命与执掌进行了动态考察。作者的主要观点是:《辽史·百官志一》记述的是辽兴宗朝以后的状况,《辽史·百官志三》则记述的是辽太宗朝的情况。辽代中期圣宗至兴宗朝南北二元统治体系发生重要变化,一改契丹、汉人分掌北、南面官的原则,转变成主要由契丹人担任北、南院枢密使,汉人担任北、南府宰相。这种任用状况的形成,是契丹人至上的政治体制增强的表现,也意味着对汉人的支配方式发生变化。此外,武田和哉还对辽代中后期的政治问题进行讨论,如《契丹国(辽朝)道宗朝政治史考察:庆陵出土皇后哀册再检讨》(2003)[3],分析庆陵出土皇后哀册的内容,并结合埋藏时间等相关史实,阐述辽中后期宫廷权力斗争及其背后国舅族内部的派系对立关系,进而分析辽道宗时期的政治倾向。《契丹国(辽朝)的于越》(2008)[4]则对契丹于越官及其所反映的契丹国政治构造进行了详细分析。

2012 年森安孝夫、川本芳昭将加藤修弘的 1966 年东京大学毕业论文《辽朝北面的支配机构:以著帐官与节度使为中心》公布。[5] 该论文对辽朝北面官的著帐官、节度使的任用实况与职掌进行分析,指出著帐官与蒙古帝国的那可儿类似,是以拟制家族关系结成的皇帝家产性的腹心集团,在统治其他部族过程中逐渐制度化,其统治基础上带有北族传统主从关系的因素。武田和哉、毛利英介、森部丰、藤原崇人、山根弓果、武内康则等学者针对此文进行了补注与解题。

〔1〕〔日〕武田和哉:《契丹国(遼朝)の北·南院枢密使制度と南北二重官制について》,载《立命館東洋史學》24,2001 年 7 月,第 25 - 83 页。

〔2〕〔日〕武田和哉:《契丹国(遼朝)の宰相制度と南北二元官制》,载宋代史研究會編《宋代中国の相対化》(宋代史研究會研究報告集第九集),汲古書院 2009 年版,第 213 - 270 页。

〔3〕〔日〕武田和哉:《契丹国(遼朝)道宗朝の政治史に関する一考察:慶陵出土の皇后哀册の再検討》,载《立命館大学考古学論集》Ⅲ,2003 年 5 月,第 981 - 1006 页。

〔4〕〔日〕武田和哉:《契丹国(遼朝)の于越について》,载《立命館文学》608,2008 年 12 月,第 418 - 398 页。

〔5〕〔日〕加藤修弘:《遼朝北面の支配機構について:著帳官と節度使を中心に》,载《九州大学東洋史論集》40,2012 年 3 月,第 7 - 84 页(后附武田和哉、毛利英介、森部豊、藤原崇人、山根弓果、武内康則《補注》武田和哉《解題》)。

政治人物方面,爱新觉罗·乌拉熙春运用出土契丹、汉文墓志对《辽史》纪传中语焉不详的政治家族进行了考述,这样的文章如《匣马葛考》(2004)[1]、《韩知古家族世系考》(2005)等[2]。其专著《新出土契丹史料的研究》(2012)[3]运用 2006 年以后新出土的契丹、汉文墓志,契丹皇族孟父房遥辇氏,以及外戚国舅夷离毕帐进行研究,并据此修正《辽史·皇族表》和《辽史·外戚表》的错误。

在金代政治、制度史方面,日本学界在 2000 年以来主要有如下几篇文章。藤原崇人《金代节度、防御使考》(2000)[4]运用石刻文献对金代地方的节度使与防御使的任用问题进行了研究,认为金朝内地多任用汉人为节度使、防御使,在军事压力较重的边境地区则多任用女真人。井黑忍《金代提刑司考:章宗朝官制改革的一个侧面》(2001)[5]通过对提形司的沿革、机能以及御史台人员的构成的分析,认为这种设置是力图削弱宗室、契丹、渤海、汉人的权力,进而探讨章宗时期监察制度对元代忽必烈时期制度的影响。关于县制,前村佳幸《北宋与金代县的新设与整并》(2002)[6]对北宋、金、南宋县的增减进行统计,并对县的整并趋势进行了分析。饭山知保《金代地方吏员的中央迁转》(2007)[7]则梳理了金代地方吏员向中央官署令史的晋升路线。

泽本光弘主要关注辽代北方边疆经略问题。《契丹旧渤海领地统

〔1〕〔日〕愛新覺羅·烏拉熙春:《匣馬葛考》,载《立命館文學》582,2004 年 1 月,第 308 - 299页。

〔2〕〔日〕愛新覺羅·烏拉熙春:《韓知古家族世系考》,载《立命館文學》591,2005 年 10 月,第 233 - 213 页。

〔3〕〔日〕愛新覚羅·烏拉熙春、吉本道雅:《新出契丹史料の研究》,松香堂 2012 年版。

〔4〕〔日〕藤原崇人:《金代節度·防禦使考》,载《大谷大學史學論究》6,2000 年 3 月,第67 - 99 页。

〔5〕〔日〕井黑忍:《金代提刑司考:章宗朝官制改革の一側面》,载《東洋史研究》,60 卷 3 号,2001 年 12 月,第 1 - 31 页。

〔6〕〔日〕前村佳幸:《北宋·金代における県の新設と統廃合》,载《名古屋大學東洋史研究報告》26,2002 年 3 月,第 1 - 31 页。

〔7〕〔日〕飯山知保:《金代吏員の中央陞転について》,载記念論集刊行會編《福井重雅先生古稀·退職記念論集——古代東アジアの社会と文化》,汲古書店 2007 年版,第 507 - 521 页。

治与东丹国构造:以耶律羽之墓志为线索》(2008)[1]通过对《耶律羽之墓志》的释读与分析,揭示了东丹国的一些重要史实。其主要观点是东丹国的建立一方面为的是统治渤海遗民,另一方面也具有游牧国家在其统治部族内分配人口与资源的性质。东丹国是契丹游牧政权的有机组成部分,辽将其迁徙至辽阳并非是为监视耶律突欲,而是为了更接近迭剌部的领地。《契丹渤海人与东丹国:对"遣使记事"的综合讨论》(2008)[2]利用墓志资料对辽代渤海人的政治动向,以及东丹国的相关问题进行考察。作者认为926年渤海灭亡后,"渤海"称号已与渤海政权无关,契丹人也称东丹为渤海,渤海遣使朝贡各国的现象并不能说明渤海残存势力对契丹构成较大威胁。《契丹北方领土扩张与契丹大字研究:以耶律延宁墓志为线索》(2010)[3]对现存最早的契丹文资料《耶律延宁墓志》进行释译,进而考证耶律延宁的经历,以及其所任羽厥里节度使的治所,由此揭示了10世纪中叶以来契丹北方统治的一个侧面。作者认为《耶律延宁墓志》反映了辽中叶在对北方力求稳固的政治态势,辽北疆开拓至镇州可能是在其下一代的事情。

军制方面,藤原崇人《金代禁卫组织:以侍卫亲军司为中心》(2000)[4],围绕侍卫亲军司的设置、亲军选充法的实行、禁卫组织要职的任官问题进行讨论,认为金代侍卫亲军在官职方面沿用宋制,其成员的身份多带有女真特色的个人私属性质。松井太《金代契丹武将及

〔1〕〔日〕澤本光弘:《契丹の旧渤海領統治と東丹国の構造〈耶律羽之墓誌〉をてがかりに》,载《史学雑誌》117卷6号,2008年6月,第1097-1122页。

〔2〕〔日〕澤本光弘:《契丹(遼)における渤海人と東丹国——"遣使記事"の検討を通じて》,载荒川慎太郎、高井康典行、渡辺健哉编:《遼金西夏研究の現在》1,東京外国語大学アジア・アフリカ言語文化研究所2008年版。

〔3〕〔日〕澤本光弘:《契丹の北方への領域拡張と契丹大字研究——〈耶律延寧墓誌〉をてがかりに》,载荒川慎太郎、高井康典行、渡辺健哉编:《遼金西夏研究の現在》3,東京外国語大学アジア・アフリカ言語文化研究所,2010年6月,第47-86页。

〔4〕〔日〕藤原崇人:《金代禁衛組織について——侍衛親軍司を中心に》,载《大谷大学大学院研究紀要》17,2000年12月,第207-239页。

其军团:以萧恭事迹为中心》(2003)[1],认为金代契丹军队是能够决定金代政治走向的重要决定性因素。郗志群、姜宾《金代"细军"探微》[2]则对海陵王时期设置的近卫军"细军"进行考察。

法制史方面,德永洋介《辽金时代法典的编纂》(上下 2003、2006)[3]两篇文章讨论了契丹、女真对唐律、《宋刑统》注释等文献的集成与发展,形成对后世元明两代影响颇深的《泰和律》。此外,德永洋介《辽金时代的语言和法律》(2007)[4]则对多语言社会的法律加以考察。

## 二、辽金与周边国家关系

日本学者近年相关论著多围绕辽金时期的澶渊体制进行研究,并从欧亚大陆东部的多边国际秩序的视角进行阐释。

京都大学毛利英介以《辽代国际关系史研究》为题撰写博士毕业论文,并在 2008 年成功通过答辩,其主旨在于论述契丹(辽)与五代、北宋等中原政权,以及高丽、西夏等国关系,放弃以往以中华王朝为中心的研究范式,确立以辽为中心的视角。毛利英介的研究主要分为两大方面,其一,探讨契丹(辽)与北宋之间的关系发展,重点围绕澶渊之盟规定的新的国际秩序,以及契丹内部派系斗争对国际关系的影响。作者认为澶渊之盟的基本形式,与五代时期阿保机、李克用云中会盟存在渊源关系,并认为澶渊之盟是 9 世纪契丹、沙陀势力崛起后北亚国际关系重新构筑的最终形式。其次,1074—1076 年辽宋在山西的边境交涉发生的重要原因是契丹内部耶律乙辛派与皇太子派的政治斗争。

---

〔1〕〔日〕松井太:《金代のキタイ系武将とその軍団:蕭恭の事跡を中心に》,載岡洋樹、高倉浩樹、上野稔弘編:《東北アジアにおける民族と政治》,東北大学東北アジア研究センター 2003 年版,第 120 - 142 页。

〔2〕郗志群、姜賓:《金代〈細軍〉探微》,載《中国史学》21,2011 年 10 月,第 37 - 50 页。

〔3〕〔日〕德永洋介:《遼金時代の法典編纂》(上),載《富山大学人文学部紀要》38,2003 年 3 月,第 73 - 85 页;德永洋介:《遼金時代の法典編纂》(下),載《富山大学人文学部紀要》45,2006 年,第 31 - 53 页。

〔4〕〔日〕德永洋介:《遼金時代の言語と法律》,載森田憲司:《13,14 世紀東アジア諸言語史料の綜合的研究:元朝史料学の構築のために》,《2006 年度研究実績報告書》2007 年版,第 15 - 26 页。

这两点内容亦体现于作者在 2006 年发表的《澶渊之盟的历史背景——从云中会盟到澶渊之盟》[1]，以及 2004 年的《1074—1076 年契丹（辽）宋间的边境交涉发生的原因——从契丹一方的视角》[2]两文之中。

其次，毛利英介还注意从宋、高丽、西夏的角度来审视当时多国国际关系，并指出辽在宋、高丽、西夏关系背后充当调停者和监视者，是 11 世纪东亚多国关系的核心。这一内容分别通过《1099 年宋夏元符和议与辽宋事前交涉：辽宋并存期国际秩序研究》（2008）[3]、《11 世纪后半期北宋的国际地位：以宋丽交通复开与契丹存在为线索》（宋代中国 2009）[4]两篇文章进行论述。

古松崇志则在《契丹、宋之间的澶渊体制中的国境》（2007）[5]一文中明确提出"澶渊体制"，指出这一概念包含两层结构，其一是契丹、宋作为平等国家共存的结构；其二是根据此结构而形成的欧亚大陆东部维持多国共处的国际秩序。其核心理念是多国地位平等秩序。作者在《契丹宋之间的外交文书：牒》（2010）[6]中进一步对澶渊体制下的交涉文书制度进行分析，指出牒具有契丹、宋两国边境机构交换的外交文书性质，并详述其办理手续、在外交交涉活动中的保存管理等问题。契丹、宋、西夏、高丽的"书、诏、表、牒"文书使用时国内、国外有别。这从交涉制度的层面进一步充实了作者的"澶渊体制"说。古松崇志 2011 年还发表《10—13 世纪多国并存时代的欧亚东方的国际关

〔1〕〔日〕毛利英介：《澶淵の盟の歷史的背景——雲中の会盟から澶淵の盟へ》，载《史林》89卷 3 号，2006 年，第 413－443 页。

〔2〕〔日〕毛利英介：《1074 から 76 年におけるキタイ（遼）・宋間の地界交涉發生の原因について——特にキタイ側の視點から》，载《東洋史研究》62 卷 4 号，2004 年，第 601－631 页。

〔3〕〔日〕毛利英介：《一〇九九年における宋夏元符和議と遼宋事前交涉：遼宋竝存期における國際秩序の研究》，载《東方学報》82，2008 年，第 119－167 页。

〔4〕〔日〕毛利英介：《十一世紀後半における北宋の国際的地位について——宋麗通交再開と契丹の存在を手がかりに》，载宋代史研究會編：《宋代中国の相対化》（宋代史研究會研究報告集第九集），汲古書院 2009 年版，第 271－314 页。

〔5〕〔日〕古松崇志：《契丹・宋間の澶淵体制における国境》，载《史林》90 卷 1 号，2007 年 1月，第 28－61 页。

〔6〕〔日〕古松崇志：《契丹・宋間における外交文書としての牒》，载《東方学報》85，2010 年 3 月，第 271－301 页。

系》(2011)[1]对当时的国际形势进行宏观讨论。

井黑忍《金初外交史料所见欧亚东部的国际关系》(2010)[2]根据《大金吊伐录》所载金、宋国书的形式对金朝初期依照澶渊体制处理对外关系,并进行新体制构筑尝试的过程进行梳理,认为金一边维持"澶渊体制"的结构,一边册封宋、西夏、高丽,建立不平等的君臣关系。

总的来看,上述三位学者基本认可 10 至 13 世纪辽金所处的多国秩序,并依照国际关系史中结构与秩序的视角来看待澶渊之盟前后的国际关系,并且看到由辽至金,该体制存在变化的过程。

除此之外,西尾尚也侧重于多国关系下金代决策的讨论。《金代外交使节及其人选:以内政问题为视角》(2000)[3]认为金朝皇帝一般选派其倚重的官员出使南宋。《金宋间天眷和议的再探讨》(2005)[4]对金宋天眷议和背后的西夏威胁的因素进行探讨。中村和之在《金、元、明的东北亚政策与日本列岛》(2006)[5]中还论述了日本对金代东北亚政策的影响。

近藤刚《高丽前期官僚李文铎墓志所见高丽与金的关系》(2011)[6]在对李文铎墓志录文、注释的基础上,阐明海陵王南征到世宗即位的时段,华北到高丽国境之间遭受的动乱,以及高丽与金相互争论等情况。泽本光弘《契丹(辽)的交通路线与来往之人》(2011)[7]

〔1〕〔日〕古松崇志:《10~13世紀多國竝存時代のユーラシア(Eurasia)東方における國際關係》,载《中国史学》21,2011年10月,第113-130页。

〔2〕〔日〕井黑忍:《金初の外交史料に見るユーラシア東方の國際關係》,载荒川慎太郎、高井康典行、渡辺健哉编:《遼金西夏研究の現在》3,東京外国語大学アジア・アフリカ言語文化研究所2010年6月,第31-46页。

〔3〕〔日〕西尾尚也:《金の外交使節とその人選:内政問題の観点から》,载《史泉》91,2000年1月,第36-52页。

〔4〕〔日〕西尾尚也:《金宋間における天眷年間の和議に関する再検討:西夏の動向に関連して》,载《史泉》102,2005年7月,第34-49页。

〔5〕〔日〕中村和之:《金元明朝の北東アジア政策と日本列島》,载天野哲也、臼杵勲、菊池俊彦编集:《北方世界の交流と変容——中世の北東アジアと日本列島》,山川出版社2006年8月。

〔6〕〔日〕近藤剛:《高麗前期の官僚李文鐸の墓誌を通じてみた高麗・金関係について》,载《教育・研究》(中央大学附属中学校・高等学校),24号,2011年,第53-81页。

〔7〕〔日〕澤本光弘:《契丹(遼)の交通路と往来する人》,载鈴木靖民・荒井秀規编《古代東アジアの道路と交通》,勉誠出版2011年7月,第257-272页。

通过访问契丹使节残存的语录、行程录对契丹华北东部交通路线的情报进行整理。

## 三、民族、社会、经济

　　新时期日本辽金社会史研究大体可以分为两个方面,其一是契丹、女真民族社会研究,其二是对辽金王朝统治的华北社会与中央政府关系的研究。这些研究共同的特点是利用新出土资料,以及具有地方特色的乡邦文献作为主要资料,进而揭示出从正史无法看到的一个社会场景。此外,近十年内专门的经济史研究论著并不多见,故将其置于此部分。

　　关于契丹、女真族社会研究主要有如下论著问世:

　　爱新觉罗·乌拉熙春对契丹人的命名,以及亲属称谓制度有着深入研究,先后发表《〈耶律迪烈墓志铭〉与〈故耶律氏铭石〉所载墓主人世系考——兼论契丹人的“名”与“字”》(2003)[1]、《契丹小字的亲属称谓及相关名词》(2004)[2]、《契丹古俗“妻连夫名”与“子连父名”》(2007)[3]等文章。此外,爱新觉罗·乌拉熙春《契丹文墓志所见辽史》(2006)[4]是近年契丹民族史研究的代表作,作者大量运用近年新出土的契丹文墓志与辽代汉文史料互证的方法,对辽代契丹族的社会组织、皇族与外戚、契丹族的习俗与文化都进行了深入的论述,澄清了以往辽史研究诸多问题。武田和哉《萧孝恭墓志所见契丹国(辽朝)的姓与婚姻》(2005)[5]通过对《萧孝恭墓志》与《辽史》的比较分析,对萧姓系统进行了多方面的考察,对以往耶律、萧二姓并存的武断的观点进行了修正,指出存在萧姓的出现是可能某种制度的产物。

　　〔1〕[日]愛新覺羅·烏拉熙春:《〈耶律迪烈墓志銘〉與〈故耶律氏銘石〉所載墓主人世系考——兼論契丹人的〈名〉與〈字〉》,載《立命館文學》580,2003 年 6 月,第 136 - 121 页。

　　〔2〕[日]愛新覺羅·烏拉熙春:《契丹小字的親屬稱謂與相關名詞》,載《立命館文學》585,2004 年 6 月,第 178 - 166 页。

　　〔3〕[日]吉本智慧子、金適:《契丹古俗“妻連夫名”與“子連父名”——再論契丹人“字”的詞性》,載《立命館文學》602,2007 年 11 月,第 214 - 195 页。

　　〔4〕[日]愛新覺羅·烏拉熙春:《契丹文墓誌より見た遼史》,松香堂書店 2006 年版。

　　〔5〕[日]武田和哉:《蕭孝恭墓誌よりみた契丹国(遼朝)の姓と婚姻》,載《内陸アジア史研究》20,2005 年 3 月,第 1 - 22 页。

　　古松崇志《女真开国传说的形成:〈金史〉世纪研究》(2003)[1]认为《金史·世纪》源于女真人口头传承的信息,其中的部分信息被金朝扩张的政治需要所利用,并在金天辅初形成《祖宗实录》。高井康典行《11 世纪女真的动向:以东女真入寇为中心》(2004)分析了 11 世纪造成高丽东北部东女真海寇现象背后的契丹、高丽、日本等因素。藤原崇人《金室按出虎完颜家的主权确立与通婚家的选择:以辽代女真氏族集团构造为线索》(2004)[2]认为金代中期以前按出虎完颜家积极维持与七大氏族的关系,金朝皇室之家则必须与徒单、蒲察、乌古论、唐括四氏族的血缘结合。井黑忍在《耶懒与耶懒水:俄罗斯沿海地方历史地名的比定》(2006)[3]、《耶懒完颜的轨迹》(2009)[4]等文中,对辽代女真耶懒水完颜部的状况进行了深入考察。

　　日本学界对辽金王朝治下的华北社会研究,秉承日本宋史、明清史传统,重视地方社会士人阶层与中央政府的互动研究,其互动主要途径是地方家族的仕途、科举活动。士人、家族、科举成为辽金华北社会研究的关键词。

　　高井康典行《辽朝士人层的动向——以武定军为中心》(2009)[5]根据辽代武定军有关墓志,对武定军节度使辖区内士人阶层出仕途径的变化进行分析,作者认为辽朝前半期地方精英士人阶层依附于藩镇权力或官僚家族入仕,后半期地方士人则通过科举、纳粟补官等手段直接与中央政府建立联系,这使得中央政府对地方士人的控制得到

　　〔1〕〔日〕古松崇志:《女真開国伝説の形成——〈金史〉世紀の研究》,载《文部科学省科学研究費特定領域研究古典学の再構築研究成果報告》,2003 年,第 184 – 197 页。
　　〔2〕〔日〕藤原崇人:《金室·按出虎完顔家における主権確立と通婚家の選択——遼代女真の氏族集団構造を手がかりに》,载《大谷大学研究年報》56,2004 年 3 月,第 69 – 108 页。
　　〔3〕〔日〕井黑忍:《耶懒と耶懒水——ロシア沿海地方の歴史的地名比定に向けて》,载白杵勲编《北東アジア中世遺跡の考古学的研究·平成 17 年度研究成果報告書》,札幌学院大学人文学部 2006 年版,第 50 – 68 页。
　　〔4〕〔日〕井黑忍:《耶懒完顔部の軌跡——大女真金国から大真国へと至る沿海地方一女真集団の歩み》,载天野哲也、池田榮史、白杵勲编《中世東アジアの周縁世界》,同成社 2009 年版。
　　〔5〕〔日〕高井康典行:《遼朝における士人層の動向——武定軍を中心として》,载宋代史研究會编《宋代中国の相対化》(宋代史研究會研究報告集第九集),汲古書院 2009 年版,第 391 – 434 页。

增强。

　　饭山知保在金元华北地方社会领域用力较深,他在广泛搜集和利用中国北方金元碑刻资料的基础上,围绕地方士人阶层与国家权力关系,进行了深入研究。在2001至2011年间,先后发表相关论文12篇,专著1部,形成了系统的认识。他的研究可以分为两个层面。首先是利用地方碑刻、文献进行华北地方社会士人阶层的个案研究,如《金元华北社会地方权势者:碑刻所见山西忻州定襄县的情况》(2003)[1]、《金元代华北州县祠庙祭祀所见地方官的谱系:山西平遥县应润侯庙》(2003)[2]、《金代汉地地方社会中女真人的地位与“女真儒士”》(2005)[3]、《杨业与元好问:10—13世纪晋北科举的渗透及其历史意义》(2006)[4]、《金元华北外来民族的儒学学习的动机:以蒙古时代华北驻军家族个案为中心》(2007)[5]、《稷山段氏的金元时期:11—14世纪山西汾水下游士人层的延续与蜕变》(2009)[6],这些文章重点关注地方士人阶层的基本特征,以及面临中央政府政策所产生的群体变化。另一层面则是讨论金元中央政府的科举政策对华北士人层产生的整体影响。如《金初华北科举与士人层:以天眷二年之前为中心》

　　〔1〕〔日〕饭山知保:《金元代華北社会における在地有力者:碑刻からみた山西忻州定襄県の場合》,载《史學雜誌》112卷4号,2003年4月,第452－477页。

　　〔2〕〔日〕饭山知保:《金元代華北における州県祠廟祭祀からみた地方官の系譜——山西平遥県応潤侯廟について》,载《東洋学報》85卷1号,2003年6月,第1－30页。

　　〔3〕〔日〕饭山知保:《金代漢地在地社会における女真人の位相と＜女真儒士＞について》,载《満族史研究》4,2005年6月,第163－183页。

　　〔4〕〔日〕饭山知保:《楊業から元好問へ——一〇～一三世紀晋北における科擧の浸透とその歴史的意義について》,载《東方学》111,2006年1月,第71－88页。

　　〔5〕〔日〕饭山知保:《金元代華北における外来民族の儒学習得とその契機——モンゴル時代華北駐屯軍所属家系の事例を中心に》,载《中国——社会と文化》22,2007年6月,第27－43页。

　　〔6〕〔日〕饭山知保:《稷山段氏の金元代——一一一一四世紀の山西汾水下流域における“士人層”の存続と変質について》,载宋代史研究會编《宋代中国の相対化》(宋代史研究會研究報告集第九集),汲古書院2009年,第435－464页。

（2004）[1]、《从科举、学校政策的变迁所见金代士人层》（2005）[2]、《女真、蒙古支配下华北的科举应试者数》（2007）[3]、《金代吏员的中央迁转》（2007）等文章。

以上文章都收录到 2011 年出版的《金元时代华北社会与科举制度》[4]一书之中，除了上述内容之外，作者还对蒙元时代科举政策与华北地方士人阶层的关系问题进行了研究，并指出金元时代科举政策与华北地方士人阶层发展对明清时期的重要影响。

饭山知保的学术观点主要有如下几个方面：

第一，金代大力推行科举与官学教育的政策，迅速地控制被征服汉地的地方势力，确保官僚供给的稳定途径，彰显其自身统治的合法性。这一政策使得科举制度在华北地区广泛实行，科举及第者的集中地域由北宋时的河南与京兆府向河北、山西、燕云地区转移，形成新的科举地域格局。总之，华北地区的科举是在金朝治下才得以蓬勃发展的。

第二，金代科举政策的实施是通过国家机器的强制力推行，其目的是力图控制地方士人阶层，故地方士人阶层被排斥到科举的组织与推行活动之外。这一阶层受到金朝政府在科举考试、赋税、司法等多方面的严格控制，处于对国家的从属地位。金代华北士人并没有形成像南宋地区那样享受司法、赋税特权，且人口庞大的士人阶层。

第三，以猛安、谋克组织迁居华北地区的女真人从定居后的第二代起，在语言与生活上都出现一定程度的"汉化"，但仍然保持较为独特的社会构造。华北地区以女真社会为基础，开始出现参加女真科举的"女真儒士"，这一群体并没有融入传统的汉族士人阶层之中，保持

---

〔1〕〔日〕飯山知保：《金初華北における科挙と士人層——天眷2年以前を対象として》，載《中国——社会と文化》19，2004 年 6 月，第 136－152 页。

〔2〕〔日〕飯山知保：《科挙・学校政策の変遷からみた金代士人層》，載《史学雑誌》114 卷 12 号，2005 年 12 月，第 1967－2000 页。

〔3〕〔日〕飯山知保：《女真・モンゴル支配下華北の科挙受験者数について》，載《史観》157，2007 年 9 月，第 40－57 页。

〔4〕〔日〕飯山知保：《金元時代の華北社会と科挙制度：もう一つの〈士人層〉》，早稲田大学出版部 2011 年版。

相对独立的文化特征。这就构成金代两种社会基础不同的士人阶层。

第四,蒙元时期入仕途径多样化,致使科举重要性大大降低,金代发展起来的华北依靠科举的阶层开始萎缩,华北地方权势阶层开始发生转变。

经济史领域日本学者近年成果不多,主要有如下内容。井黑忍对山西洪洞县的实地调查获取"都总管镇国定两县水碑"等第一手资料,进而发表《山西洪洞县水利碑考:金天眷二年〈都总管镇国定两县水碑〉之例》(2004)[1]一文。作者对该水碑进行详细分析,复原了女真在征服华北地区后,由枢密院裁定当地水源争端的详细过程。这一裁定在明清时期作为先例也得到遵守。井黑忍《从区田法的实施所见金元时代的农业政策》[2]还通过金元时期华北地区区田法的实施状况,对当时农业政策的理念进行考察。

## 四、宗教与政治文化

辽金元的佛教研究一直是日本宗教史学者重点关注的领域。其著名学者竺沙雅章,在 20 世纪 70 年代以来发表多篇相关文章,2000年后又发表《燕京、大都的华严宗:宝集寺与崇国寺的僧人》(2000)[3]、《辽代的佛教及其影响》(2000)[4],同年将其主要论文收录到《宋元佛教文化史研究》(2000)[5]。此后亦有《黑水城出土的辽刊本》(2003)[6]、《辽金燕京的禅宗》(2010)[7]两篇文章面世。

日本中青年一代学者在新时期利用碑刻等新资料,对辽金佛教史

〔1〕〔日〕井黑忍:《山西洪洞県水利碑考——金天眷 2 年〈都總管鎮國定兩縣水碑〉の事例》,载《史林》87 卷 1 号,2004 年 1 月,第 70 – 103 页。

〔2〕〔日〕井黑忍:《區田法實施に見る金・モンゴル時代農業政策の一斷面》,载《東洋史研究》67 卷 4 号,2009 年 3 月,第 577 – 611 页。

〔3〕〔日〕竺沙雅章:《燕京・大都の華厳宗——宝集寺と崇国寺の僧たち》,载《大谷大學史學論究》6,2000 年 3 月,第 1 – 26 页。

〔4〕〔日〕竺沙雅章:《遼代の仏教とその影響》,载《駒澤大学佛教学部論集》31,2000 年 10 月,第 57 – 75 页。

〔5〕〔日〕竺沙雅章:《宋元佛教文化史研究》,汲古書院 2000 年版。

〔6〕〔日〕竺沙雅章:《黑水城出土の遼刊本について》,载《汲古》43,2003 年 6 月,第 20 – 27 页。

〔7〕〔日〕竺沙雅章:《遼金代燕京の禅宗》,载《禪學研究》88,2010 年 3 月,第 115 – 148 页。

进行更为深入的研究,近年较为活跃的学者主要是藤原崇人与古松崇志。藤原崇人《辽代兴宗朝庆州僧录司设置的背景》(2002)[1],对庆州白塔建塔碑进行全面分析,考察建塔有关的人名、官名,以及庆州僧录司设置的重要原因,指出辽代行政区划与僧官司相对应的关系,在国家信仰的背景下庆州的特殊性。《契丹(辽)后期政权下的学僧与佛教》(2010)[2]根据出土墓志与《高丽大觉国师外集》梳理鲜演跟随契丹皇族四时捺钵,举行佛事的事迹,揭示了游牧国家中学僧的基本特征。此外,作者还通过对鲜演著作的流通形式的分析,阐明契丹、高丽的文化交流现实状况。藤原崇人《契丹(辽)的授戒仪与不空密教》(2009)[3]总体考察房山石经的《发菩提心戒一本》与山西应县佛宝寺发现的《受戒发愿文》,指出不空密教在契丹社会传播的情况。同年《契丹(辽)的立体曼荼罗——中京大塔初层壁面》(2009)[4]对辽中京大塔壁面装饰的内容进行研究。《萧妙敬与徒单太后:契丹(辽)佛教继承的过程》(2009)[5]论述了原契丹领地的僧人随海陵王南迁燕京,促使当地佛教产生重要变化。《北塔发现文物所见11世纪辽西佛教诸相》(2011)[6]通过对朝阳北塔发现文物的考察,对当时以霸州为中心佛舍利信仰的盛行、佛塔的建筑样式、陀罗尼对当时社会意识的影响等问题进行分析。

古松崇志在近年实地调查的基础上也发表了《探寻庆州白塔建立

〔1〕〔日〕藤原崇人:《遼代興宗朝における慶州僧録司設置の背景》,载《仏教史学研究》46卷2号,2003年11月,第1-22页。

〔2〕〔日〕藤原崇人:《契丹(遼)後期政権下の学僧と仏教——鮮演の事例を通して》,载《史林》93卷6号,2010年11月,第748-780页。

〔3〕〔日〕藤原崇人:《契丹(遼)の授戒儀と不空密教》,载荒川慎太郎、高井康典行、渡辺健哉編《遼金西夏研究の現在》2,東京外国語大学アジア・アフリカ言語文化研究所2009年6月,第1-23页。

〔4〕〔日〕藤原崇人:《契丹(遼)の立体曼荼羅——中京大塔初層壁面の語るもの》,载《仏教史学研究》52卷1号,2009年10月,第1-25页。

〔5〕〔日〕藤原崇人:《蕭妙敬と徒単太后——契丹(遼)仏教継承の一過程》,载宋代史研究會編《宋代中国の相対化》(宋代史研究會研究報告集第九集),汲古書院2009年版,第315-350页。

〔6〕〔日〕藤原崇人:《北塔発見文物に見る11世紀遼西の仏教的諸相》,载《関西大学東西学術研究所紀要》44,2011年4月,第191-209页。

之谜——11世纪契丹皇太后奉纳的佛教文物》[1]，对庆州白塔中发现的建塔碑、陀罗尼经板进行分析，考察白塔建设的经过与目的。古松崇志《法均与燕京马鞍山的菩萨戒坛——契丹（辽）大乘菩萨戒的流行》（2006）[2]对契丹道宗时期法均"卡里斯玛"性的授菩萨戒事迹进行研究，指出宋、西夏等契丹领域外的人，到燕京求法均授菩萨戒反映了澶渊之盟后欧亚东部地区秩序处于稳定状态。古松崇志的研究注重运用考古资料与碑刻进行研究，《从考古·石刻资料所见契丹佛教》（2006）[3]即反映了他的研究特点。

此外，向井佑介《朝阳北塔考》结合实地调查以及1980年的调查资料，指出朝阳附近以北塔为代表的方形塔等文化元素是唐代北方传统与新要素结合的产物。

契丹、女真等北亚民族传统的信仰也是日本学界关注的对象。今井秀周《辽祭山仪考》（2000）[4]对契丹祭山仪式的形式、内容都进行了考析，认为辽祭山仪是契丹萨满信仰中祭祀天地与太阳的传统的宗教仪式，契丹人生活地域处于草原与农耕文明过渡地带，其祭山仪能够吸收多种文化因素，又与典型的北亚民族有所差异。《〈辽史〉所见神门：鸟居起源的一则史料》（2004）[5]对《辽史·礼志》中的神门进行分析，认为神门是萨满信仰的产物，并指出其可能是日本鸟居信仰的源头之一。《契丹瑟瑟仪解》（2004）[6]对契丹瑟瑟仪仪式流程进行梳

〔1〕〔日〕古松崇志：《慶州白塔建立の謎をさぐる——11世纪契丹皇太后が奉納した仏教文物》，载《遼文化、遼寧省調査報告書2006》京都大学大学院文学研究科COEプログラム，2006年3月，第133－175页。

〔2〕〔日〕古松崇志：《法均と燕京馬鞍山の菩薩戒壇——契丹（遼）における大乗菩薩戒の流行》，载《東洋史研究》65巻3号，2006年12月，第407－444页。

〔3〕〔日〕古松崇志：《考古·石刻資料よりみた契丹（遼）の仏教》，载《日本史研究》522，2006年2月，第42－59页。

〔4〕〔日〕今井秀周：《遼祭山儀考》，载《東海女子短期大学紀要》26，2000年3月，第19a－1a页。

〔5〕〔日〕今井秀周：《〈遼史〉に見える神門について——鳥居の起源に関する一史料》，载《日本宗教文化史研究》8巻1号，2004年5月，第1－17页。

〔6〕〔日〕今井秀周：《契丹瑟瑟儀の一解釈》，载《東海女子大学紀要》23，2004年3月，第A1－A12页。

理,分析其中具有的萨满祭天与契丹射俗等文化要素。

金代佛教研究在 20 世纪 70 年代以后有大量论文问世,但进入 2000 年以后数量不多,目前仅有桂华淳祥的《宋金山西的寺院》(2000)[1],以及藤原崇人的《栴檀瑞像之都:金上京会宁府与佛教》(2010)[2]。藤原崇人的文章分析金初上京迎奉栴檀释迦瑞像的位置与皇帝距离越来越近的现象,进而讨论瑞像与皇权的象征性问题。

在政治文化领域,有学者对辽金王朝的正统性观念,及其中国化问题进行讨论。

古松崇志《修端〈辩辽宋金正统〉:元代〈辽史〉、〈金史〉、〈宋史〉三史编纂过程》(2003)[3],由译注修端《辩辽宋金正统》入手,对元代正史编纂进行再探讨。作者结合元初与元末修纂三史争论的历史背景,对修端《辩辽宋金正统》先后被《玉堂嘉话》与《国朝文类》摘录的历史意义进行分析,认为《辩辽宋金正统》对至正元年修纂三史的指导思想有着重要影响。元代纂修三史延缓的主要原因并非三朝正统的争论,而是元朝内部政局不稳,以及编纂资料并没有整理完备所造成的。

川本芳昭《论辽金的正统观:兼与北魏比较》(2010)[4]从辽、金与北魏的比较入手,考察非汉族王朝确定其德运的过程,由此探讨辽金王朝的正统意识。作者认为辽在后期才接受中国影响的中华意识与正统思想,确定继承石晋为水德。金朝与北魏在初期都接受了中华的德运观点,但都以祥瑞作为订立标准,无视与前代王朝的德运传承关系。直至后期中国化的加深,两者又建立了与前代王朝的传承关系,金朝改金德为土德。从辽、金、北魏德运正统观的变化来看,以往征服王朝、胡族国家论值得反思。

---

〔1〕〔日〕桂華淳祥:《宋金代山西の寺院》,载《大谷大学研究年報》52,2000 年 3 月,第 45 - 102 页。

〔2〕〔日〕藤原崇人:《栴檀瑞像の坐す都——金の上京会寧府と仏教(シンポジウム金王朝とその遺産)》,载《環東アジア研究センター年報》5,2010 年 2 月,第 3 - 17 页。

〔3〕〔日〕古松崇志:《脩端〈辯遼宋金正統〉をめぐって——元代における〈遼史〉、〈金史〉、〈宋史〉三史編纂の過程》,载《東方学報》75,2003 年 3 月,第 123 - 200 页。

〔4〕〔日〕川本芳昭:《遼金における正統観をめぐって——北魏の場合との比較》,载《史淵》147,2010 年 3 月,第 77 - 102 页。

武田和哉《契丹国（辽朝）的成立与中华文化圈的扩大》（2010）[1]根据石刻资料的分析，认为契丹行用汉字元素，以及改国号为辽等现象，都反映出契丹在很多方面的变化已接近中华王朝国家。

## 五、契丹、女真语言文字

爱新觉罗·乌拉熙春（吉本智慧子）是近 10 年内日本学界契丹、女真语言文字研究的代表性学者。21 世纪初她主要对 1973 年西安碑林发现的金初女真字书进行研究，提出女真文字是由表意文字向表音文字发展的观点。同年，她出版专著《女真文字书研究》（2001）[2]，是对金初女真字书研究的一个总结。

进入新世纪后，乌拉熙春开始进一步关注女真语言文字的理论性问题。《论字族》（2000）[3]提出契丹、女真文字创制的"字族"学说，即契丹、女真制字过程中形成的文字，在形、意、音方面有内在联系，属于同一字族的文字根据制字规则可分为次第式和并列式，并论述了由契丹到女真文字的传承关系。《女真语名词的格与数》（2000）[4]分析了女真语名词的格与数两种语言形态的基本特征，并提出应重视女真语对满语—通古斯语族的历时性研究的意义。《金代女真语在满洲通古斯语族中的地位》（2002）[5]进一步详细阐释了金代女真语与明代女真语、其他通古斯语在语言学方面的差别。关于女真语言文字基本原理的一些文章，收录到其论文集《女真语言文字新研究》（2002）[6]之中，其中包括《女真语动词的时与体》《女真文字的制字方法及其相关问题》《〈女真文字书〉续考》等带有语言学性质的论文，也有关于明代

〔1〕〔日〕武田和哉：《契丹国（遼）の成立と中華文化圈の拡大》，载菊池俊彦編《北東アジアの歴史と文化》，北海道大学出版会 2010 年 12 月，第 357－380 页。

〔2〕〔日〕愛新覺羅·乌拉熙春：《女真文字書研究》，風雅社 2001 年版。

〔3〕〔日〕愛新覺羅·乌拉熙春：《論字族》，载《立命館言語文化研究》12（3），2000 年 11 月，第 183－196 页。

〔4〕〔日〕愛新覺羅·乌拉熙春：《女真語名詞的格與數》，载《立命館言語文化研究》12 卷 2 号，2000 年 9 月，第 97－115 页。

〔5〕〔日〕愛新覺羅·乌拉熙春：《金代女真語在滿洲通古斯語族中的地位》，载《立命館言語文化研究》14 卷 2 号，2002 年 9 月，第 171－185 页。

〔6〕〔日〕愛新覺羅·乌拉熙春：《女真語言文字新研究》，明善堂 2002 年版。

女真语的文章,如《明代女真语的元音系统》《明代女真语的辅音系统》等文章。

此后,乌拉熙春集中出版了大量契丹语言文字论著。《契丹小字的表音性质》(2000)[1]、《契丹小字的语音构拟》(2002)[2]、《契丹小字的表意文字》(2003)[3]论述了契丹小字创制与语音分析的一些基本问题。2004年出版《契丹语言文字研究》一书[4]阐释了契丹小字音韵的再构拟、契丹语"性"语尾、构成契丹人"字"语尾成分等问题。同年还出版了《辽金史与契丹、女真文》[5],收录了作者运用语言文字研究,对辽金史事解读的一些文章。2005年出版的《契丹大字研究》(2005)[6],对契丹大字音韵学构拟,契丹大字和契丹小字的表音、表意等方面的异同比较,以及契丹大字与女真大字传承关系等方面问题进行了研究。此外,乌拉熙春还发表辽代契丹小字墓志研究论著若干。《爱新觉罗·乌拉熙春女真契丹学研究》(2009)[7]是作者2009年以前发表论文的结集,内容多是由女真、契丹文字墓志的释读,来阐释辽金史研究中的一些问题。《从朝鲜半岛看契丹、女真》(2011)[8]则是作者运用韩国所藏女真、契丹文文物,以及韩国历史文献中的契丹、女真记载进行研究的文章结集。其内容包括对契丹语史料中所见"高丽"信息的研究、高丽史料记述的契丹人、《三国遗事》中"皇龙寺九层塔"中的契丹、女真名称的考辨、韩国所藏契丹小字铜镜等研究。另外,作

〔1〕〔日〕愛新覺羅·乌拉熙春:《契丹小字の表音の性質》,載《立命館文學》565,2000年6月,第137－105頁。

〔2〕〔日〕愛新覺羅·乌拉熙春:《契丹小字的語音構擬》,載《立命館文學》577,2002年12月,第572－510頁。

〔3〕〔日〕愛新覺羅·乌拉熙春:《契丹小字的表意文字》,載《立命館言語文化研究》15卷2号,2003年10月,第181－197頁。

〔4〕〔日〕愛新覺羅·乌拉熙春:《契丹語言文字研究》,東亞歷史文化研究會2004年版。

〔5〕〔日〕愛新覺羅·乌拉熙春:《遼金史與契丹、女真文》,東亞歷史文化研究會2004年版。

〔6〕〔日〕愛新覺羅·乌拉熙春:《契丹大字研究》,京都大學東亞歷史文化研究會2005年版。

〔7〕〔日〕愛新覺羅·乌拉熙春:《愛新覺羅乌拉熙春女真契丹學研究》,松香堂書店2009年版。

〔8〕〔日〕愛新覺羅·乌拉熙春、吉本道雅:《韓半島から眺めた契丹·女真》,京都大学学術出版会2011年版。

者还对韩国所藏"庆源郡女真大字碑""北青女真大字石刻"进行重新释读,并阐释了相关史实。

此外,日本东京外国语大学亚非语言文化研究所启动了契丹文字研究项目"契丹语言、契丹文字研究的新开展"(东京外国语大学亚非语言文化研究所共同利用·共同研究课题 2010—2012 年度),在此项目的名义下从 2010 至 2012 年共召开近 8 次研究会。其研究采取多国学者合作的方式进行,松川节、武内康则、荒川慎太郎与中国学者吴英喆、孙伯君等人都参与了此项目的研究工作。其中松川节、武内康则近年正逐步开展蒙古国布列尼敖包契丹大字碑刻的研究工作,吴英喆2012 年的著作《契丹小字新发现资料释读问题》[1],也是此项目下的研究成果。该书首次公布了《耶律玦墓志铭》《萧回璉墓志铭》《耶律蒲速里墓志铭》三个新发现的契丹小字墓志的拓本、抄本,并对三块墓志内容进行了释读。

关于金代汉语字书的研究,有大岩本幸次专著《金代字书研究》(2007)[2],该书对《五音集韵》《新刊韵略》《五音篇海》《群籍玉篇》等字书的相关文献、音韵渊源等问题都进行了详细的研究。

## 六、考古与访碑

日本学界在新时期与中国、俄罗斯、蒙古学界进行合作,对三地的辽金契丹女真史遗迹都进行了颇有成效的考古学调查与研究工作。

在辽、契丹领域,今野春树结合实地调查与前人调查报告,对西拉木伦河、老哈河流域的契丹墓葬出土的面具、网络、靴底,以及墓葬的规模、形式都进行了详细的探讨。先后发表相关论文 8 篇,如《内蒙古辽代契丹墓巡见记》(2000)[3]、《辽代契丹墓出土陶器研究》(2003)[4]、

〔1〕〔日〕吴英喆:《契丹小字新発見資料釈読問題》(松川節、武内康則、荒川慎太郎校閲),東京外国語大学アジア・アフリカ言語文化研究所 2012 年版。

〔2〕〔日〕大岩本幸次:《金代字書の研究》,東北大学出版会 2007 年版。

〔3〕〔日〕今野春樹:《内蒙古遼代契丹墓巡見記》,載《博望:東北アジア古文化研究所紀要》1,東北アジア古文化研究所 2000 年 12 月,第 30 - 34 頁。

〔4〕〔日〕今野春樹:《遼代契丹墓出土陶器の研究》,載《物質文化》72,2002 年 1 月,第 21 - 42 頁。

《辽代契丹墓出土的葬具》(2003)[1]、《辽代契丹墓研究:分布、位置、构造》(2003)[2]、《辽代契丹墓出土马具研究》(2004)[3]等。他认为10世纪末到11世纪前半期,装饰品及墓葬的构造等层面存在显著变化,其变化始于契丹获得燕云十六州,以及澶渊之盟后岁币等所代表的中原文化器物的流入。吉田惠二《宣化辽墓描述的文房器具》(2004)[4]对宣化辽墓的壁画中的书房用具笔、纸、砚的使用状况进行了考察。

自1990年以来,日本学者一直与蒙古学界合作,进行蒙古国境内契丹、蒙元时代的考古学研究。蒙古国布尔干省境内的辽代西北边镇城址群,自然也是日本学者关注的焦点之一。2000年白石典之对其中最大的城址青陶勒盖古城进行调查与系统测绘,制作出第一张总平面图。[5] 2006年起,臼杵勋、千田嘉博等学者对青陶勒盖古城等遗址进行调查,绘制了平面图,并制作了城址的3D动态模型。白石典之《克鲁伦河流域的辽(契丹)时代城郭遗迹》(2008)[6],对地跨蒙古、中国的克鲁伦河流域的契丹城址进行了介绍。2009年臼杵勋与蒙古国学者恩和托日(A. Enkhtur)合作发表《2006—2008年蒙古日本共同调查成果》[7],以及《青陶勒盖城址与周边遗迹》[8]。奈良大学的千田嘉博也以《蒙古辽代城郭都市的构造与环境变动:蒙古国青陶勒盖城郭都

〔1〕〔日〕今野春樹:《遼代契丹墓出土葬具について》,载《物質文化》75,2003年5月,第14-29页。

〔2〕〔日〕今野春樹:《遼代契丹墓の研究——分布・立地・構造について》,载《考古学雑誌》87卷3号,2003年3月,第157-192页。

〔3〕〔日〕今野春樹:《遼代契丹墓出土馬具の研究》,载《古代》112,2004年7月,第151-176页。

〔4〕〔日〕吉田惠二:《宣化遼墓に描かれた文房具》,载《国学院大学考古学資料館紀要》20,2004年3月,第65-84页。

〔5〕〔日〕白石典之:《チンギス―カンの考古学》,同成社2001年版。

〔6〕〔日〕白石典之:《ヘルレン河流域における遼(契丹)時代の城郭遺跡》,载《遼金西夏研究の現在》1,東京外国語大学アジア・アフリカ言語文化研究所2008年6月,第1-21页。

〔7〕〔日〕臼杵勲、A.エンフトゥルほか編:《2006-2008年度モンゴル日本共同調査の成果》,札幌学院大学総合研究所2009年版。

〔8〕〔日〕木山克彦、臼杵勲、千田嘉博ほか:《チントルゴイ城址と周辺遺跡》,载《アジア遊学》160,2013年,第205-220页。

市遗迹调查报告》为题[1]，先后于 2009 至 2011 年连续三年发表调查报告。此外，臼杵勋、千田嘉博还有若干相关文章发表。

吉川真司、古松崇志、向井佑介等人在 20 世纪前半叶田村实造、小林行雄，以及鸟居龙藏的对辽代遗址调查的基础上，对辽庆陵、辽宁境内的辽代遗迹进行实地考察，并于 2005、2011 年发表两次《辽文化、庆陵一带调查报告书》[2]，2006 年发表《辽文化、辽宁省调查报告书》[3]。古松崇志、牟田口章人、上原真人、向井佑介等多位学者分别发表相关研究成果，这些学者上承 1945 年以前日本学者的研究，在实地探查的基础上对庆陵、东陵、庆州白塔等问题都发表了自己的见解。

在金朝女真研究方面，日本学者重点在俄国境内开展相关考古学调查，并在俄国学者研究的基础上，利用先进科技手段与新视角进行再研究。

其中最具代表者是以札幌大学臼杵勋为首的团队，对俄罗斯远东、中国东北、蒙古境内 10 至 14 世纪的辽金元古城遗址进行历时 5 年的探查与研究。该研究重点关注以下几个方面。第一，对辽金元遗迹的位置、形状、规模、地形等地理信息进行收集，并从其中的遗物断代判断遗迹的性质。第二，调查土器、瓦、金属等制品的生产遗迹，理清其生产状况，且比照出作为消费地的城郭、都市的状态。第三，从自然科学的角度，对出土资料的年代、材质、制作技术进行分析，进而对中国陶器、货币等外来物品流通进行数量分析。在研究方法上，该研究综合运

　　〔1〕〔日〕千田嘉博：《モンゴル遼代城郭都市の構造と環境変動：モンゴル国チントルゴイ城郭都市遺跡 2010 年調査報告》，载《総合研究所所報》20 号，2012 年 3 月，第 95 - 114 页；千田嘉博：《モンゴル遼代城郭都市の構造と環境変動 2011 年度調査成果報告》，载《総合研究所所報》21，2013 年，第 79 - 92 页。

　　〔2〕〔日〕吉川真司、古松崇志、向井佑介编：《遼文化・慶陵一帯調査報告書》，京都大学大学院文学研究科 21 世紀 COE プログラム"グローバル時代の多元的人文学の拠点形成"京都大学大学院文学研究科 2005 年版；吉川真司、古松崇志、向井佑介编：《遼文化・慶陵一帯調査報告書》，京都大学大学院文学研究科 21 世紀 COE プログラム"グローバル時代の多元的人文学の拠点形成"，京都大学大学院文学研究科 2011 年版。

　　〔3〕〔日〕古松崇志：《慶州白塔建立の謎をさぐる——11 世紀契丹皇太后が奉納した仏教文物》，载《遼文化、遼寧省調査報告書 2006》，京都大学大学院文学研究科 COE プログラム，2006 年 3 月，第 133 - 175 页。

用现代自然科学技术,对辽金遗址和出土资料进行多方面的信息、数据统计,并制成 3D CG 动态图像,积累相当规模的第一手资料。中世纪综合考古资料调查研究自 2003 年启动以来,先后于 2005 年、2006 年、2008 年发布了三份研究成果报告书。2006 年,该团队正式出版武田和哉编《草原王朝契丹国的遗迹与文物(内蒙古自治区赤峰市契丹遗迹文物调查概要报告书 2004—2005)》[1],该书执笔者武田和哉、高桥学而、藤原崇人、泽本光弘都是近年日本辽金学界的中坚力量。其著作主要包括对赤峰市辽代文物调查的概述,对当地所藏墓志拓片进行录文和释读,遗迹相关城址、佛塔遗迹介绍等内容。2008 年的《亚细亚游学》第 107 号出版《东北亚中世考古学》专号[2],则集中发表了东北亚地区女真—金朝物质文化的源流与对外流通的一组文章。臼杵勋还在 2010 年与俄国学者合作出版《东北亚中世城郭集成》I《俄国滨海区:金、东夏》一书[3]。

中泽宽将一直关注 7—13 世纪东北亚靺鞨—渤海—女真物质文化的传播与发展问题,于 2008 至 2010 年间先后发表系列文章 7 篇,最终汇成《东北亚中世考古学研究——靺鞨、渤海、女真》一书于 2012 年出版[4]。作者围绕手工制品的生产与分布结构,食物器皿的复杂性,地方城郭的基本结构等几个方面,动态阐释 7 至 13 世纪东北亚靺鞨到女真物质文化的发展,区域社会的互动状况。枡本哲《俄国远东乌苏里江右岸波克罗夫卡 I 遗迹出土的铜镜》(2001)[5]据乌苏里江右岸波克罗夫卡 I 遗迹出土的铜镜刻字"亳古猛安形□"认为,这个铜镜是属于山东博兴县迁移到乌苏里流域的契丹人的猛安组织。

在辽金石刻资料方面,日本学者一向注重实地查访,尤其在 2000

〔1〕〔日〕武田和哉、高橋学而、澤本光弘、藤原崇人編:《草原の王朝·契丹国(遼朝)の遺跡と文物》,勉誠出版 2006 年版。

〔2〕〔日〕《北東アジアの中世考古学》(アジア遊学 107 特集),勉誠出版 2008 年版。

〔3〕〔日〕臼杵勲、A. アルテミエヴァ編集:《北東アジア中世城郭集成 I:ロシア沿海地方:金·東夏代 1》,札幌学院大学総合研究所 2010 年版。

〔4〕〔日〕中澤寬将:《北東アジア中世考古學の研究》,六一書房 2012 年版。

〔5〕〔日〕枡本哲:《ロシア極東ウスリー川右岸パクロフカ 1 遺跡出土の銅鏡》,載《古代文化》53 巻 9 号,2001 年,第 522–530 頁。

年以来,每年多有学者至中国内地进行碑刻调查,并获取了相当数量的第一手资料。武田和哉等学者注重对辽、契丹碑刻文字资料的调查与整理,先后编集《契丹文字资料集成Ⅰ》[1]、《契丹国(遼朝)墓志资料集成Ⅱ契丹人编2》(2012年)[2]等文献。饭山知保、井黑忍、船田善之等学者在2002至2012年间,多次至陕西、山西、河南、河北、辽宁等地调查、统计金元地方碑刻资料,这些调查成果成为近年方兴未艾的金元地方社会研究的一个坚实基础。此外,桂华淳祥还整理出版了《金元代石刻史料集——灵岩寺碑刻》(2006年)[3],以及《金元代石刻史料集——华北地域佛教关系碑刻(1)》(2011年)[4]两部金元佛教碑刻集。2006年,白石典之主持的《蒙古国金代碑文遗迹研究》课题报告书(2006)[5]首次公布了著名的蒙古肯特省巴彦霍特克的塞尔奔·哈如噶女真、汉文对照的完颜襄记功碑拓片,同书中还收录了爱新觉罗·乌拉熙春对女真文部分的释读文章,以及鹤田一雄、松田孝一的研究文章。

大谷大学松川节等学者,近年来一直重视蒙古国境内的契丹、蒙古石刻资料的调查与整理工作。松川节《蒙古国契丹文字资料与研究状况(1)》(2008)[6]结合已有拓本、照片以及2005年作者实地调查,对蒙古高原东部萨鲁班山、额尔德尼山、阿日善·哈达3处岩壁上的契丹文铭文进行了介绍。2010年8月,松田孝一、村冈伦、松川节主持的

〔1〕〔日〕武田和哉:《契丹文字资料集成Ⅰ》,日本学術振興会科学研究費補助金(奖励研究)報告書2008年版。

〔2〕〔日〕武田和哉:《契丹国(遼朝)墓誌资料集成Ⅱ》,《契丹人编》2,日本学術振興会科学研究費補助金(奖励研究)報告書,オンデマンド印刷2012年版。

〔3〕〔日〕桂華淳祥:《金元代石刻史料集——靈巖寺碑刻》,载《真宗総合研究所研究紀要》23,2004年版,第1-122页。

〔4〕〔日〕桂華淳祥:《金元代石刻史料集—華北地域佛教關係碑刻1》,载《真宗総合研究所研究紀要》28,2009年3月,第15-119页。

〔5〕〔日〕白石典之:《モンゴル国所在の金代碑文遺跡の研究》,平成16-17年度科学研究費補助金基盤研究成果報告書2006年版。

〔6〕〔日〕松川節:《モンゴル国における契丹文字资料と研究状況1》,荒川慎太郎、高井康典行、渡辺健哉编:《遼金西夏研究の現在》Ⅰ,東京外国語大学アジア·アフリカ言語文化研究所2008年版,第101-107页。

日本蒙古联合考察队认定蒙古东戈壁县额尔德尼苏木布烈尼敖包"汉字"碑刻是刻于辽道宗清宁四年（1058）的契丹大字碑刻，石碑约高180cm，文字为纵书7行，每行约150字，松川节等学者制作拓片，并在2011年的学术会议上曾经发表其初步研究成果，其考察过程可参见《"基于新出土契丹文字资料、蒙古文字资料的蒙古史再构成"2011年度研究活动报告》（2012）[1]。

## 七、余论

总的来看，新时期日本辽金契丹女真史研究属于小众化领域，每个方向仅有几位研究者，但这些学者具有良好的基本素养，不仅继承20世纪老一辈学者实证学风，还在研究的问题意识上有所突破。从上述综述内容上看，日本学界目前更注重从地方性知识的视角对王朝主体史进行重构。这主要包括两方面：其一，利用地方与家族石刻文献从个人与地方视角动态地讨论辽金王朝的重要问题，能够综合政治、社会、宗教语境去审视诸种问题，这与以往仅就某个事件或制度进行单层面的研究有所进步。这一点也是受到当下流行的地方社会研究的影响，与宋、明清史研究有相通之处。其二，以往研究多是从汉语文献看待契丹、女真史，研究者在无意识中形成以居高临下的中原视角去审视边鄙民族的思维方式。日本学者跳出碑刻"补史"的思路，通过对契丹、女真语言文献进行的综合性研究，能够直接从本民族自身的观念入手去阐释契丹、女真史的政治与社会问题，这无疑是一个重要进步。

新时期日本辽金契丹女真史研究的推动力量是蓬勃发展的日本内陆欧亚史研究群体，多数青年辽金史契丹女真史研究者具有扎实的蒙古、突厥历史语言训练基础，并从内陆欧亚史的视角去认识辽金史。近年来从事唐代中亚史、蒙元史研究的森安孝夫、杉山正明等学者在各自领域推动解构汉族农耕文化为中心的中国传统研究范式，力图构

---

〔1〕〔日〕松田孝一、村冈倫、松川節：《新出土契丹文字資料・モンゴル文字資料に基づくモンゴル史の再構成：2011年度研究活動報告》，平成23年度（2011）—平成24年度（2013）學術振興會科学研究費補助金基盤研究2012年版。

建东部欧亚史视角下的契丹、女真、蒙古的北族历史脉络[1]。受此思潮影响,日本宋辽金史研究者提出要克服近现代主权国家的研究思维,以及研究过程中将某个王朝视作正统的思维定式,主张在 10 至 13 世纪东部欧亚历史的视野下审视中国历史的多元化(详见饭山知保、久保田和男、高井康典行、山崎觉士、山根直生:《"宋代中国"的相对化》[2])。2013 年初出版的《亚细亚游学》160 期专号《契丹(辽)与10—12 世纪东部欧亚》[3]即集中反映了这一思路,提出从世界史与欧亚史视野下去看待辽朝史及其与周边地区和民族的关系。

我们应当看到,指导日本辽金史研究的内陆欧亚观在一定程度上承袭了 20 世纪初日本的"满蒙"史,以及后来"异民族征服"论的部分思路,即承认欧亚大陆北方游牧社会与南部农耕社会的社会经济差异,反对将北族社会历史视作南方农耕社会发展的附属,要凸显北族社会独特的历史发展轨迹。但新时期日本辽金史观也与"满蒙"史观、"异民族征服"论将北族社会与中国在政治上对立的做法有着本质区别,其核心原则之一在于强调内陆欧亚游牧社会在中国历史发展中的重要影响和地位,重视 10—14 世纪多国秩序内的北南政治与社会互动关系。这亦与流行中原王朝史观的中国学界认识有所差异,期待日后中日学界能就此问题进行更深入的交流。

(原文发表于景爱主编:《辽金西夏研究 2012》,同心出版社 2014年版)

〔1〕参见〔日〕森安孝夫:《内陸アジア史研究の新潮流と世界史教育現場への提言》,载《内陸アジア史研究》26,2011 年 3 月。

〔2〕〔日〕宋代史研究會编:《宋代中国の相対化》(宋代史研究會研究報告集第九集),汲古書院 2009 年版。

〔3〕〔日〕荒川慎太郎ほか编:《アジア遊学》160,2013 年。

# 参考文献

（本目录为正文部分的参考资料，不含附录）

## （一）史料文献

〔刘宋〕范晔. 后汉书. 点校本. 北京：中华书局，1965.

〔西晋〕陈寿，撰，〔刘宋〕裴松之，注. 三国志. 点校本. 北京：中华书局，1959.

〔北齐〕魏收. 魏书. 点校本. 北京：中华书局，1974.

〔唐〕李延寿. 北史. 点校本. 北京：中华书局，1974.

〔唐〕令狐德棻，等. 隋书. 点校本. 北京：中华书局，1973.

〔后晋〕刘昫，等. 旧唐书. 点校本. 北京：中华书局，1975.

〔宋〕欧阳修，宋祁. 新唐书. 点校本. 北京：中华书局，1975.

〔宋〕薛居正，等. 旧五代史. 点校本. 北京：中华书局，1976.

〔宋〕欧阳修. 新五代史. 点校本. 北京：中华书局，1974.

〔元〕脱脱，等. 辽史. 点校本. 北京：中华书局，1974.

〔元〕脱脱，等. 宋史. 点校本. 北京：中华书局，1977.

〔元〕脱脱，等. 金史. 百衲本. 台北：商务印书馆，2010.

〔元〕脱脱，等. 金史. 点校本. 北京：中华书局，1975.

〔宋〕司马光. 资治通鉴. 点校本. 北京：中华书局，1956.

〔宋〕李焘. 续资治通鉴长编. 点校本. 北京：中华书局，2004.

〔宋〕李心传. 建炎以来系年要录. 胡坤，点校. 北京：中华书局，2013.

〔宋〕徐梦莘. 三朝北盟会编. 影印许涵度本. 上海：上海古籍出版社，2008.

〔清〕徐元诰. 国语集解. 王树民，沈长云，点校. 北京：中华书局，2002.

〔宋〕刘忠恕. 裔夷谋夏录. 静嘉堂文库本.

〔宋〕洪皓. 松漠记闻. 辽海丛书本. 沈阳：辽沈书社，1985.

〔宋〕叶隆礼. 契丹国志. 贾敬颜，林荣贵，点校. 北京：中华书局，2014.

〔宋〕宇文懋昭. 大金国志校证. 崔文印，校证. 北京：中华书局，1986.

金毓黻. 渤海国志长编. 辽阳金氏千华山馆，1934.

〔宋〕乐史. 太平寰宇记. 王文楚，点校. 北京：中华书局，2007.

张修桂，赖青寿. 辽史地理志汇释. 合肥：安徽教育出版社，2001.

〔清〕长顺修，李桂林，等. 吉林通志. 影印光绪十七年（1891）刻本. 长春：吉林文史出版社，1986.

〔清〕屠寄. 黑龙江舆图说. 影印辽海丛书本. 沈阳：辽沈书社，1985.

〔清〕曹廷杰. 东三省舆地图说. 影印辽海丛书本. 沈阳：辽沈书社，1985.

〔清〕景方昶. 东北舆地释略. 影印辽海丛书本. 沈阳：辽沈书社，1985.

黑龙江志稿. 万福麟，监修. 张伯英，总纂. 崔重庆，等，整理. 黑水丛书本. 哈尔滨：黑龙江人民出版社，1992.

〔清〕黄维翰. 宣统呼兰府志. 影印黑龙江军用被服厂印本. 中国地方志集成·黑龙江府县志辑（一）. 凤凰出版社，2006.

〔唐〕杜佑. 通典. 王文锦，等，校. 点校本. 北京：中华书局，1988.

〔元〕马端临. 文献通考. 点校本. 北京：中华书局，2011.

〔宋〕王溥. 五代会要. 点校本. 上海：上海古籍出版社，2006.

〔宋〕王溥. 唐会要. 点校本. 上海：上海古籍出版社，2006.

〔清〕徐松. 宋会要辑稿. 北京：中华书局，1957.

向南. 辽代石刻文编. 石家庄：河北教育出版社，1995.

〔宋〕曾公亮，等. 武经总要. 影印明万历金陵书林唐富春刻本. 北京:解放军出版社、沈阳:辽沈书社,1988.

〔唐〕张楚金. 翰苑. 影印旧抄本(1). 京都帝国大学文学部,1922.

〔宋〕王钦若,等. 宋本册府元龟. 北京:中华书局,1989.

〔宋〕余靖. 武溪集. 北京图书馆古籍珍本丛刊(85). 影印成化九年刊本. 北京:书目文献出版社,1998.

〔宋〕晁说之. 嵩山文集. 四部丛刊续编本. 上海:上海商务印书馆,1934.

〔元〕陶宗仪. 南村辍耕录. 北京:中华书局,1959.

〔高丽〕金富轼. 三国史记. 影印朝鲜英祖年间刊本∥域外汉籍珍本文库:第二辑.重庆:西南师范大学出版社,北京:人民出版社,2011.

〔高丽〕一然. 三国遗事. 影印正德本. 域外汉籍珍本文库(2). 重庆:西南师范大学出版社. 北京:人民出版社,2011.

〔朝鲜〕郑麟趾,等. 高丽史. 排印本. 国书刊行会,1908.

〔朝鲜〕洪凤汉,等. 增补文献备考. 明文堂1985年影印隆熙二年(1908).

〔朝鲜〕丁若镛. 与犹堂全书(六)疆域考. 韩国文集丛刊(286). 景仁文化社,1990.

〔日〕菅原道真,等. 类聚国史∥黑板胜美. 新订增补国史大系:第六卷. 东京:吉川弘文馆,1965.

〔日〕藤原良房,等. 续日本后纪∥黑板胜美. 新订增补国史大系:第三卷. 东京:吉川弘文馆,1965.

〔日〕宫内厅书陵部. 壬生家文书. 图书寮丛刊本. 东京:明治书院,1984.

**(二)中文论著**

1. 著作

蔡崇榜. 宋代修史制度研究. 台北:文津出版社,1991.

陈淳. 文明与早期国家探源——中外理论、方法与研究之比较. 上海:上海世纪出版集团,2007.

陈佳华,蔡家艺,等. 宋辽金时期民族史. 成都:四川人民出版社,1996.

陈乐素. 宋史艺文志考证. 广州:广东人民出版社,2002.

陈述. 契丹政治史稿. 北京:人民出版社,1986.

程妮娜. 金代政治制度研究. 长春:吉林大学出版社,1999.

都兴智. 辽金史研究. 北京:人民出版社,2004.

董万崙. 东北史纲要. 哈尔滨:黑龙江人民出版社,1987.

范恩实. 靺鞨兴嬗史研究——以族群发展、演化为中心. 哈尔滨:黑龙江教育出版社,2014.

冯恩学. 俄国东西伯利亚与远东考古. 长春:吉林大学出版社,2002.

干志耿,孙秀仁. 黑龙江古代民族史纲. 哈尔滨:黑龙江人民出版社,1986.

甘怀真. 皇权、礼仪与经典诠释:中国古代政治史研究. 上海:华东师范大学出版社,2008.

韩世明. 明代女真家庭形态研究. 北京:中国社会科学出版社,2006.

贾敬颜. 东北古代民族古代地理丛考. 北京:中国社会科学出版社、新西兰霍兰德出版有限公司,1993.

贾敬颜. 五代宋金元人边疆行记十三种疏证稿. 北京:中华书局,2004.

蒋秀松. 东北民族史研究(三),郑州:中州古籍出版社,1994.

金渭显. 契丹的东北政策——契丹与高丽女真关系之研究. 台北:台湾华世出版社,1981.

金毓黻. 东北通史. 影印民国三十年(1941)研究室丛书本. 台北:乐天出版社,1971.

金毓黻. 中国史学史. 石家庄:河北教育出版社,2000.

金光平,金启孮. 女真语言文字研究. 北京:文物出版社,1980.

刘兆祐. 宋史艺文志史部佚籍考. 国立编译馆中华丛书编审委员

会，1984.

林耀华,庄孔韶. 父系家族公社形态研究. 西宁:青海人民出版社,1984.

林荣贵. 辽朝经营与开发北疆. 北京:中国社会科学出版社,1995.

刘浦江. 辽金史论. 沈阳:辽宁大学出版社,1999.

罗新. 中古北族名号研究. 北京:北京大学出版社,2009.

马戎. 民族社会学——社会学的族群关系研究. 北京:北京大学出版社,2004.

马一虹. 靺鞨、渤海与周边国家、部族关系史研究. 北京:中国社会科学出版社,2011.

钱杭. 血缘与地缘之间——中国历史上的联宗与联宗组织. 上海:上海社会科学院出版社,2001.

芮逸夫. 云五社会科学大辞典:人类学. 台北:台湾商务印书馆,1971.

孙伯君. 金代女真语. 沈阳:辽宁民族出版社,2004.

孙伯君,聂鸿音. 契丹语研究. 北京:中国社会科学出版社,2008.

孙进己. 女真史. 长春:吉林文史出版社,1987.

孙进己. 东北民族源流. 哈尔滨:黑龙江人民出版社,1989.

孙进己. 东北亚民族史论研究. 郑州:中州古籍出版社,1994.

孙进己. 东北民族史研究. 郑州:中州古籍出版社,1994.

孙进己,孙泓. 女真民族史. 桂林:广西师范大学出版社,2010.

孙静. "满洲"民族共同体形成历程. 沈阳:辽宁民族出版社,2008.

史为乐. 中国历史地名大辞典(下). 北京:中国社会科学出版社,2005.

谭其骧.《中国历史地图集》释文汇编(东北). 中央民族学院出版社,1988.

王承礼. 中国东北的渤海国与东北亚. 长春:吉林文史出版

社，2000.

王恩涌,等. 人文地理学. 北京:高等教育出版社,2000.

王可宾. 女真国俗. 长春:吉林大学出版社,1988.

王明珂. 游牧者的抉择——面对汉帝国的北亚游牧部族. 桂林:广西师范大学出版社,2008.

王明珂. 华夏边缘——历史记忆与族群认同. 增订本. 杭州:浙江人民出版社,2013.

魏存成. 渤海考古. 北京:文物出版社,2008.

魏国忠. 东北民族史研究(二). 郑州:中州古籍出版社,1994.

魏国忠,朱国忱,郝庆云. 渤海国史. 北京:中国社会科学出版社,2006.

吴凤霞. 辽金元史学研究. 北京:中国社会科学出版社,2009.

谢贵安. 中国实录体史学研究. 武汉:武汉大学出版社,2007.

谢维扬. 中国早期国家. 杭州:浙江人民出版社,1995.

香港中文大学系与社会研究中心编译. 中译人类学词汇. 香港:中文大学出版社,1980.

杨保隆. 肃慎挹娄合考. 北京:中国社会科学出版社,1989.

杨茂盛. 中国北疆古代民族政权形成研究. 哈尔滨:黑龙江教育出版社,2004.

杨军. 渤海国民族构成与分布研究. 长春:吉林人民出版社,2007.

杨若薇. 契丹王朝政治军事制度研究. 北京:中国社会科学出版社,1991.

尹铉哲. 渤海国交通运输史研究. 北京:华龄出版社,2006.

张博泉. 金史简编. 沈阳:辽宁人民出版社,1984.

张博泉. 东北地方史稿. 长春:吉林大学出版社,1985.

张博泉. 金史论稿. 长春:吉林文史出版社,1986.

张博泉. 女真新论. 长春:吉林文史出版社,1993.

2. 论文

谌华玉. 关于族群、民族、国籍等概念的翻译与思考. 读书, 2005 (11):150 – 155.

曹流.《亡辽录》与《辽史地理志》所载节镇州比较研究. 北大史学 (14). 北京:北京大学出版社, 2009:146 – 162、451.

陈乐素. 三朝北盟会编考. 历史语言研究所集刊, 1935—1936(6:2 – 3):193 – 279.

程妮娜. 试论金初路制. 社会科学战线, 1989(1):179 – 184.

程尼娜. 辽代女真属国、属部研究. 史学集刊, 2004(2):84 – 90.

董万崙. 白山靺鞨五考. 北方文物, 1986(2):59 – 64.

程妮娜. 汉至唐时期肃慎、挹娄、勿吉、靺鞨及其朝贡活动研究. 中国边疆史地研究, 2014(2):18 – 38.

程妮娜. 女真与北宋的朝贡关系研究//北京大学中国古代史研究中心编. 邓广铭教授百年诞辰纪念论文集. 北京:中华书局, 2007:937 – 949.

董万崙. 关于辽代长白山女真几个问题的探讨. 民族研究, 1989 (1):78 – 83.

董万崙. 辽代长白山女真"三十姓"部落联盟研究. 北方文物, 1999(2):47 – 53.

董万崙. 朝鲜半岛境内"靺鞨"人再研究. 世界历史, 2001(4):70 – 77.

都兴智. 金代马纪岭和几个猛安谋克地点的考订. 辽宁师范大学学报, 1992(6):75 – 78.

都兴智. 唐代靺鞨越喜、铁利、拂涅三部地理位置考探. 社会科学辑刊, 2003(4):88 – 92.

都兴智. 略论辽朝统治时期辽宁境内的民族. 辽宁工程技术大学学报:社会科学版, 2006(6):624 – 627.

冯恩学. 黑龙江中游地区靺鞨文化的区域性及族属探讨. 吉林大学社会科学学报, 2005(3):99 – 103.

冯恩学. 特罗伊茨基靺鞨墓地的陶器来源. 北方文物, 2006(4):

32 – 36.

冯恩学. 黑龙江中游地区靺鞨文化的区域性及族属探讨. 吉林大学社会科学学报, 2005(3):99 – 103.

冯继钦. 辽代鸭绿江女真新探. 博物馆研究, 1986(2):50 – 54.

冯继钦. 辽代长白山三十部女真新探探//辽金史论集(3). 北京:书目文献出版社, 1987:13 – 30.

冯永谦. 辽史地理志考补——上京道、东京道失载之州军. 社会科学战线, 1998(4):191 – 202.

傅朗云. 渤海"土人"新释. 黑龙江社会科学, 1999(3):74 – 77.

傅乐焕. 宋人史料语录行程考. 辽史丛考. 北京:中华书局, 1984:1 – 28.

关树东. 辽代熟女真刍议. 宋辽金元史研究(13). 2008:99 – 112.

郭毅生. 率宾府、恤品路和开元城. 历史地理, 1982(2):181.

韩儒林. 女真译名考//中国文化研究所集刊. 华西协和大学, 1943(3):55 – 64.

韩世明. 金完颜始祖史事探赜. 吉林大学社会科学学报, 1993(3):86 – 90.

韩世明. 辽金时期女真氏族制度新论. 东北亚论坛, 1994(2):82 – 88.

韩世明.《金史》卷一三五《高丽传》校注. 辽金史论集(10). 北京:中国社会科学出版社, 2007:308 – 318.

韩耀宗. 阿骨打建国前女真族的社会性质. 宋辽金史论丛(一). 北京:中华书局, 1985:326 – 336.

贺国安. 勃罗姆列伊的探索——关于"民族体"与"民族社会机体". 民族研究, 1991(1):50 – 59.

何宛英. 金代修史制度与史官特点. 史学史研究, 1996(3):24 – 30.

何宛英. 金代史学与金代政治. 北京师范大学学报, 1998(3):58 – 64.

胡顺利. 金代猛安谋克名称与分布考订的商榷. 北方文物, 1987 (3):46-49.

胡秀杰. 黑龙江省绥滨奥里米古城及其周围墓群出土文物, 北方文物, 1995(2):120-123.

华泉. 完颜忠墓神道碑与金代的恤品路. 文物, 1976(4):29-34.

华山, 王赓唐. 略论女真氏族制度的解体和国家的形成. 文史哲, 1956(6):25-32.

黑龙江省文物考古研究所、中国社会科学院考古研究所. 黑龙江绥滨同仁遗址发掘报告. 考古, 2006(1):115-138.

黄锡惠. 牡丹江流域满语地名考(上)//东北亚史与阿尔泰学论文集. 哈尔滨:黑龙江教育出版社, 1996:210-246.

贾伟明, 魏国忠. 论挹娄的考古学文化. 北方文物, 1989(3):24-29.

姜守鹏. 十世纪初至十二世纪初的女真族. 北方文物, 1987(3):64-69.

姜玉珂、赵永军. 渤海国北界的考古学观察. 北方文物, 2008(2):28-36.

蒋秀松. 女真与鞑靼. 民族研究, 1992(3):40-47.

蒋秀松. 辽代女真诸部刍议. 学术研究丛刊, 1992(4):122-131.

蒋秀松. 女真与高丽间的"曷懒甸之战". 民族研究, 1994(1):83-89.

蒋秀松. "东女真"与"西女真". 社会科学战线, 1994(4):167-177.

金香. 渤海国时期形成过渤海民族吗?. 北方文物, 1990(4):58-62.

金渭显. 东丹国变迁考. 宋史研究论丛(5). 河北大学出版社, 2003:1-22.

金毓黻. 辽部族考. 东北集刊, 1943(5):59-103.

李薇. 关于金代猛安谋克的分布和名称问题——对三上次男先生

考证的补丁. 黑龙江文物丛刊，1984（2）：26 – 31.

    李学智. 辽代之兀惹城及曷苏馆考. 大陆杂志，1960（8、9）：242 – 284.

    李英魁. 金代胡里改路. 北方文物，1994（3）：117 – 121、128.

    李锡厚. 辽金时期契丹及女真族社会性质的演变. 历史研究，1994（5）：40 – 55.

    梁春雨. 浅谈金代胡里改路. 佳木斯大学社会科学学报，2003（2）：70 – 71.

    梁万龙.《大契丹国东京太傅相公墓志铭并序》考释. 内蒙古大学学报，2002（3）：20 – 25.

    林树山. 关于黑龙江沿岸女真文化的起源问题. 黑龙江民族丛刊，1988（3）：73 – 81.

    林沄. 完颜忠神道碑再考. 北方文物，1992（4）：30 – 45.

    刘炳愉，陈福林. 曷苏馆熟女真探源. 北方文物，1985（2）：46 – 51.

    刘国宾. 渤海亡国年月辨正——辽初王权斗争驳论之三. 求是学刊，2001（5）：100 – 106.

    刘子敏，金宪淑. 辽代鸭绿江女真的分布. 东疆学刊，1998（1）：41 – 43.

    刘子敏，金星月. 辽代女真长白山部居地辨. 延边大学学报，1998（4）：57 – 61.

    刘凤翥. 契丹小字解读四探. 第三十五届世界阿尔泰学会会议记录. 台北：国学文献馆，1993：543 – 567.

    刘凤翥，董新林. 契丹小字"撒懒·室鲁太师墓志碑"考释. 考古，2007（5）：69 – 74.

    罗新. 民族起源的想象与再想象——以嘎仙洞的两次发现为中心. 文史，2013（2）：5 – 25.

    马利清. 契丹与渤海关系探源. 内蒙古社会科学，1998（5）：42 – 45.

马尚云. 辽金时期中原汉人外迁与东北女真人内聚浅探. 内蒙古大学学报, 2005(3):104 – 108.

孟古托力. 女真及其金朝与高丽关系中几个问题考论. 满语研究, 2000(1):64 – 76.

聂鸿音. "女真"译音考. 宁夏社会科学, 2011(5):77 – 80.

乔梁. 靺鞨陶器的分区、分期及相关问题研究. 边疆考古研究 (9). 科学出版社, 2010:170 – 187.

乔梁. 关于靺鞨族源的考古学观察与思考. 吉林大学社会科学学报, 2014(2):129 – 138.

苏金源. 辽代东北女真和汉人的分布. 社会科学战线, 1980(2):182 – 202.

孙进己, 艾生武, 庄严. 渤海的族源. 学习与探索, 1982(5):124 – 130.

孙秀仁, 干志耿. 论渤海族的形成与归向. 学习与探索, 1982(4):129 – 135.

孙秀仁, 干志耿. 论辽代五国部及其物质文化特征——辽代五国部文化类型的提出与研究. 东北考古与历史, 1982(1):95 – 103.

孙秀仁. 生女真文化的渊源与构成. 黑龙江民族丛刊, 1990(3):56 – 61.

谭其骧. 金代路制考. 中国历史地理论丛, 1980(1):89 – 109.

谭英杰, 赵虹光. 靺鞨故地上的探索——试论黑水与粟末靺鞨物质文化的区别. 北方文物, 1990(2):20 – 27.

谭英杰, 赵虹光. 黑龙江中游铁器时代文化分期浅论. 考古与文物, 1993(4):80 – 94.

陶晋生. 金代女真统治中原对于中国政治制度的影响. 新时代, 1971(1):34 – 39.

滕绍箴. 女真社会发展评述. 黑龙江民族丛刊, 1988(2):62 – 68.

王承礼. 渤海的疆域和地理. 黑龙江文物丛刊, 1983(4):10 – 17.

王崇时. 十至十二世纪初女真与高丽的关系. 北方文物, 1986

（3）:49 – 55.

王崇时. 金代曷懒水补考. 吉林师范大学学报, 1987（2）:21 – 23.

王崇时. 关于金代曷懒路的几个问题∥辽金史论集（2）. 北京:书目文献出版社, 1987:303 – 315.

王德毅. 汪藻对纂修史书的贡献∥宋史研究集（19）. 国立编译馆, 1989:317 – 336.

王德毅. 北宋九朝实录纂修考∥宋史研究论集（2）. 鼎文书局, 1972:71 – 117.

王德忠. 论辽朝部族组织的历史演变及其社会职能. 东北师大学报, 2001（6）:27 – 34.

王光迅.《金史》暮棱水研究. 满族研究, 1994（3）:46 – 65.

王宏北. 辽灭金兴与阿骨打建国. 黑龙江民族丛刊, 2003（4）:76 – 81.

王可宾. 女真人从血缘组织到地缘组织的演变∥辽金史论集（2）. 北京:书目文献出版社, 1987:211 – 225.

王民信.《高丽史》女真三十姓部落考. 政治大学边政研究所年报, 1985（16）:67 – 54.

王绵厚. 辽代"衍州"与"鹤野"探考——兼论东京曷术馆女真部∥陈述. 辽金史论集（3）. 北京:书目文献出版社, 1987:134 – 142.

王明荪. 金修《国史》及《金史》源流∥《辽史》、《金史》、《元史》研究. 中国大百科全书出版社, 2009:315 – 337.

王民信. 宋朝时期留存的契丹地理资料∥沈括熙宁使虏图笺证. 台北:学海出版社, 1976.

王守春. 辽代西辽河冲积平原及邻近地区的湖泊. 中国历史地理论丛, 2003（1）:132 – 139、162.

王久宇, 李卫星. 完颜斡鲁墓碑史事考述. 哈尔滨学院学报, 2007（3）:1 – 5.

王世莲. 辽代女真族的交换贸易活动及货币形态∥辽金史论集（5）. 台北:文津出版社, 1991:75 – 86.

王颋.《辽史·地理志》资料源流及评价//駕泽抟云——中外关系史地研究. 广州:南方出版社,2003:203 – 219.

王文郁.“女真”族称的由来. 南开史学,1980(2):258.

王小甫. 新罗北界与唐朝辽东. 史学集刊,1983(3):41 – 47.

王禹浪,王宏北. 金源地区历史地理考证四则. 黑龙江民族丛刊,2004(4):56 – 62.

魏存成. 靺鞨族起源发展的考古学观察. 史学集刊,2007(4):62 – 69.

吴英喆. 关于契丹小字中的“大金国”的“金”. 中央民族大学学报,2004(6):113 – 116.

武玉环. 论辽与高丽的关系及辽的东部边疆政策. 吉林大学社会科学学报,2001(4):76 – 80.

肖爱民. 辽朝契丹人的养牛技术——从寻觅一幅辽墓壁画中的“契丹牛”谈起. 农业考古,2006(4):281 – 285、316.

许永杰,赵永军. 七星河流域汉魏遗址群聚落考古的理论与实践//庆祝张忠培七十岁论文集. 北京:科学出版社,2004:502 – 519.

徐贵通. 辽代长白山区女真族的生产状况. 通化师院学报,1993(1):3 – 6.

徐杰舜. 宋辽夏金民族互动过程述论. 贵州民族研究,2005(3):166 – 171.

杨保隆. 辽代女真别称考辨//中国民族史研究(2),中央民族学院出版社,1989:61 – 76.

杨保隆. 辽代渤海人的逃亡与迁徙. 民族研究,1990(4):93 – 103.

杨茂盛. 满—通古斯语各族“穆昆”研究. 北方文物,1993(2):40 – 52.

杨军. 靺鞨诸部与渤海建国集团. 民族研究,2006(2):87 – 97.

姚大力. 满洲如何演变为民族//北方民族史十论. 桂林:广西师范大学出版社,2007:18 – 63.

姚凤. 苏联学者麦德维杰夫论北方女真文化. 黑龙江民族丛刊, 1991(2):102 – 105.

虞云国. 静嘉堂藏《裔夷谋夏录》考略. 书目季刊; 1995(29:3): 34 – 40.

张秀荣. 简论女真的冶铁业与农业的发展. 黑龙江民族丛刊, 2003(1):100 – 102.

张宝才. 论完颜女真国家关系的确立过程及其特点. 求是学刊, 1986(5):82 – 88.

赵东辉. 女真族的家长制家庭公社. 黑龙江文物丛刊, 1983(1): 11 – 14.

赵冬晖. 关于生女真氏族部落的几个问题. 北方文物, 1986(1): 82 – 87.

赵鸣岐. 金建国前社会状况的几个问题. 民族研究, 1986(3): 37 – 41.

赵鸣岐. 辽代生女真的社会变革及金的建国//辽金史论集(3). 北京:书目文献出版社 1987:95 – 121.

赵永春. 金朝始祖函普族属考辨. 满族研究, 2006(1):68 – 74.

赵永军. 黑龙江东部地区汉魏时期文化遗存研究. 边疆考古研究 (3). 科学出版社, 2005:152 – 177.

郑永振. 论渤海国的种族构成与主体民族. 北方文物, 2009 (2):71.

朱希祖. 鸭江行部志地理考. 地学杂志, 1932(1):19 – 34.

朱希祖. 金源姓氏考. 国立中山大学文史研究所月刊, 1934(3、4):1 – 7.

朱希祖. 金开国前三世与高丽和战年表. 燕京学报, 1934(15): 101 – 287.

3. 译著、译文

〔德〕恩格斯. 家庭、私有制和国家的起源. 中译本. 北京:人民出版社, 1999.

〔苏联〕勃罗姆列伊. 民族与民族学. 李振锡,刘宇端,译. 呼和浩特:内蒙古人民出版社,1985.

〔苏联〕B. E. 麦德维杰夫. 柯尔萨科沃墓地及阿穆尔河沿岸地区女真人文化说明的问题. 孙秀仁,译. 北方文物,1985(3):99 - 103.

〔苏联〕B. E. 麦德维杰夫,E. Э. 沃伊季舍克. 论五国部的物质文化. 姚凤,译. 北方文物,1986(4):105 - 108.

〔俄〕C. П. 涅斯捷罗夫. 早期中世纪时代阿穆尔河沿岸地区的民族. 王德厚,译. 东北亚考古资料译文集(5). 北方文物杂志社,2004:1 - 157.

〔俄〕C. П. 涅斯捷罗夫,Я. B. 库济明,Л. A. 奥尔洛娃. 阿穆尔河沿岸早期铁器时代和中世纪的文化. 王德厚,译. 北方文物,1999(3):104 - 110.

〔苏联〕E. И. 杰烈维扬科. 黑龙江沿岸的部落. 林树山,姚凤,译. 长春:吉林文史出版社,1987.

〔俄〕E. I. 格尔曼. 渤海国东北部的中心和边疆. "东北亚地区辽金蒙元时期的城市"国际学术研讨会资料集(2). 吉林大学边疆考古中心,2006:29 - 32.

〔苏联〕柯斯文. 原始文化史纲. 张锡彤,译. 北京:人民出版社,1956.

〔苏联〕M. B. 沃罗比约夫. 女真人与金国. 宋嗣喜,译//王承礼. 辽金契丹女真史译文集. 长春:吉林文史出版社,1990:119 - 153.

〔俄〕史禄国. 北方通古斯的社会组织. 吴有刚,赵复兴,孟克,译. 呼和浩特:内蒙古人民出版社,1985.

〔美〕路易斯·亨利·摩尔根. 古代社会. 杨东莼,等,译. 北京:商务印书馆,1977.

〔日〕吉本道雅. 肃慎考. 满语研究,2006(2):95 - 100.

〔日〕铃木靖民. 关于渤海首领的基础研究. 渤海史译文集. 李东原,译. 刘凤翥,校. 黑龙江社会科学院历史所,1986:328 - 377.

〔日〕松浦茂. 关于女真社会史研究的若干问题. 刘凤翥,译//民族史译文集(10). 中国社科院民族所历史研究室, 1981:59 - 68.

　　〔韩〕卢泰敦. 渤海的居民构成和族源. 李东源, 译. 刘凤翥校//渤海史译文集. 黑龙江社会科学院历史所, 1986:190 - 246.

## (三) 日韩文论著

### 1. 著作

　　〔日〕愛新覚羅・烏拉熙春. 明代の女真人《女真訳語》から《永寧寺記碑》へ. 京都:京都大学学術出版会, 2009.

　　〔日〕愛新覚羅・烏拉熙春, 吉本道雅. 韓半島から眺めた契丹・女真. 京都:京都大学学術出版会, 2011.

　　〔日〕青山定雄. 唐宋時代の交通と地誌地圖の研究. 東京:吉川弘文館, 1969.

　　〔日〕赤羽目匡由. 渤海王国の政治と社会. 東京:吉川弘文館, 2011.

　　〔日〕白鳥庫吉. 白鳥庫吉全集(4). 東京:岩波書店, 1970.

　　〔日〕津田左右吉. 朝鮮歴史地理. 東京:南滿鐵道株式會社, 1913.

　　〔日〕中澤寛將. 北東アジア中世考古学の研究:靺鞨、渤海、女真. 東京:六一書房, 2012.

　　〔中〕方学凤. 渤海疆域和行政制度研究(朝文). 延吉:延边大学出版社, 1996.

　　〔韩〕李東馥. 東北亞細亞史研究——金代女眞社會의構成. 서울:一潮閣, 1986.

### 2. 论文

　　〔日〕愛新覚羅・烏拉熙春. 金代女真語より見た中國東北アジア地区の民族接触. 立命館文學(569), 2001:1241 - 1270.

　　〔日〕愛新覺羅・烏拉熙春.《大金得勝陀頌碑》女真文新釋//女真語言文字新研究. 明善堂, 2002:154 - 186.

　　〔日〕愛新覺羅・烏拉熙春. 契丹文 dangur と《東丹国》の国号//愛新覺羅烏拉熙春女真契丹学研究. 東京:松香堂書店, 2009:

161 - 174.

〔日〕赤羽目匡由. 新羅末高麗初における東北境外の黒水・鉄勒・達姑の諸族——渤海・新羅との関係において. 朝鮮学報(197), 2005:1 - 44.

〔日〕池内宏. 遼の聖宗の女直征伐//満鮮史研究(中世第一冊). 東京:吉川弘文館, 1979:179 - 193.

〔日〕池内宏. 鐵利考. 満鮮地理歴史研究報告(叁). 東京帝國大學文科大學, 1916:1 - 164.

〔日〕池内宏. 朝鮮高麗朝に於ける東女眞の海寇//満鮮地理歴史研究報告(八). 東京帝國大學文學部, 1921:213 - 294.

〔日〕池内宏. 完顔氏の曷懶甸經略と尹瓘の九城の役附蒲盧毛朵部に就いて//満鮮地理歴史研究報告(九). 東京帝國大學文學部, 1922:1 - 52.

〔日〕池内宏. 咸鏡南道咸興郡に於ける高麗時代の古城址//大正八年度古蹟調査報告(一). 朝鮮總督府, 1922:1 - 52.

〔日〕池内宏. 金史世紀の研究//満鮮地理歴史研究報告(十一). 東京帝國大學文學部, 1926:177 - 313.

〔日〕池内宏. 真興王の戊子巡境碑と新羅の東北境//古蹟調査特別報告(六冊). 朝鮮總督府, 1929:1 - 90.

〔日〕池内宏. 金の建國以前に於ける完顔氏の君長の稱號について——《金史世紀の研究》補正//満鮮史研究(中世第一冊). 東京:吉川弘文館, 1979:461 - 524.

〔日〕池内宏. 肅慎考//満鮮史研究(上世編). 祖國社刊, 1951.

〔日〕井黒忍. 耶懶と耶懶水:ロシア沿海地方の歴史的地名比定に向けて//"北東アジア中世遺跡の考古学的研究"平成17年度研究成果報告書. 札幌学院大学人文学部, 2006:50 - 68.

〔日〕石井正敏. 渤海の日唐間における中継的役割について. 東方学(51), 1976:72 - 90.

〔日〕石井正敏.《類聚国史》の渤海沿革記事について//中央大

学文学部紀要(43), 1998:47－90.

〔日〕江原正昭. 高麗の州縣軍に関する一考察——女真人の高麗軍への編入を中心にして. 朝鮮學報(28), 1963:35－74.

〔日〕小川裕人. 三十部女眞に就いて. 東洋學報(24－4), 1937:561－601.

〔日〕小川裕人. 生女眞勃興過程に關する一考察//田村実造. 満蒙史論叢(一). 日満文化協会, 1938:135－191.

〔日〕小川裕人. 満洲民族の所謂還元性とその発展に就いて. 小川裕人//満蒙史論叢(二). 日満文化協会, 1940:283－202.

〔日〕小畑弘己. 種実資料からみた北東アジアの農耕と食. アジア遊学(107), 2008:50－61.

〔日〕臼杵勲. 女真社会の総合資料学的研究——その成立と展開. アジア遊学(107), 2008:4－13.

〔日〕鈴木靖民. 渤海の首領に關する基礎的研究//古代對外關係史の研究. 吉川弘文館, 1985:433－482.

〔日〕高井康典行. 11世紀における女真の動向——東女真の入寇を中心として. アジア遊学(70), 2004:45－55.

〔日〕津田左右吉. 遼の遼東經略//満鮮地理歴史研究報告(叁). 東京帝國大學文科大學, 1916:165－293.

〔日〕津田左右吉. 金代北邊考//満鮮地理歴史研究報告(四). 東京帝國大學文科大學, 1918:131－225.

〔日〕古畑徹. 唐代"首領"語義考:中国正史の用例を中心に. 東北大學東洋史論集(十一), 2007:22－53.

〔日〕日野開三郎. 宋初女真の山東來航の大勢とその由來. 朝鮮學報(33), 1964:1－47.

〔日〕藤枝晃. 金朝の實錄. 東洋史研究(10－2), 1948:16－27.

〔日〕松井等. 満洲に於ける金の彊域//満洲歴史地理(二巻). 南満洲鐵道株式會社, 1913:163－223.

〔日〕増井寛也. 初期完顔氏政権とその基礎的構造. 立命館文學

（418 － 421），1980：217 － 249．

　〔日〕増井寛也．満族入関前のムクンについて——《八旗満洲氏族通譜》を中心に．立命館文學（528），1993：790 － 812．

　〔日〕三上次男．遼末における金室完顔家の通婚形態．東洋学報（27 － 4），1940：467 － 552．

　〔日〕三上次男．金室完顔家の始祖説話について // 金史研究三金代政治・社會の研究．中央公論美術出版，1973：17 － 42．

　〔日〕三上次男．新羅東北境外における黒水・鉄勒・達姑等の諸族について // 高句麗と渤海．吉川弘文館，1990：231 － 254．

　〔日〕蓑島栄紀．渤海滅亡後の北東アジアの交流・交易．アジア遊學（6），1999：127 － 133．

　〔日〕蓑島栄紀．渤海滅亡後の東北アジア諸民族と交流・交易の諸相．東アジアの古代文化（96），1998：96 － 107．

　〔日〕森克己．日麗交渉と刀伊賊の來寇．朝鮮學報（37 － 38），1966：98 － 107．

　〔日〕和田清．定安国について．東亞史研究（滿洲篇）．東洋文庫，1955：161 － 189．

　〔中〕李美子．渤海の遼東地域の領有問題をめぐつて——拂涅・越喜・鉄利等靺鞨の故地と關連して．史淵（141），2004：101 － 165．

　〔韓〕金光洙．高麗前期對女眞交涉과北方開拓問題．東洋學學術會議講演，1976：3 － 14．

　〔韓〕金光洙．고려건국기의패서호족（浿西豪族）과　대여진관계（對女眞關係）．史叢（21、22），1977：135 － 148．

　〔韓〕金渭顯．女眞의馬貿易考；10 世紀——11 世紀를中心으로．明大論文集（13），1982：171 － 186．

　〔韓〕金渭顯．契丹・高麗間的女眞問題．明知史論（9），1998：146 － 181．

　〔韓〕金東宇．渤海首領의概念과實相．（國立博物館）東垣學術論文集（7），2005：27 － 61．

〔韩〕金東宇. 渤海地方統治體制研究：渤海首領을中心으로. 高麗大學校大學院博士學位論文, 2006 年.

〔韩〕徐炳國. 高麗時代女眞交涉史研究. 關大論文集(6), 1978：199 – 228.

〔韩〕이세현. 고려 전기의려·진(麗·眞)관계에대하여：여진의 내조(來朝)와 내투(來投)를중심으로. 論文集(4), 1971：33 – 66.

〔韩〕李孝珩. 高麗前期의北方認識：발해·거란·여진인식비교. 지역과 역사(19), 2006：53 – 89.

〔韩〕최규성. 高麗初期의女眞關係와北方政策. 동국사학(15、16), 1981：149 – 168.

〔韩〕秋明燁. 11 世紀後半—12 世紀初女眞征伐問題와政局動向. 韓國史論(45), 2001：73 – 134.

## (四)西文论著

1. 著作

Anatoly M Khazanov. Nomads and the Outside World. Madison：University of Wisconsin Press, 1983.

Anthony D Smith. The Ethnic Origins of Nations. New York：Basil Blackwell, 1986.

Edmund Leach. Political Systems of Highland Burma：a study of Kachin Social Structure. London：The London School of Economics and Political Science, 1954.

Elman R. Service. Primitive Social Organization. New York：Random House, 1962.

Elman R. Service. Origins of the State and Civilization：the Process of Cultural Evolution . New York：W. Nortion Company, 1975.

Fredrik Barth. Ethnic Groups and Boundaries：the Social Organization of Culture Difference. Boston：Little, Brown Company, 1969.

Hok-Lam Chan. The Historiography of the Chin Dynasty：Three Studies. Wiesbaden：Franz Steiner, 1970.

Herbert Franke, Hok-Lam Chan. Studies on the Jurchens and the Chin Dynasty. Aldershot, Hampshire, Great Britain; Brookfield, Vt. , USA: Ashgate, 1997.

John A. Armstrong. Nations before Nationalism. Chapel Hill: University of North Carolina Press, 1982.

Ladislav Holy. Anthropological Perspectives on Kinship. London: Pluto Press, 1996.

Lewis H. Morgan. Ancient Society or Researches in the Lines of Human Progress from Savagery through Barbarism to Civilization. New York: Henry Holt and Company, 1907.

Max Weber. Economy and Society: An Outline of Interpretive Sociology, edited by Guenther Roth & Claus Wittich. University of California Press, 1968.

Michael Banton. Racial Theories. Cambridge: Cambridge University Press, 1987.

Michael Mann. The Sources of Social Power: A History of Power from the Beginning to A. D. 1760. Cambridge: Cambridge University Press, 1986.

Paul Pelliot. Notes on Marco Polo. Paris : Imprimerie Nationale, 1959.

Thomas J. Barfield. The Perilous Frontier: Nomadic Empires and China. Cambridge: B. Blackwell, 1989.

W. H. R. Rivers. Social Organization. London: Kegan Paul, Trench & Trubner, 1924.

Wilhelm Grube. Die Sprache und Schrift der ǰurčen. Leipzig: O. Harrassowitz, 1896.

S. M. Shirokogoroff. Ethnical Unit and Milieu. Shanghai: Edward Evans and Sons, LTD. , 1924.

2. 论文

A. Southall. Nuer and Dinka are People: Ecology, Ethnicity and Logical Possibility. Man (N. S. ) 11 – 4, 1976: 463 – 491.

Christopher P Atwood. The Notion of Tribe in Medieval China: Ouyang Xiu and the Shatuo Dynastic Myth. Miscellanea Asiatica, edited by Denise Aigle, Isabelle Charleux, Vincent Goossaertand Roberte Hamayon. Sankt Augustin – Nettetal: InstitutMonumentaSerica, 2010:593 – 621.

Don Handelman. The Organization of Ethnicity. Ethnic Groups, Vol. 1,1977: 187 – 200.

Jeanne E. Arnold. the Archaeology of Complex Hunter-Gatherers. Journal of Archaeological Method and Theory, Vol.3 – 1, 1996: 77 – 126.

Lewis. R. Binford. Mobility, Housing, and Environment: A Comparative Study. Journal of Anthropological Research, Vol. 46 – 2, 1990: 119 – 152.

P. Kunstadter. Ethnic group, category and identity: Karen in northwestern Thailand. in Ethnic Adaptation and Identity: the Karen on the Thai Frontier with Burma, edited by C. F. Keyes. , Philadelphia: ISHI, 1978: 119 – 163.

Ronald Cohen. Ethnicity: Problem and Focus in Anthropology. Annual Review of Anthropology, Vol.7, 1978: 379 – 403.

Rudi Paul Lindner. What was a Nomadic Tribe. Comparative Studies in Society and History, Vol. 24 – 4, 1982: 689 – 711.

S. N. Eisenstadt. Primitive Political Systems: A Preliminary Comparative Analysis. American Anthropologist, Vol. 61 – 2, 1959: 200 – 220.

# 索　引

## A

阿跋斯水（阿不塞水）

88 - 90,92,93,96,101,107,
136,146

阿保机

53 - 56,71 - 73,162,165,178

阿骨打

75,76,94,95,97,105 - 108,
113,142,152,205,209

阿鹘产　94,136

阿里民忒石水

93,102,138

阿穆尔女真文化

43,46 - 49,51

阿疎

89,93 - 96,128,130,136,137

阿疎城　76,93 - 95,136,137

艾骛德　23

安北府　55,60,62

安东尼·史密斯　13,14,38

安居骨　33,40

按出虎

2,3,9,10,76 - 79,82 - 85,87 -

90,92,93,95 - 113,121,130,
135 - 139,142 - 151,154,182

## B

B. E. 梅德维杰夫　46,48

巴斯　19,20

白答（白达）　99

摆渡河　147,148

宝露国　115,116,118

保活里　106

保宁　54,59,67

保州　7,63 - 69

保州都统军司　67,68,70

北路女直兵马司　53

北满集团　108,109

北女真

2,6,8,11,12,22,53,54,56,69,
70,72,86,119,139,154,208

边缘区　98

鳌古孛堇　104

鳌故德部　95

别种　34,35,52,125,126,166

宾州　56,74,151

波尔采　29,30

《金史·世纪》

2,3,9,49,71,75,78 - 86,90,
91,93,97,103,105,106,109,
145,146,148,182,222

金渭显 4,201,206

金毓黻

4,8,26,28,36,115,156,163,
165,199,201,206

津田左右吉

1,2,6 - 8,55,56,62,63,87,93,
115,117,141,213,215

景祖

3,77 - 87,96,97,106,108,130,
135,144,146,151,153 - 155

靖宗

65,86,118,134,139,140

军事权力 98

## K

开宝 123

开泰 56,63,124,128

开元 41,43,171,205

康宗

2,76,88,92,93,103,104,142

柯斯文 13,212

克钦人 19

孔斯塔德特尔 21

窟说(部) 33,43

## L

拉林河

25,71,73 - 75,77,98 - 100,
112,113,138

腊醅

88,91,92,96,98,109,110,149

来流水(拿邻)

84,88,100,146

来远 62,63,67

老爷岭 79,93,98

类属范畴 20 - 22

李东馥 4,7

李心传 35,52,198

李允则 57,77

联姻 108 - 110

辽朝(辽代)

8,22,25,58,60,67 - 69,71,
75 - 77,79,81 - 84,86,87,93,
95,113,125,128,136,139,140,
142, 154, 156, 168, 171, 174,
175, 181, 182, 188, 197, 202,
204,209,210

辽道宗 85,86,93,99,175,196

辽东

2,8,25,38,43,53 - 58,61 - 65,
68,69,72,73,86,106,113,123,
124,166,167,210

辽景宗 54,59

欧·亚·历·史·文·化·文·库·

·欧·亚·历·史·文·化·文·库·

·欧·亚·历·史·文·化·文·库·

# 后　记

　　辽代女真史文献稀缺、零散，经过前辈学者的爬梳，似乎已无研究的余地，故该选题一直是辽金史研究领域的冷门，尚无较大的突破。我选择辽代女真史作为目前的研究选题，是将其作为自己北族国家研究规划中的一部分。女真的复杂渔猎—采集形态有别于游牧经济形态，其社会发展与国家形成在北族游民（Nomad）社会发展史中应自成一种模式，能够与突厥、契丹、蒙古等其他典型的游牧社会进行对比。为此，我曾投入大量精力阅读历史社会学、政治人类学，以及民族学领域的相关论著，在很长一段时间内完全脱离辽金史研究的轨迹，沉浸于国家起源理论的思考之中。这段经历在某种意义上看，不得不说是一段弯路，但也促使我完全摆脱了辽金史研究领域旧有的思维定式，形成了思考女真发展史的一些基本"预设"。其一，国家起源或形成的研究是遵循发生学方法进行的，其关注点在于思考当代国家的构成要素在古代的表现形式和起源问题。因此，权力、阶级、政治支配、官僚机构等概念在中国北族社会中的具体体现，是思考其国家形成与社会演进的出发点，根据这些基本概念对历史上特定社会现象的抽象与概括，也是进行中国北族社会比较研究的基础。这种研究方法注重对历史现象的阐释与演绎，与传统研究中的史实复原并强调其历史特殊性有很大差异。其二，中国北族社会并非孤岛式的独立演化，而是在与周边民族、国家进行频繁互动与交流过程中发展起来的，这一过程具有独特的时空特性，不能完全套用社会演进理论的一般概括进行叙述，但能够在长时段上印证社会演进理论阐释的一般趋势。在具体的历史事件与社会理论之间，应当在历史与社会互动语境之中归纳中观层面的概括，能够在特定的时空范畴内展现北族社会不同于农耕定居社会发展的一般特征与规律，进一步丰富宏观社会演进理论。其三，11 世纪

·欧·亚·历·史·文·化·文·库·

的女真社会是被汉文文献全程记录的,由部族向国家转型的古代游民社会。汉文文献的编撰者是按照自身的政治背景与认识水准对女真族群与社会发展进行梳理、解读的,与现代理论语境中的基本概念存在一定的距离。在研究该问题时,应尽最大可能去排除传世文献编撰者王朝政治史观的影响,钩沉记述,厘清文献记述对象的基本社会关系,为进一步的理论演绎打下坚实的实证基础。

带着这些预设去研读《金史》及其他相关文献,在中观与微观层面都发现不少需要深入理解,乃至重新探讨之问题。目前学界多将金王朝建国叙事与社会演进理论中的国家形成问题混为一谈,由此先入为主地认定辽代女真社会属于血缘部落社会,对女真自身的族群与社会组织观念尚缺乏明晰的梳理。所以,我的博士论文即以《女真建国前社会组织研究》为题,对女真的"部""族""家"等基本社会单位用语的具体指涉进行研究,同时,还对女真的"孛堇"阶层的性质进行探讨,并认为辽代女真社会在见于传世文献记述的时段,已经处于早期国家的社会发展阶段,其后由生女真政治体向金王朝的演进过程,属于政治体制的集中与转型。在思考这些问题的同时,也发现传世文献中女真族群的源流与类属叙事有必要深入研讨,所以博士后研究工作阶段,主要以此作为自己的研究课题。本书即是我对这些思考的一个初步总结,其中主要以专题的形式讨论了传世文献中辽代女真的族群类别划分与 11 世纪辽代东北地区社会、政治背景的关联。

由于本书的研究内容多是学界关注过的传统领域,所以行文中不可避免地要与前辈学者在研究方法与具体观点等方面进行对话。其中有很多德高望重的老先生,还有很多是经常在学业上给予帮助与指导的老师,他们的论著与言传身教是我学习过程中的宝贵财富,也是引领我前行的一盏盏明灯。在讨论过程中,既讲明自己研究与前辈学者的渊源,又需要点明与已有学说差异之处,这不仅仅是学术规范的基本要求,也是对前辈学者劳动成果的充分尊重。考虑到表述的流畅性,引述学人姓名时,皆略去"先生""老师"等尊称。在此向自 19 世纪末至今的辽金女真史前辈表示由衷的敬意!另外,充分的学理评述是读者了解、核实书稿论著准确性的基础,我也希望对此感兴趣的读者能够借此提出宝贵的意见,以帮助我在这一研究领域能够有所进步。

这本小书能够得以顺利出版,不禁要感念几位恩师的教导。张乃和先生长于理论,思维敏捷,对学生一直从严要求。他既坚持做学问要有跨学科的理论意识,也反对空谈理论和概念,强调踏实严谨的实证学风。在跟从张先生学习的短短两年时间内,使我找到了探索学问的门径,并形成了运用其他社会科学的问题意识去分析历史现象的思维习惯。至博士期间,师从杨军先生治东北民族史。杨先生最大的特点是视野开阔,擅长吸收、运用其他学科的研究成果进行古史研究。他一直从区域史的角度关注北方民族社会发展史,也引导我以女真为突破口去思考北族国家形成问题。他不嫌弃我古史文献基础薄弱,每周都找专门时间与我夜谈,面授研究心得与体会。记得一次杨先生讲述尚未发表的夫余史心得,可惜当时我懵懂无知,听得云里雾里。直至后来,反复研读他的高句丽、契丹史研究文章,才了解如何在文献匮乏的情况下去解析史料,也就懂得如何研读《金史·世纪》了。现在翻阅案头的《夫余史研究》,亦感慨不已……此后,负笈进京,跟随李锦绣先生做博士后研究。她谦厚随和,鼓励我继续进行博士期间的研究课题,并提供了国际性的研究资源保障,使我的研究工作得以顺利进行。同时,在她的引导下,我的视野也由东北民族史延伸到内陆欧亚史这一领域,开始注重自身的阿尔泰学以及传统制度史的知识积累,书中附录《说舍利》一文即属这方面的初步尝试。回首求学之路,自硕士至博士后的三个阶段,都有幸成为三位恩师带的"第一届"学生,思维方式与研究方法无不受到他们潜移默化的影响。

在京求学期间,曾旁听北京大学刘浦江先生的《辽史》读书课一年,四库提要研读课半年,这段宝贵经历使我体会到这位辽金史著名学者及其门下弟子治史的深厚文献学基础与研究方法。刘先生长于文献考辨,治学严谨,鼓励我从宋元文献中挖掘史料,将金朝史做下去,并在博士后出站报告开题时提出了指导意见。斯人已去,呜呼哀哉!我将铭记刘先生的教诲,力争在这一领域有所成就。

　　本书的主要内容多数是近年博士、博士后学习期间的片断心得。在苦苦探索期间,还多受教于余太山、程妮娜、赵永春、青格力、李大龙、楼劲、关树东、李花子、乌云高娃、艾力·吾甫尔、康鹏、傅林诸位先生的指点。在两个学习阶段的答辩期间,陈高华、陈其泰、吴玉贵、张帆、王德忠、刁书仁等先生也都提出了宝贵意见。我在近年来的研究过程中,涉猎大量日本、西文资料,这离不开国内外众多师友的鼎力相助。郑春颖、付士强、中村裕子、李艳玲、王玉强、武雪彬、张哲、刘建明曾不厌其烦地帮忙查找、复印资料。中村威也、古松崇志、白石典之等先生未曾谋面,在我冒昧去信求助之后,即热心施以援手。两年内奔波于两地的工作与学习之间,于逢春、姜维公、蒋立文、高福顺、吕萍、姜维东诸位先生也都给予我极大的支持与鼓励。在此,对诸位先生致以诚挚的谢意!

　　近年来的零散认识能够集腋成裘,得益于余太山、李锦绣二位先生的大力推荐,并承蒙兰州大学出版社施援平先生的支持,得以忝列"欧亚历史文化文库"。因资质驽钝,加之近年生活迁转不定,影响了书稿的顺利修改,交稿日期一再延误,施援平先生能够谅解,并继续支持我的工作。在此亦对在出版过程中各位先生的支持与帮助表示诚挚的谢意!

# 欧亚历史文化文库

成一农著:《空间与形态——三至七世纪中国历史城市地理研究》

定价:76.00 元

杨铭著:《唐代吐蕃与西北民族关系史研究》　　　　定价:86.00 元

殷小平著:《元代也里可温考述》　　　　　　　　　定价:50.00 元

耿世民著:《西域文史论稿》　　　　　　　　　　　定价:100.00 元

殷晴著:《丝绸之路经济史研究》　　　　定价:135.00 元(上、下册)

余大钧译:《北方民族史与蒙古史译文集》　定价:160.00 元(上、下册)

韩儒林著:《蒙元史与内陆亚洲史研究》　　　　　　定价:58.00 元

〔美〕查尔斯·林霍尔姆著,张士东、杨军译:

　　《伊斯兰中东——传统与变迁》　　　　　　　　定价:88.00 元

〔美〕J.G.马勒著,王欣译:《唐代塑像中的西域人》　定价:58.00 元

顾世宝著:《蒙元时代的蒙古族文学家》　　　　　　定价:42.00 元

杨铭编:《国外敦煌学、藏学研究——翻译与评述》　定价:78.00 元

牛汝极等著:《新疆文化的现代化转向》　　　　　　定价:76.00 元

周伟洲著:《西域史地论集》　　　　　　　　　　　定价:82.00 元

周晶著:《纷扰的雪山——20 世纪前半叶西藏社会生活研究》

定价:75.00 元

蓝琪著:《16—19 世纪中亚各国与俄国关系论述》　定价:58.00 元

许序雅著:《唐朝与中亚九姓胡关系史研究》　　　　定价:65.00 元

汪受宽著:《骊靬梦断——古罗马军团东归伪史辨识》　定价:96.00 元

刘雪飞著:《上古欧洲斯基泰文化巡礼》　　　　　　定价:32.00 元

〔俄〕Т.Б.巴尔采娃著,张良仁、李明华译:

　　《斯基泰时期的有色金属加工业——第聂伯河左岸森林草原带》

定价:44.00 元

叶德荣著:《汉晋胡汉佛教论稿》　　　　　　　　　定价:60.00 元

王颋著:《内陆亚洲史地求索(续)》　　　　　　　定价:86.00 元

尚永琪著:

　　《胡僧东来——汉唐时期的佛经翻译家和传播人》　定价:52.00 元

桂宝丽著:《可萨突厥》　　　　　　　　　　　　　定价:30.00 元

篠原典生著:《西天伽蓝记》　　　　　　　　　　　定价:48.00 元

〔德〕施林洛甫著,刘震、孟瑜译:

　　《叙事和图画——欧洲和印度艺术中的情节展现》　定价:35.00 元

马小鹤著:《光明的使者——摩尼和摩尼教》　　　　定价:120.00 元

李鸣飞著:《蒙元时期的宗教变迁》　　　　　　　　定价:54.00 元

〔苏联〕伊·亚·兹拉特金著,马曼丽译:

《准噶尔汗国史》(修订版) 定价:86.00 元

〔苏联〕巴托尔德著,张丽译:《中亚历史——巴托尔德文集

第 2 卷第 1 册第 1 部分》 定价:200.00 元(上、下册)

〔俄〕格·尼·波塔宁著,〔苏联〕B.B.奥布鲁切夫编,吴吉康、吴立珺译:

《蒙古纪行》 定价:96.00 元

张文德著:《朝贡与入附——明代西域人来华研究》 定价:52.00 元

张小贵著:《祆教史考论与述评》 定价:55.00 元

〔苏联〕K. A.阿奇舍夫、Г. A.库沙耶夫著,孙危译:

《伊犁河流域塞人和乌孙的古代文明》 定价:60.00 元

陈明著:《文本与语言——出土文献与早期佛经词汇研究》

定价:78.00 元

李映洲著:《敦煌壁画艺术论》 定价:148.00 元(上、下册)

杜斗城著:《杜撰集》 定价:108.00 元

芮传明著:《内陆欧亚风云录》 定价:48.00 元

徐文堪著:《欧亚大陆语言及其研究说略》 定价:54.00 元

刘迎胜:《小儿锦研究》(一、二、三) 定价:300.00 元

郑炳林著:《敦煌占卜文献叙录》 定价:60.00 元

许全胜著:《黑鞑事略校注》 定价:66.00 元

段海蓉著:《萨都剌传》 定价:35.00 元

马曼丽著:《塞外文论——马曼丽内陆欧亚研究自选集》 定价:98.00 元

〔苏联〕И. Я.兹拉特金主编,М. И.戈利曼、Г. И.斯列萨尔丘克著,

马曼丽、胡尚哲译:《俄蒙关系历史档案文献集》(1607—1654)

定价:180.00 元(上、下册)

华喆著:《帝国的背影——公元 14 世纪以后的蒙古》 定价:55.00 元

П. К.柯兹洛夫著,丁淑琴、韩莉、齐哲译:《蒙古和喀木》 定价:75.00 元

杨建新著:《边疆民族论集》 定价:98.00 元

赵现海著:《明长城时代的开启

——长城社会史视野下榆林长城修筑研究》(上、下册) 定价:122.00 元

李鸣飞著:《横跨欧亚——中世纪旅行者眼中的世界》 定价:53.00 元

李鸣飞著:《金元散官制度研究》 定价:70.00 元

刘迎胜:《蒙元史考论》 定价:150.00 元

王继光著:《中国西部文献题跋》 定价:100.00 元

李艳玲著:《田作畜牧

——公元前 2 世纪至公元 7 世纪前期西域绿洲农业研究》

定价:54.00 元

·欧·亚·历·史·文·化·文·库·

〔英〕马尔克·奥莱尔·斯坦因著,殷晴、张欣怡译:《沙埋和阗废墟记》
　　　　　　　　　　　　　　　　　　　　　定价:100.00 元
梅维恒著,徐文堪编:《梅维恒内陆欧亚研究文选》　　定价:92 元
杨林坤著:《西风万里交河道——时代西域丝路上的使者与商旅》
　　　　　　　　　　　　　　　　　　　　　定价:65 元
王邦维著:《华梵问学集》　　　　　　　　　　定价:75 元
芮传明著:《摩尼教敦煌吐鲁番文书译释与研究》　　定价:88 元
陈晓露著:《楼兰考古》　　　　　　　　　　　定价:92 元
石云涛著:《文明的互动
　　——汉唐间丝绸之路中的中外交流论稿》　　定价:118 元
孙昊著:《辽代女真族群与社会研究》　　　　　定价:48 元
石云涛著:《丝绸之路的起源》　　　　　定价:83 元(暂定)
薛宗正著:《西域史汇考》　　　　　　定价:128 元(暂定)
〔英〕尼古拉斯·辛姆斯–威廉姆斯著:
《阿富汗北部的巴克特里亚文献》　　　定价:163 元(暂定)
张小贵编:
　《三夷教研究——林悟殊先生古稀纪念论文集》　定价:100 元(暂定)
许全盛、刘震编:《内陆欧亚历史语言论集——徐文堪先生古稀纪念》
　　　　　　　　　　　　　　　　定价:90 元(暂定)
余太山、李锦秀编:《古代内陆欧亚史纲》　　定价:122 元(暂定)
王永兴著:《唐代土地制度研究——以敦煌吐鲁番田制文书为中心》
　　　　　　　　　　　　　　　　定价:70 元(暂定)
王永兴著:《敦煌吐鲁番出土唐代军事文书考释》　定价:84 元(暂定)
李锦绣编:《20 世纪内陆欧亚历史文化论文选粹:第一辑》
　　　　　　　　　　　　　　　　定价:104 元(暂定)
李锦绣编:《20 世纪内陆欧亚历史文化论文选粹:第二辑》
　　　　　　　　　　　　　　　　定价:98 元(暂定)
李锦绣编:《20 世纪内陆欧亚历史文化论文选粹:第三辑》
　　　　　　　　　　　　　　　　定价:97 元(暂定)
李锦绣编:《20 世纪内陆欧亚历史文化论文选粹:第四辑》
　　　　　　　　　　　　　　　　定价:100 元(暂定)
馬小鶴著:《霞浦文书研究》　　　　　　定价:88 元(暂定)
林悟殊著:《摩尼教華化補說》　　　　　定价:109 元(暂定)
尚永琪著:《鸠摩罗什及其时代》　　　　定价:68 元(暂定)

淘宝网邮购地址:http://lzup.taobao.com